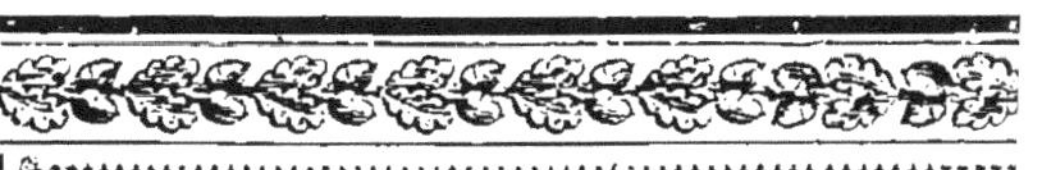

 Librairie

DE

FIRMIN DIDOT

FRÈRES,

Rue Jacob, Nº 24, à Paris.

CATALOGUE GÉNÉRAL.

Indépendamment des articles portés sur ce Catalogue, on se charge de fournir promptement tous les autres ouvrages dont on pourrait avoir besoin.

OCTOBRE 1830.

Imprimerie de Firmin Didot Frères,

Imprimeurs, Libraires, Graveurs et Fondeurs en caractères, Fabricants de papiers et d'encre d'imprimerie, Rue Jacob, Nº 24.

1830.

TABLE DES DIVISIONS.

Observations.

Les prix de ce Catalogue sont ceux de *Paris*, et *brochés*. Les personnes qui voudront recevoir des livres francs de port, ajouteront en sus pour chaque volume : in-18, 50 c.; in-12, 1 fr.; in-8°, 2 fr.; in-4°, 4 fr. 50 c.

La poste ne se charge que des livres *brochés* : lorsque l'on demande les livres reliés, on ne peut les recevoir que par le roulage, la diligence, ou le courrier.

On est prié d'affranchir les lettres.

Prix des Reliures :

En basane simple sans filets.	In-18,	0 fr. 70 c.	En veau, filets.	In-18,	1 fr. 25 c.
	In-12,	1 00		In-12,	1 75
	In-8°,	1 50		In-8°,	2 50
	In-4°,	3 00		In-4°,	6 00
	In-f°,	6 00		In-f°,	12 00

Quant aux envois d'argent, on pourra les faire, soit en prenant chez le Receveur général du département un mandat sur la caisse de service établie à Paris près le *Trésor royal*, soit en une rescription sur la poste, pour les personnes qui ne pourraient pas se servir du premier moyen.

On se charge de procurer en peu de temps tous les ouvrages que l'on pourrait désirer, ainsi que les instruments nécessaires à la *Marine* et aux *Mathématiques.*

Librairie

DE FIRMIN DIDOT FRÈRES,

RUE JACOB, N° 24, A PARIS.

TABLE ALPHABÉTIQUE DES AUTEURS

DES OUVRAGES CONTENUS DANS CE CATALOGUE.

OUVRAGES
NOUVELLEMENT PUBLIÉS.

Littérature ancienne et étrangère.

NOUVELLE ÉDITION
DU TRÉSOR DE LA LANGUE GRECQUE,
DE HENRI ESTIENNE,

Dans lequel le texte de l'auteur, conservé intégralement, *et rangé par ordre alphabétique*, est augmenté, d'après l'édition anglaise de MM. Barker et Valpy, d'un nouveau travail, par **M. HASE**, membre de l'Académie des Inscriptions, professeur à l'École des langues orientales, bibliothécaire adjoint de la Bibliothèque du Roi, etc., et par **MM. DE SINNER et FIX**, d'après le plan soumis à l'Académie des Inscriptions, et approuvé par une Commission qu'elle a nommée à cet effet.

Dédié au Roi.

Le dictionnaire d'Henri Estienne ne peut être remplacé par aucun autre, puisque c'est le seul qui comprenne le matériel de la langue grecque, et ce chef-d'œuvre d'un philologue français devait être maintenant reproduit en France avec toutes les améliorations que le progrès de la science pouvait y apporter.

Nous avons à cet égard cherché à remplir toutes les conditions désirables avec un soin consciencieux, dont le nom des personnes qui dirigent cet important travail est la plus sûre garantie.

Cette nouvelle édition contiendra plus de cent soixante mille mots, et sera sous ce rapport encore plus complète que l'édition de Londres. L'ouvrage se composera de 28 livraisons, de 12 fr. chaque, petit in-fol. à 2 colonnes, même format que l'édition de Henri Estienne et de Londres. Cette dernière édition coûtait plus de 1,200 fr. Le prix de notre édition ne sera donc que de 336 francs.

Il n'est pas un savant qui n'ait regretté qu'Henri Estienne eût adopté l'ordre étymologique, qui oblige de chercher deux fois un mot dans son dictionnaire, d'abord à la table, ensuite au volume ou suppléments auxquels elle renvoie. Un dictionnaire est plutôt destiné à la pratique qu'à la théorie toujours plus ou moins incertaine des étymologies Les avantages qui engagèrent H. Estienne à adopter ce système, qu'il se repentit ensuite d'avoir suivi, s'affaiblissent de plus en plus à mesure que son Trésor s'est accru de plusieurs milliers de mots ajoutés dans l'édition de Londres, et de tous ceux dont cette édition sera encore enrichie.

Un concours d'heureuses circonstances a permis à MM. Didot d'assurer un nouveau mérite à leur édition, par la coopération des savants les plus illustres qui se sont empressés de la seconder. Indépendamment des immenses travaux de MM. Hase, de Sinner et Fix, M. Boissonade nous a fourni déjà plus de mille mots nouveaux, quoiqu'il eût déjà fourni plus de 12,600 articles à l'édition de Londres. M. Dahler a eu la bonté de nous envoyer ses additions manuscrites de son *Lexicon vocum peregrinarum*, et nous a donné plusieurs renseignements très-importants sur les MMss. de Brunck et de Schweighæuser que nous nous sommes mis en mesure de nous procurer. M. Coray nous a fourni des mots nouveaux, particulièrement ceux qu'il avait découverts chez les Néoplatoniciens. M. Ét. Quatremère nous a offert ses services pour les mots étrangers. M. Letronne consignera dans notre Dictionnaire le résultat de ses recherches sur des inscriptions inédites et sur les papyrus récemment rapportés d'Égypte par M. Champollion, qui lui-même nous donnera des renseignements très-précieux sur l'Égypte. M. le baron Cuvier nous donne des éclaircissements sur tous les termes qui ont rapport à l'histoire des animaux. M. Thiébeaut de Berneraud a mis à notre disposition sa Nomenclature botanique, à laquelle feu Schneider attachait tant de prix. M. Passow non-seulement a bien voulu nous adresser une liste de mots nouveaux d'une très-grande importance, mais encore il a eu l'extrême obligeance de nous promettre des tables prosodiques plus complètes que celles qu'il a déjà publiées. M. WALZ nous a donné la liste des mots nouveaux recueillis par lui dans les rhéteurs grecs inédits qu'il va publier dans sa Collection des Rhéteurs grecs. M. STRUVE nous donne aussi de nouveaux mots. M. GAIL a bien voulu nous faire passer l'exemplaire du Trésor de Henri Estienne qu'Hemsterhuys avait couvert de notes inédites et qui devaient lui servir pour la publication du second volume des *Anecdota Hemsterhuysana*. Les observations qu'Hemsterhuys y a consignées forment plus de quinze mille articles, presque tous inédits. M. MANOS, de Constantinople, aussi distingué par son érudition que par sa modestie, a bien voulu consigner dans notre nouvelle édition le résultat d'un immense travail entrepris depuis long-temps par lui sur les noms propres et les noms de villes : ces articles s'élèveront au moins à vingt mille. M. LOBECK a bien voulu nous promettre plusieurs centaines de mots. M. DOEDERLIN, professeur à Erlang, nous a offert aussi ses travaux inédits sur les mots homériques. Enfin MM. RAOUL-ROCHETTE, GAIL fils, DUGAS-MONTBEL, BERGER DE XIVREY, VANDERHEYL, DÉHÈQUE et plusieurs autres savants se sont fait un plaisir et un devoir de nous seconder de leurs efforts.

A cet immense avantage, notre édition en réunira d'autres dont les principaux sont :

1° Les signes prosodiques de quantité, d'après les ouvrages de Maltby, de Passow et autres savants, et les travaux nouveaux des éditeurs, qui ont relu à cet effet tous les poëtes grecs ; immense travail, et qui à lui seul assurerait à notre dictionnaire une préférence méritée ;

2° Les étymologies des mots mises à la fin de chacun d'eux ;

3° Un grand nombre de mots nouveaux fournis, soit par les nouveaux éditeurs, soit par les savants les plus distingués de la France et de l'étranger, et la vérification et rectification des citations : travail important et qui a exigé de pénibles recherches ;

4° Les mots d'origine orientale, revus par les plus habiles orientalistes, chacun pour la partie où ils excellent.

Tels sont les principaux avantages qui doivent assurer le succès de cette vaste entreprise, que seconderont sans doute tous ceux qui s'intéressent à la littérature ancienne. L'édition de Londres, quoique son prix fût de plus de 1200 fr., a obtenu dès son apparition 1086 souscripteurs.

La publication de l'ouvrage durera cinq ans : ce sera donc une somme de 67 fr. seulement à destiner chaque année pendant 5 ans, pour acquérir le meilleur dictionnaire de la langue grecque et un véritable trésor d'érudition.

COLLECTION
DES PRINCIPAUX CLASSIQUES GRECS,
AVEC LES TRADUCTIONS EN REGARD.

Les Savants et les Littérateurs les plus distingués de la France concourront à l'exécution de cette belle et utile entreprise, qui doit faciliter l'étude des modèles en tout genre que la Grèce a produits. C'est en les méditant sans cesse que les grands écrivains de Rome sont parvenus à rivaliser avec eux ; et ce mémorable exemple, donné par Horace, Virgile, Cicéron et tant de beaux génies, fut suivi avec un semblable succès par Racine, Boileau, Fénélon et tous les auteurs qui illustrèrent le siècle de Louis XIV, et qui nous servent à leur tour de modèles. En puisant comme eux à une source aussi pure et aussi abondante, chacun peut encore y trouver les plus belles inspirations ; et avec de tels guides, le génie n'a point à craindre de s'égarer.

L'extrême fidélité des traductions rendra plus facile l'étude des textes pour ceux à qui la langue d'Homère n'est pas totalement inconnue ; elles épargneront un temps considérable aux personnes qui voudront connaître la littérature grecque, et ne lire dans les ouvrages originaux que ce qu'ils offrent de plus remarquable.

Cette collection, qui rassemblera les principaux chefs-d'œuvre de la langue grecque, sera imprimée sur grand papier vélin. Prix de chaque volume.   15 fr.

La traduction française, petit papier, se vendra séparément ; le volume.   6 fr. et lorsque le texte grec y sera joint. . . . .   7 f. 50 c.

On publiera d'abord les historiens et les poëtes principaux.

Ouvrages publiés.

HOMÈRE,

Traduction nouvelle, par M. Dugas-Montbel, revue avec le plus grand soin. Son extrême fidélité lui a mérité l'estime générale des érudits et des littérateurs. On peut consulter à cet égard ce que l'un de nos plus sévères critiques, et dont l'érudition fait tant d'honneur à la France, M. Letronne, en a dit dans le Journal des Savants.

Le texte est un composé judicieux de celui de Wolff et de Boissonade. Dans ses observations M. Dugas-Montbel, comme philologue et comme critique, a résumé et souvent éclairci et rectifié avec beaucoup de finesse et de goût tout ce que la critique ancienne et étrangère a publié de plus remarquable, soit sur le texte, soit sur le sens, soit sur la mythologie et la géographie d'Homère. Il n'a pas négligé non plus l'appréciation des beautés poétiques comparées aux chefs-d'œuvre des diverses époques, et on trouvera dans ses rapprochements et ses remarques le sentiment exquis des beautés propres à la poésie des temps primitifs. Les opinions des anciens critiques, Zoïle, Aristarque, y sont discutées et comparées avec celles des critiques modernes, et en particulier avec celles de Knight, dont le beau travail sur les interpolations du texte primitif se trouve analysé intégralement dans les notes de M. Montbel. Enfin il nous fait apparaître Homère sous un jour tout nouveau.

L'Odyssée est sous presse.

On vend séparément :

L'Iliade, texte et traduction, 3 vol. sur grand pap. vélin. . . . . 45 fr.
Observations sur l'Iliade, 2 vol. sur grand pap. vél. . . . . 30 fr.
Les Observations ont aussi été imprimées sur petit papier. Prix des 2 vol.   15 fr

THUCYDIDE,

AVEC UNE TRADUCTION NOUVELLE EN REGARD DU TEXTE.

Le texte et la traduction, ainsi que les notes, formeront en tout quatre volumes in-8°. On s'est astreint à conserver la plus grande fidélité dans cette traduction ; aussi peut-on assurer qu'elle sera d'un bien plus grand secours que les traductions latines elles-mêmes, pour faciliter l'intelligence du texte. Dans les notes on s'est borné à ne rien dire que de neuf sur le texte de Thucydide, qui a été revu sur les Manuscrits de la Bib. du Roi.

Les 4 volumes seront mis en vente à la fin de l'année 1830.

DION CASSIUS. Traduction nouvelle, par M. Noël, inspecteur de l'Université. (Il n'existait pas de traduction de cet important historien).

HÉRODIEN. Traduction, par M. Léon Halévy.

DIODORE DE SICILE. Traduction nouvelle, par M. le C. Miot, dont la traduction d'Hérodote a déjà obtenu l'approbation des savants et des littérateurs.

HISTOIRE DES ANIMAUX D'ÉLIEN,

TRADUITE POUR LA PREMIÈRE FOIS DU GREC
ET ANNOTÉE PAR M. LE BARON CUVIER, SECRÉTAIRE PERPÉTUEL
DE L'ACADÉMIE DES SCIENCES, CONSEILLER D'ÉTAT, ETC., ETC.

(sous presse.)

On aurait tort de croire que ceux qui, dans l'antiquité, se livrèrent à l'étude de l'histoire naturelle n'y aient eu quelque succès et ne lui aient fait faire quelques pas. Aristote, que l'on peut en regarder comme le véritable créateur, ressemble bien plus à un savant du 19e siècle qu'à un Grec de l'époque d'Alexandre. Long-temps avant ce grand homme, Pythagore, qui avait voyagé dans l'Orient, et peut-être poussé ses excursions scientifiques jusque dans le voisinage des Indes, avait décrit, si l'on en juge par ce qui nous en reste, de la manière la plus parfaite, divers animaux étrangers à sa patrie. Théophraste et quelques Péripatéticiens observèrent le règne animal avec sagacité.

Après les observateurs et les hommes originaux vinrent les compilateurs.

L'Histoire des animaux d'Élien, quoique défigurée par des fables et des hyperboles puériles, et malgré le désordre de ses parties, peut être regardée comme un résumé à peu près complet de ce que les anciens ont su et vu en zoologie sur toutes les espèces d'animaux ; il fait connaître bien plus de vérités et de choses utiles que de mensonges, et on doit regretter qu'il n'ait pas encore été traduit en français, et mis à la portée des gens du monde et des naturalistes.

Pour les premiers, une lecture légère, facile, éminemment variée, et en quelque sorte anecdotique, ne peut manquer d'avoir quelque attrait.

Pour les seconds, il est certain que les caractères qu'Elien donne à ses animaux peuvent souvent servir à établir ou à rectifier la synonymie, et à éclaircir des passages obscurs d'auteurs anciens. Quelquefois il décrit des espèces rares, peut-être même des espèces jusqu'ici inconnues à nos voyageurs et étrangères à nos cabinets.

Plan de cette édition.

1° Exactitude et fidélité extrêmes dans la traduction. Etant les premiers à rendre Elien en français, nous avons dû surtout nous astreindre à le rendre exactement; en conséquence, toutes les fois qu'il nous a semblé impossible de concilier l'élégance et la fidélité, c'est la première que nous avons sacrifiée, préférant toujours la phrase qui traduisait précisément l'idée grecque, à une période sonore ou bien tournée qui la mutilerait ou l'altérerait, et nous éloignant du système de ces traducteurs qui veulent à tout prix embellir ce qu'ils copient.

2° Déviation de l'ordre, ou plutôt du désordre admis jusqu'ici dans les éditions de l'histoire des animaux. Nous avons rassemblé tous les détails relatifs au même animal, au lieu de les laisser épars dans cinq ou six livres, et nous avons fait suivre les animaux dans un ordre conforme à celui qui est adopté par tous les naturalistes de nos jours. Cependant, nous avons placé à la fin du dernier volume une table qui ramène chaque fragment à sa place primitive, et qui permet de retrouver d'un bout à l'autre tel chapitre et tel livre d'Elien.

3° Notes scientifiques pour relever les erreurs d'Elien. Toutes ces notes ont été ou fournies par M. le baron Cuvier, ou rédigées sous ses yeux, sur ses indications, et d'après les matériaux qu'il a bien voulu communiquer au traducteur.

L'ouvrage se composera de 4 vol. in-8°.

LONGI PASTORALIA

E DUOBUS CODICIBUS MSS. ITALICIS PRIMUM INTEGRA GRÆCE EDIDIT P. LUDOVICUS COURIER. EXEMPLAR ROMANUM EMENDATIUS ET AUCTIUS RECUDENDUM CURAVIT LUDOVICUS DE SINNER, in-8°.

Grand pap. vélin. Prix : 10 fr.

L'édition de Longus, publiée à Rome par Courier et tirée à 52 exemplaires seulement, était devenue un livre presque aussi rare qu'un manuscrit, et le véritable texte du fameux fragment de Florence ne se trouvait que là, car la publication séparée de ce morceau fourmille de fautes typographiques. L'édition de Rome elle-même, quoique infiniment correcte pour le corps des lettres, est remplie de fautes d'accents et de ponctuation.

A ce texte rectifié M. de Sinner a joint au bas des pages les notes grecques de l'édition de Courier, la lettre circulaire de Courier sur les prétendues variantes du Ms. de Florence, et par le moyen d'un supplément aux notes (*auctorum animadversionum*), toutes les observations sur Longus que Courier avait publiées, soit isolées, soit disséminées dans plusieurs de ses ouvrages, postérieurement à la publication de l'édition de Rome. De plus, M. de Sinner y a joint :

1° Un extrait complet des observations manuscrites de Brunck, conservées à la Bibliothèque du Roi;

2° Les conjectures de Coray, prises de la magnifique édition in-4°, imprimée par Pierre Didot, en 1802;

3° Les observations de Wyttenbach, consignées dans la *Bibliotheca critica*, et celles de Boissonade et autres savants, auxquelles le nouvel éditeur a ajouté quelques éclaircissements nécessaires;

4° Un morceau anglais remarquable sur Longus, tiré de Dunlop;

5° Une table des auteurs et des mots expliqués.

On trouve dans la préface, après la notice littéraire et l'exposition des principes suivis, un catalogue à peu près complet de tous les romans grecs et livres populaires, jusqu'à ce jour ou inédits ou trop peu connus même des philologues.

Cette édition est imprimée avec grand soin dans le format de la grande collection des classiques grecs de MM. Didot. La traduction française par Courier se vend séparément: et cette édition est la seule qui représente avec exactitude les passages grecs cités dans les notes.

CL. PTOLEMÆI GEOGRAPHICÆ

ENARRAT. LIB. 8 GRÆCE ET LATINE,

EDISTE N. D. MANOS.

Nouvelle édition, purgée des fautes innombrables des precedentes editions, et collationnée sur les quatre Mss de la Bibliothèque du Roi, avec les variantes, des index très-amples, et la traduction latine revue et corrigée. 3 vol. in-8°, grand papier. Prix....... 45 fr.

Le monde savant attendait depuis long-temps une nouvelle édition de Ptolémée, et souvent on s'est étonné qu'un ouvrage aussi utile pour la connaissance de la Géographie ancienne, dont cet auteur est presque toujours le seul guide qui nous reste, n'eût pas été réimprimé. La dernière édition publiée par Bertius, en 1618, est même inférieure à celle de Bâle donnée par Érasme en 1533. Halma n'a donné qu'une très-faible partie de la Géographie de Ptolémée, et le texte fourmille de fautes typographiques. M. Manos, dans l'intérêt des lettres grecques, qu'il cultive avec autant de distinction que de désintéressement, a collationné les quatre Mss de la Bibliothèque royale et en a consigné avec un soin minutieux les variantes au bas des pages. La traduction latine donnée par Bertius a été revue et corrigée par M. Manos qui, par excès de scrupule, a prié M. de Sinner de vouloir bien le seconder dans cette partie de son travail.

CORAY. ΑΡΙΣΤΟΤΕΛΟΥΣ Πολιτικα. Formant le XIIIe volume de la Bibliothèque grecque, publiée par Coray. (Paris, 1821.) (*Voyez* Ouvrages en grec ancien, page 114.) Prix   13 fr.

—ΑΡΙΣΤΟΤΕΛΟΥΣ Ηθικα, formant le XIVe volume de la Bibliothèque grecque. (Paris, 1822.).....................   12 f.

—ΟΝΗΣΑΝΔΡΟΥ Στρατηγικα.(Paris, 1822) 1 vol. in-8°..   8 f.

—ΣΤΡΑΒΩΝΟΣ Γεωγραφια. 4 vol. in-8°............   52 f.

Le même ouvrage, gr. pap. (rare)..................   100 f.

—ΒΕΚΚΑΡΙΟΥ Περι αδικηματων και ποινων, etc., 1 vol. in-8°. 8 f.

—ΠΛΟΥΤΑΡΧΟΥ ΤΑ ΠΟΛΙΤΙΚΑ, 1 vol. in-8°, prix broché.   8 f.

— ΞΕΝΟΦΩΝΤΟΣ ΑΠΟΜΝΗΜΟΝΕΥΜΑΤΑ , ΚΑΙ ΠΛΑΤΩΝΟΣ ΓΟΡΓΙΑΣ. Formant le XVe volume de la Bibliothèque gr. Prix, br.   12 f.

—ΛΥΚΟΥΡΓΟΥ ΚΑΤΑ ΛΕΩΚΡΑΤΟΥΣ. 1 vol. in-8°.......   8 f.

—ΕΠΙΚΤΗΤΟΣ, ΚΕΒΗΣ, ΚΛΕΑΝΘΗΣ. 1 vol. in-8°.....   6 f.

—ΑΡΡΙΑΝΟΥ ΤΩΝ ΕΠΙΚΤΗΤΟΥ ΔΙΑΤΡΙΒΩΝ. 2 vol. in-8° br.   16 f.

—Ατακτα, ou observations diverses sur la langue grecque, ancienne et moderne, tomes 1, 2 et 3, in-8°. Prix.......   42 f.

HERODOTI musæ sive historiarum libri IX ad veterum codicum fidem denuo recensuit lectionis varietate continua interpretatione latina adnotationibus Wesselingii et Walckenarii aliorumque et suis illustravit Schweighæuser. 7 vol. in-8°, en 14 parties. Pap. vélin, 1816. Prix br.   191 fr.

— Le même ouvrage, pap. ordinaire. (rare)..................   110

DIODORI SICULI bibliothecæ historicæ libri qui supersunt e recensione Petri Wesselingii cum interpretatione latina Laur. Rhodomani atque annotationibus variorum integris indicibusque locupletissimis. 11 vol. in-8°. (Deux-Ponts, 1793 à 1807). Prix br.....................   80 fr.

LUCIANI SAMOSATENSIS opera græce et latine ad editionem Tiberii Hemsterhusii et Joannis Frederici Reitzii accurate expressa cum varietate lectionis et annotationibus. 10 vol. in-8°. (Deux-Ponts, 1789 à 1793.) Prix br. ....   70 fr.

ATHENÆI NAUCRATITÆ DEIPNOSOPHISTARUM libri quindecim ex optimis candicibus nunc primum collatis emendavit ac supplevit nova latina versione et animadversionibus cum Is. Casauboni aliorumque tum suis illustravit commodisque indicibus instruxit Schweighæuser. 14 vol. in-8°. (Deux-Ponts, 1801 à 1807.) Prix br.................... 126 f.

SCRIPTORES EROTICI GRÆCI. 4 vol. in-8°, edente Mitscherlich. (Deux-Ponts, 1792 à 1794.) Prix br....................... 24 f.

QUINTI SMYRNÆI POSTHOMERICORUM libri XIV nunc primum ad librorum manuscriptorum fidem et virorum doctorum conjecturas recensuit restituit et supplevit Thom. Christ. Tychsen, accesserunt observationes Chr. Gottl. Heynii. 1 vol. in-8°. (Deux-Ponts, 1807.)............. 8 fr.

LES 6 PREMIERS CHANTS DE L'ILIADE, texte grec..... 2 fr.
D'après l'édition de Wolf et de Boissonade, in-8°. (édition soignée.)

LE 6ᵉ CHANT DE L'ILIADE, en grec, brochure in-8°....... 75 c.

GRAMMAIRE GRECQUE-ALLEMANDE DE M. MATTHIÆ,

TRADUITE EN FRANÇAIS PAR MM. GAIL ET LONGUEVILLE.

Elle paraitra par livraisons de dix feuilles environ, tous les deux ou trois mois : la totalité de l'ouvrage sera publiée avant deux ans.

Cette grammaire jouit en Allemagne et en Angleterre (où elle a déjà été traduite par le célèbre Blomfield) d'une estime consacrée par l'unanimité des érudits, et qui dispense les traducteurs français, MM. Gail et Longueville, de s'attacher a faire ressortir l'utilité et même la nécessité de ce livre pour toutes les personnes qui veulent approfondir l'étude de la langue grecque. On a jugé convenable de reproduire l'ouvrage de M. Matthiæ en son entier et sous sa forme originale, sur la seconde édition, qui a succédé à la première à 20 ans environ d'intervalle, et qui, selon toute apparence, sera la dernière. Ce vaste répertoire est si bien coordonné, si bien résumé, quoique si complet, qu'on aurait craint d'en altérer l'économie et de retrancher quelques details regrettables dans un livre qui peut s'appeler une véritable grammaire des grammaires grecques.

Les traducteurs n'ont aspiré qu'à être utiles ; et ce motif, assez démontré par la nature même du travail ingrat et sans gloire qu'ils ont entrepris, offre des garanties suffisantes du soin qu'ils mettront a l'exécuter.

On souscrit sans rien payer d'avance ; le prix de chaque livraison de 10 feuilles, grand in-8°, bien imprimé, en petit-romain et en petit-texte, sera de... 3 fr. 50 c. L'ouvrage renfermera plus de cent feuilles ; mais le prix total n'excedera pas celui de 10 livraisons. La première paraitra dans le courant de juin.

COLLECTION COMPLÈTE DES CLASSIQUES GRECS,
in-18, édition stéréotype.

ANACREONTIS Carmina. Accedunt selecta quædam è Lyricorum reliquiis. E recens. et cum notis Brunckii. 1826. 1 vol. 1 fr. 25 c.
— Papier fin. 2 fr.
ANTHOLOGIA Græca, ad Palatini cod. fidem edita. 3 vol. pap. ord. 10 fr.
— Pap. fin. 14 fr.
ANTONINI Comment., quos sibi ipsi scripsit, libri XII, ad fidem opt. lib. diligenter recogniti. Cum selecta varietate lectionis et adnot. criticis curavit J. M. Schultz. 1 vol. 2 fr. 50 c.
— Pap. fin. 3 fr.
APOLLONII Rhodii Argonaut. 1 v. 2 f.
— Pap. fin. 2 fr. 50 c.
APPIANI Alexandrini romanarum Histor. quæ supersunt. 4 vol. 10 fr.
— Pap. fin. 15 fr.
ARISTOPHANIS Comœdiæ. 3 v. 7 f. 50 c.
— Pap. fin. 10 fr.
ARRIANI Nicomediensis Expeditio Alexandri. 1 vol. pap. ord. 3 f.
— Pap. fin. 4 fr. 50 c.

ÆLIANI varia Historia, Heraclidis Pontici et Nicolai Damasceni quæ supersunt. 1 vol. 3 fr. 50 c.
— Pap. fin. 4 fr. 75 c.
ÆSCHINIS orat. Opera. 1 vol. 2 f. 50 c.
— Pap. fin. 3 fr. 75 c.
ÆSCHYLI Tragœdiæ, ad exemplar Glasguense accurate expressæ, 1826, 1 vol. 3 fr.
— Papier fin. 4 fr. 25 c.
ÆSOPICÆ Fabulæ, 1826. 1 v. 1 f. 25 c.
— Pap. fin. 2 fr.
CASSII Dionis Cocceiani Historia romana. 4 vol. 15 fr.
— Pap. fin. 22 fr.
DEMOSTHENIS Opera. 3 vol. 12 f. 50 c.
— Pap. fin. 18 f. 75 c.
DIODORI Siculi Bibliothecæ Historicæ quæ supersunt. 20 f.
— Pap. fin. 27 fr. 50 c.
DIONYSII Halicarnassensis Opera omnia, quibus etiam accedunt fragmenta ab Angelo Maio nuper reperta. 6 vol. 18 fr. 75 c.
— Pap. fin. 26 fr.
EURIPIDIS Tragœdiæ. Nova editio, castigata et expolita. 4 vol. 9 fr.
— Pap. fin. 12 fr.
HERODIANI Historiarum Romanarum libri VIII. 1 vol. 2 fr. 25 c.
— Pap. fin. 3 fr.
HERODOTI Halic. Historiarum libri IX. Adjectus est libellus de vita Homeri. Nova ed. denuo recognita et emendata, 1826. 3 vol. 7 fr. 50 c.
— Pap. fin. 11 fr. 25 c.
HESIODI Carmina. 1 vol. 1 fr.
— Pap. fin. 1 fr. 75 c.
HOMERI Ilias. Nova editio iteratis curis cast. et expol., 1826, 2 v. 4 f. 50 c.
— Pap. fin. 6 fr.
HOMERI Odyssea. 2 vol. (idem.)
ISÆI Orationes, quæ vulgo in editionibus leguntur. Accedit oratio de Menclis Hereditate, Londini primum expressa, et duplo auctior: de Cleonymi Hereditate, edita per Angelum Maium. 1 vol. 2 f. 25 c.
— Pap. fin. 3 fr.
ISOCRATIS Orationes et Epistolæ. Accedit plenior oratio de Permutatione ab Andr. Mustoxyde inventa exque ejus editione diligenter expressa. 2 vol. 6 fr. 75 c.

— Pap. fin. 9 fr. 50 c.
LUCIANI Opera. 4 vol. 15 fr.
— Pap. fin. 20 fr.
LYSIÆ Orationes. 1 vol. 2 fr. 50 c.
— Pap. fin. 4 fr
ORPHICA, Procli hymni Musæi, carmen de Hero et Leandro, Callimachi hymni et epigram. 1 vol. 1 f. 75 c.
— Pap. fin. 2 fr. 25 c.
PAUSANIÆ Græciæ Descriptio, 3 vol. 7 fr. 50 c. — Pap. fin. 11 fr. 50 c.
PINDARI Carmina. 1 vol. 2 f. 50 c.
— Pap. fin. 3 fr. 50 c.
PLATONIS Opera, cum scholiis a Ruhnkenio collectis. 8 vol. 28 fr.
— Pap. fin. 38 fr.
PLUTARCHI Vitæ. 9 vol. 22 fr. 50 c.
— Pap. fin. 33 fr. 75 c.
PLUTARCHI Chæronensis Moralia, è recens. Wyttenbachii. 6 v. 22 f. 50 c.
— Pap. fin. 30 fr.
POETÆ Græci Gnomici. 1 vol. 2 fr.
— Pap. fin. 3 fr.
POLYBII Histor. 4 vol. 15 fr.
— Pap. fin. 21 fr. 75 c.
QUINTI Smyrnæi Tryphiodori, Joannis Tzetzæ et Coluthi Carmina de rebus Trojanis, 1825. 1 vol. 4 fr.
— Pap. fin. 6 fr.
SOPHOCLIS Tragœdiæ, ad opt. lib. fidem accurate editæ; adjectæ sunt Schæferi notæ. Editio nova G. H. emendata, 1825. 1 vol. 4 fr. 50 c.
— Pap. fin. 6 fr.
STRABONIS rerum geograph. libri XVII. 3 vol. 11 f. 50 c.
— Pap. fin. 15 fr.
THEOCRITUS, Bion et Moschus. Adjectæ sunt God. Henr. Schæferi notæ. Nova editio, iteratis curis expolita, 1826. 1 vol. 2 fr.
— Pap. fin. 3 fr.
THEOPHRASTI Characteres, Epicteti Manuale. Cebetis Tabula, 1826. 1 v. 1 f.
— Pap. fin. 1 fr. 50 c.
THUCYDIDIS de Bello Peloponn. cum indice rerum. Nova edit. emendata, 1826. 2 vol. 6 fr. 75 c.
— Pap. fin. 10 fr.
XENOPHONTIS Opera. Editio ex nova tabularum impression. emendatissima, curante C. H. Weise, 1826. 6 vol. 11 fr. 25 c.
— Pap. fin. 18 f. 50 c.

Grec moderne.

GRAMMAIRE FRANÇAISE-GRECQUE,
Par THÉOCHAROPOULOS.

M. Théocharopoulos a publié déjà une excellente grammaire française en grec. Pour faciliter l'étude de sa langue, il a composé une grammaire grecque universelle pour étudier à la fois le grec ancien et moderne. La traduction française est en regard.   1 vol. in-8°.   Prix : 5 fr.

ГРАММАТІКН ГАЛЛІКН, GRAMMAIRE FRANÇAISE de C. LE-TELLIER, traduite en grec moderne par G. Théocharopoulos de Patras. Paris, 1827. 1 vol. in 8°,   Prix : 5 f.

'DIALOGUES familiers, précédés de quelques phrases faciles, et suivis de plusieurs Dialogues de Fénélon, en français, anglais et grec, par le même, 1 vol. in-12. Paris, 1827. Prix br. 3 f. 50 c.

THÉOCHAROPOULOS. Exposition abrégée de la prononciation grecque et de l'orthographe, en grec moderne et français. Brochure in-12. . . . . 75 c.

L'INTERPRÈTE DU FRANÇAIS EN GRÈCE,
OU MÉTHODE
DE PARLER LA LANGUE GRECQUE MODERNE SANS L'AVOIR APPRISE,
Par D'ORIENT DE BELLEGARDE et J. B. DELGAY ;
présenté au Roi.

1 vol. in-8° grand pap. -- Prix : 4 fr., et franc de port 5 fr.

Cet ouvrage est destiné à faciliter aux Français les moyens de s'exprimer en grec, et de comprendre les phrases prononcées par les Grecs. Il est exécuté à trois colonnes, qui contiennent les phrases grecques, leur traduction, et les sons de chaque mot figurés en lettres françaises.

ПІNAKEΣ ΑΛΛΗΛΟΔΙΔΑΚΤΙΚΗΣ

50 Tableaux grand in-f°, en gros caractères grecs, pour l'enseignement élémentaire des écoles de la Grèce. Prix :   5 fr.

L'HYGIÈNE POPULAIRE, en grec moderne, par M. CARATHÉODORIS, publiée par la Société philhellénique de Paris, 1 vol. in-18. Prix . . . . 3 fr.

CULTURE DE LA POMME DE TERRE, en grec moderne, in-8°. Prix. . . . . 2 fr.

LOISIRS POÉTIQUES, ou Choix des meilleurs poètes de diverses langues, traduit en grec moderne et en vers, avec le texte en regard; suivis d'un Recueil de poésies grecques originales, par N. PICCOLOS. 1 vol. in-12. Prix : 4 f. pour les souscripteurs et 5 f. 50 c. pour les non-souscripteurs.

L'ouvrage est actuellement sous presse.

BERNARDIN DE SAINT-PIERRE,

Τὰ κατὰ Παῦλον καὶ Βιργινίαν, καὶ ἡ Ἰνδικὴ Καλύβη,

PAUL ET VIRGINIE, ET LA CHAUMIÈRE INDIENNE,

traduits du français en grec moderne, 2 vol. in-18. Prix brochés....... 6 fr.
Ces deux ouvrages se vendent séparément, chacun......... 3 fr.

Ὁ ΑΛΕΞΙΣ, ΤΗΣ ΦΙΛΕΛΛΗΝΟΣ ΧΗΡΑΣ ΒΥΤΤΕΜΒΑΧΙΟΥ. 1 vol. in-12.
Prix, broché.................... 2 f.

Ἡ ΕΠΙΣΤΗΜΗ ΤΟΥ ΚΑΛΟΥ ΡΙΧΑΡΔΟΥ συντεθεῖσα ὑπο του Β. ΦΡΑΓ-
ΚΛΙΝΟΥ, etc. 1 vol. in-18, broché.................. 1 f.

DICTIONNAIRE GREC FRANÇAIS-MODERNE,

Contenant les diverses acceptions des mots, l'étymologie ancienne ou moderne, et tous les temps irréguliers des verbes; suivi d'un double vocabulaire de noms propres d'hommes et de femmes, de pays et de villes.

Par DEHÈQUE. 1 vol. in-16. Prix : 10 fr.

GRAMMAIRE GÉNÉRALE DE LA LANGUE GRECQUE ANCIENNE, par BAMBAS. 1 fort vol. in-8°, imprimé en grec à Corfou. Prix .... 12 fr.

Ouvrages latins.

PHÆDRI FABULARUM ÆSOPIARUM,

EX CODICE OLIM PITHOEANO, ETC., ADJECTAQUE VARIETATE
LECTIONIS A CODICE REMENSI,

Edidit J. BERGER DE XIVREY.

Tout ce qu'il y a d'authentique sur les Fables de Phèdre est publié pour la première fois dans cette édition, qui décide la question débattue de l'authenticité de cet ouvrage. Jointe aux doctes travaux de Schwabe, elle complète la critique littéraire du fabuliste latin, dont elle doit être considérée comme l'édition *Princeps*.

Cette édition n'a été tirée qu'à 200 exemplaires sur grand pap vél. Prix : 20 fr., et à 25 exemp. seulement sur petit papier pour remplir les formalités du dépôt et des annonces. Ces derniers ne seront pas mis en vente.

BIBLIOTHÈQUE CLASSIQUE LATINE,

OU COLLECTION DES AUTEURS CLASSIQUES LATINS,

Avec des Commentaires anciens et nouveaux; des index complets; le portrait de chaque auteur; des planches et des cartes géographiques, etc.; dédiée au Roi, et publiée par N. E. LEMAIRE.

Le prix de chaque volume grand in-8°, en papier fin satiné, est de six francs quand il est au-dessous de 300 pages; de dix francs quand il ne passe pas 544 pages; de douze francs 50 cent. quand il ne passe pas 640 pages, et de quinze francs au-delà de ce nombre.

Les cartes, planches et figures se paient à part, excepté les portraits authentiques des auteurs et les tableaux typographiques, qui se donnent gratuitement.

Les 57 premières livraisons, contenant 119 volumes, sont en vente. Prix, brochés.................... 1520 fr.
Papier vélin.................... 3040 fr.

TRADUCTION DES CLASSIQUES LATINS,

AVEC LE TEXTE EN REGARD, ou BIBLIOTHÈQUE LATINE-FRANÇAISE.

Il a déjà paru 37 volumes de cette belle collection. Prix de chaque volume. . . . .   7 fr.

VELLÉIUS PATERCULUS, 1 vol.; JUVÉNAL, 2 vol.; PLINE le jeune, 3 vol.; FLORUS, 1 vol.; CORNÉLIUS NÉPOS, 1 vol.; JUSTIN, 2 vol.; VALÈRE MAXIME, 3 vol.; QUINTE-CURCE, 3 vol.; VALÉRIUS FLACCUS, 1 vol.; PLINE le naturaliste, 5 vol.; STACE, tom. 1er; SALLUSTE, 2 vol.; LUCRÈCE, tom. 1er; CÉSAR, 3 vol., QUINTILIEN, 2 vol.; CICÉRON, tom. 6-7; TÉRENCE, tom. 1er; SUÉTONE, tom. 1er; TITE-LIVE, tom. 1er.

M. T. CICÉRON (OEuvres complètes de), traduites en français, avec le texte en regard; 36 vol. in-18, grand raisin.   108 fr.

Cette nouvelle édition, enrichie des traductions nouvelles de MM. Guéroult, conseiller titulaire de l'Université; Burnouf, Professeur d'Éloquence latine au collége de France; de Wailly, Proviseur du collége royal de Henri IV; Naudet, Membre de l'Institut; a été de nouveau revue avec soin par M. Victor Leclerc, et est de beaucoup supérieure à la précédente, maintenant épuisée.

CICERONIS Opera uno volumine comprehensa, ex recensione Johannis Augusti Ernestii studiose recognita, edidit NOBBE, *philos. profes.*, etc. 1 vol. in-4, grand papier. Leipzig, 1827. Prix. . . . .   36 fr.

TITII-LIVII Patavini historiarum libri qui supersunt omnes et deperditorum fragmenta, ex recensione Drakenborchii, etc. 1 vol. in-4", grand papier. Prix. . . . .   25 fr.

BONDELMONTII (Christoph.) Florentini librum insularum Archipelagi e codicibus Parisinis regiis nunc primum totum edidit, præfatione et annotatione instruxit Gabr. Rud. Ludovicus de Sinner. Lipsiæ et Berolini, 1824. 1 vol. in-8, avec 2 cartes. Prix.   8 fr.

Cet ouvrage curieux et important par son exactitude est le dernier monument de la géographie de l'Archipel avant l'invasion des Turcs; il a été écrit en 1442.

Ouvrages arabes et en langues orientales.

DICTIONNAIRE FRANÇAIS-ARABE,

Par ELLIOUS BOCHTOR, ÉGYPTIEN,

Revu et augmenté par M. CAUSSIN DE PERCEVAL, tous deux professeurs d'arabe à l'École royale des Langues Orientales vivantes.

2 volumes in-4". Prix brochés. . . . .   72 fr.
— Papier vélin.   144

Ce dictionnaire, à cause de l'importance des ouvrages écrits en arabe et de la vaste étendue des pays dans lesquels cette langue est répandue, est indispensable pour l'interprète, le négociant, le voyageur.

M. Ellious Bochtor, également versé dans la connaissance de sa propre langue et de la langue française, a consacré quinze années à ce travail, auquel le Dictionnaire de l'Académie a servi de base. Il a pris soin de détailler les significations diverses de chaque expression, d'en expliquer l'emploi par des exemples, de citer les proverbes, etc.

M. Caussin de Perceval, successeur de M. Ellious Bochtor, qui a séjourné long-temps en Syrie, où il s'occupait d'un semblable travail, a revu entièrement ce Dictionnaire, l'a beaucoup enrichi, et y a fondu les travaux du P. Canes et de Germano di Silesia.

GRAMMAIRE ARABE VULGAIRE,

SUIVIE DE DIALOGUES, LETTRES, ACTES, ETC.;

à l'usage des élèves de l'École royale et spéciale des langues orientales vivantes,

PAR CAUSSIN DE PERCEVAL, in-4°. Paris, 1824. Prix   15 fr.

VENDIDAD SADÉ,

L'UN DES LIVRES DE ZOROASTRE,

Publié d'après le manuscrit zend de la Bibliothèque du Roi, avec un commentaire, une traduction nouvelle et un Mémoire sur la langue zende, considérée dans ses rapports avec le sanscrit et les anciens idiomes de l'Europe, par Eugène BURNOUF.

1 vol. in-folio de 600 pages.

Cette publication comprend les trois ouvrages religieux et philosophiques auxquels les Perses donnent le nom de *Vispered, Izeschné* et *Vendidad,* et que la tradition attribue à Zoroastre, l'ancien législateur de la Perse. Ces livres précieux n'étaient jusqu'à ce jour connus que par la traduction ou plutôt la paraphrase qu'en a donnée Anquetil Duperron. M. Eugène Burnouf, livré depuis long-temps à l'étude du sanscrit et des principaux idiomes de l'Inde, s'étant proposé de rechercher jusqu'à quel point la langue dans laquelle sont écrits ces livres et les traditions qu'ils nous ont conservées se rapprochent de l'idiome et des croyances brahmaniques, a soumis à un examen critique la traduction d'Anquetil Duperron; et pour mettre les érudits à même de vérifier l'exactitude de ses observations, il a résolu de publier le texte même des ouvrages de Zoroastre, d'après un des plus beaux manuscrits de la Bibliothèque du Roi.

Le texte zend du VENDIDAD SADÉ, lithographié avec le plus grand soin par KNECHT, formera un volume de près de 600 pages. L'ouvrage est divisé en 10 livraisons paraissant tous les quatre mois. Le prix de la livraison est de 12 francs; après la quatrième livraison le prix sera de 20 fr.

Un prospectus particulier fera connaître l'époque de la publication du commentaire et de la traduction.

KLAPROTH,

VOCABULAIRE GÉORGIEN-FRANÇAIS ET FRANÇAIS-GÉORGIEN,

1 vol. in-8°. Paris, 1827. Prix: 15 fr.

Ouvrages allemands.

GRAMMAIRE ALLEMANDE ÉLÉMENTAIRE pour les Français, adoptée pour les écoles du royaume; par M. SIMON. 1 vol. in-8°. (1822.) Prix, broché...................... 4 fr.

Cet ouvrage est extrait de la grande grammaire de M. SIMON, qui a été approuvée par l'Académie de Berlin. La commission nommée par le gouvernement français a déclaré que cette Grammaire était la seule qui expliquât les difficultés de cette langue.

TABLEAUX SYNOPTIQUES DE LA LANGUE ALLEMANDE, à l'usage de Mgr. le duc de Bordeaux, par M. STICKAU, professeur de S. A. R. 1 vol. in-8°,   Prix : 5 fr.

EXERCICES GRADUÉS pour apprendre l'allemand d'après la méthode naturelle, par le même. brochure in-8°. Prix: 75 cent.

COURS DE LITTÉRATURE ALLEMANDE,
OU RECUEIL EN PROSE ET EN VERS

DE MORCEAUX CHOISIS DANS LES ÉCRITS DES MEILLEURS AUTEURS ALLEMANDS, arrangé de manière qu'on commence par le plus facile, en passant par graduation, jusqu'au plus difficile. Adopté pour les écoles royales.

Le but des éditeurs est de présenter aux Français, en deux volumes in-8°, et à un prix modéré, des modèles de tous les genres de la littérature allemande.

Cette collection dispensera de faire l'acquisition de livres allemands, dont le prix est presque toujours excessif en France, et qu'il est même souvent difficile de se procurer.

Prix des deux volumes. 12
Le 1ᵉʳ volume contient les morceaux choisis en prose. . . . . Prix br. 7 fr
Le 2ᵉ contient le choix de poésies. 5

DICTIONNAIRE PORTATIF ALLEMAND-FRANÇAIS et FRANÇAIS-ALLEMAND, de SIMON. (Sous presse.)

Le but de l'auteur est non-seulement de donner la signification de chaque mot, mais encore d'y indiquer toutes les circonstances qui, dans l'usage de ce mot, ne peuvent pas être expliquées par les règles de la grammaire, comme le pluriel des substantifs allemands, etc.; de sorte que ce Dictionnaire, ainsi que la Grammaire du même auteur, approuvée par les Écoles royales, présenteront un guide sûr pour l'étude de la langue allemande.

OUVRAGES
espagnols, portugais et italiens.

COURS DE LITTÉRATURE ESPAGNOLE,
OU RECUEIL EN PROSE ET EN VERS

de morceaux choisis dans les écrits des meilleurs auteurs espagnols; rangés de manière qu'on passe du plus facile au plus difficile, par V. RENDU, adopté par l'Université. 1 vol. in-8°. 6 fr.

ARNAO. Diccionario de la Academia española. Edicion abreviada por don Vicente Gonzalez Arnao, de la ultima hecha en Madrid, en 1822, 2 gros vol. in-8. . . . . 18 fr.

LETTRES PORTUGAISES,
NOUVELLE ÉDITION,

Avec une Notice bibliographique et historique sur ces Lettres. Un volume in-12. Prix. . . . . 3 fr. Papier vélin. 6

Cette nouvelle édition, faite d'après la première édition connue de Cl. Barbin, Paris, 1669, ne renferme comme elle que cinq lettres. L'éditeur (M. de Souza), dans une notice bibliographique fort étendue, prouve que ces cinq lettres sont les seules véritables; que les sept autres qu'on trouve dans les éditions ordinaires sont absolument supposées, et que cette méprise, qui paraît avoir commencé en 1690, a été continuée jusqu'à ce jour, par les éditeurs subséquents, faute de connaissance exacte des localités, des mœurs et des usages du Portugal. Cette notice renferme des détails curieux sur ce point de bibliographie. L'éditeur y a joint une traduction portugaise qui est imprimée à côté du texte. C'est la première qui ait encore paru dans cette langue.

CAMOENS. Os Lusiadas. Édition conforme à celle qui a été donnée par M. DE SOUZA, imprimée avec soin et ornée du portrait de l'auteur, d'après le dessin de M. Gérard.

  1 vol. in-8°, papier fin satiné....................................... 10 fr.
   papier vélin 20

CAMOENS. Os Lusiadas, en portugais, 1 vol. in-32. pap. vélin. Portrait. Charmante édition. Prix......... 6 fr.

——— *I LUSIADI. Recati in ottava rima da A. Briccolani. 1 vol. in-32, pap. vél., très-soigné. Paris 1826. Prix, br. 6 f.

——— LES LUSIADES OU LES PORTUGAIS ; poème en dix chants; traduction nouvelle, par M. MILLIÉ. 2 vol in-8°. Prix.................................... 14 fr.

Dans un prospectus détaillé, le nouveau traducteur mettant en regard son travail avec la paraphrase incorrecte et abrégée de La Harpe, en fait ressortir les défauts, qui n'ont pas peu contribué à rendre cette belle épopée nationale moins connue en France qu'elle ne devrait l'être.

La nouvelle traduction, revue pendant quatre ans, est exécutée avec le soin qu'on pouvait attendre d'une personne versée dans la littérature portugaise.

*DANTE.— LA DIVINA COMMEDIA, L'ENFER, LE PURGATOIRE, ET LE PARADIS, avec la traduction française en regard, par M. le chevalier Artaud, 9 jolis volumes in-32, avec les commentaires extraits des plus habiles critiques. Pap. vélin. Prix... 30 fr.

On vend séparément le Purgatoire et le Paradis.

Théologie.

*BIBLIA SACRA

VULG. EDIT. SIXTI V JUSSU RECOGNITA, ET CLEMENTIS VIII AUCTORIT. EDITA

Cette édition, imprimée par MM. Firmin Didot, en petits caractères, à l'instar de celle de Cologne et avec le plus grand soin, sur papier vélin, forme 1 fort vol. in-8°, à 2 colonnes, de 800 pages. M. Bœuf, éditeur, s'est chargé de la correction du texte... Prix 30 fr.
 Le même, format in-32, 6 vol................................. 30

NOVUM TESTAMENTUM, 1 vol. in-32, imprimé sur papier superfin vélin, par MM. Firmin Didot. Prix......... 4 fr.

— Le même, sur grand papier superfin vélin.......... 6

Cette édition du *Novum Testamentum* se distingue autant par la fidélité des concordances annotées au bas de chaque page, que par son exécution typographique.

DE IMITATIONE CHRISTI, LIBRI QUATUOR.

In-48, imprimé avec grand soin, en très-petits caractères. Prix......... 3 fr.

*LA SAINTE BIBLE,

RENFERMANT LE NOUVEAU ET L'ANCIEN TESTAMENT,

Avec des notes explicatives, des réflexions pratiques et de nombreux parallèles.

Par Thomas SCOTT, traduit de l'anglais, 6 vol. in-4°.

Dans tous les siècles, les hommes les plus distingués par leur savoir et leur piété, se sont livrés à de vastes recherches pour rendre le sens de l'Écriture plus accessible à l'intelligence des lecteurs de toute condition; et les noms les plus illustres dans les sciences et dans l'Église figurent au nombre des commentateurs de la Bible. Parmi ces immenses travaux, celui de Thomas Scott, qui embrasse la Bible entière, a obtenu en Angleterre le plus de succès; plus de quarante mille exemplaires en ont été vendus.

Les éditeurs n'ont pas voulu faire une spéculation de librairie en traduisant et en publiant ce trésor de pensées religieuses et d'idées fécondes en applications usuelles, qui présentent au prédicateur d'excellents matériaux pour les compositions auxquelles ses fonctions l'appellent.

L'Évangile selon saint Mathieu est en vente. . . . .   7 fr.
Sur grand raisin fin. . . . .   10 fr., et grand pap. vélin. . . . .   14 fr.

SAINTE BIBLE,

Traduction de M. EUGÈNE DE GENOUDE, maître des requêtes au Conseil d'état,
22 vol. in-8°. Prix, br. 132 fr.

IMITATION DE JÉSUS-CHRIST,

Traduct. nouvelle par M. DE GENOUDE, avec une belle gravure d'après Gérard.
1 vol. in-8°, gr. pap. vél. satiné.   24 f.   Id. in-4°, gr. papier vélin.   50 fr.

THOMAS A KEMPIS,

DE IMITATIONE CHRISTI,

Interprete G. MAAR. S. J., edente X. BROSSET.

L'édition grecque et latine, format in-18, sur papier fin. . . . .   4 f.
Sur coquille, vélin superfin. . . . .   8 f.
L'édition grecque seulement, sur papier fin. . . . .   3 f.
Sur très-beau papier vélin. . . . .   6 f.

ʹΗ ΚΑΙΝΗ ΔΙΑΘΗΚΗ,

NOVUM TESTAMENTUM,

juxta griesbachianam recensionem, edente X. Brosset.

2 vol. in-18 d'environ 600 pages, imprimés sur très-beau papier. Le premier vol. contient les livres historiques; le second, les épitres et l'apocalypse. On n'a épargné aucun soin pour la correction du texte. Prix de l'ouvrage complet : 6 f.

INTRODUCTION A LA VIE DÉVOTE, par Saint FRANÇOIS DE SALES, 1 très-fort volume in-32, imprimé avec soin sur beau papier vélin. Paris, 1830. Prix. . . . .   1 fr. 75 c.

Philosophie.

ARISTOTE. LA MORALE ET LA POLITIQUE, traduites du grec, par M. THUROT, professeur au collége royal de France et à la faculté des lettres de Paris.

LA MORALE, 2 vol. in-8°, prix, brochés. . . . .   10 fr.
Papier vélin.   15
Grand-raisin vélin.   20
LA POLITIQUE, 2 vol. in-8°. Prix br.   10
— Pap. vélin. . .   15 fr.   Grand pap. . . .   20

Les deux traités dont nous annonçons une nouvelle traduction sont comptés parmi les ouvrages les plus parfaits et les plus importants qui nous restent d'Aristote. Ce philosophe, regardant la morale et la politique comme deux sciences inséparables, ou plutôt comme les parties d'une seule et même science, qu'il considérait avec raison comme la plus nécessaire au bonheur des hommes, paraît en avoir fait l'objet de l'étude et des méditations de presque toute sa vie.

C'est sur l'excellente édition grecque, publiée dernièrement par M. Coray, que M. Thurot a traduit ces deux admirables ouvrages que devraient étudier sans cesse tous ceux qui s'occupent de morale et de politique. M. Thurot a donc cru rendre un véritable service au petit nombre d'hommes qui veulent connaître ce dont ils parlent, en traduisant les deux ouvrages du génie le plus extraordinaire qui ait jamais existé. Le *Traité de la Morale* n'avait point encore été traduit en français.

ŒUVRES PHILOSOPHIQUES DE LOCKE,

ÉDITION PUBLIÉE PAR M. THUROT,

PROFESSEUR DE PHILOSOPHIE AU COLLÉGE ROYAL DE FRANCE ET A LA FACULTÉ
DES LETTRES DE L'ACADÉMIE DE PARIS.

7 volumes in-8° br...... 42 fr.

Papier vélin.................... 70 fr.

Le Traité de l'Éducation des Enfants est imprimé in-12.

Prix des 2 volumes........ 6 f.

L'Essai sur l'Entendement humain, par Locke, est encore regardé généralement comme un des livres les plus utiles, les plus riches en faits et en observations importantes, que l'on puisse consulter sur cette matière. Les exemplaires de cet excellent ouvrage commençaient à devenir rares dans le commerce; et nous avons cru faire une chose avantageuse au public et aux études de la jeunesse, en publiant cette nouvelle édition.

La traduction de Coste, faite sous les yeux de Locke lui-même, et continuellement retouchée et travaillée d'après ses conseils, dans quatre éditions successives, est, malgré quelques incorrections de style et quelques locutions devenues hors d'usage, considérée comme l'un des meilleurs ouvrages en ce genre. Les idées de l'auteur y sont même quelquefois exposées avec plus de clarté que dans l'original. Cependant elle a été revue avec soin sur le texte anglais par M. Thurot, professeur de philosophie au Collége royal de France et à la Faculté des Lettres de l'académie de Paris. Il y a joint un grand nombre de notes, puisées dans les écrits des philosophes les plus célèbres qui ont combattu ou éclairci quelques-unes des opinions de Locke, tels que l'abbé de Condillac, le docteur Reid, M. Dugald Stewart, etc.

Mais la partie la plus considérable, et peut-être la plus importante de ces notes, est tirée d'un ouvrage posthume de Leibnitz, publié en 1765 en un volume in-4°, et intitulé: *Nouveaux Essais sur l'entendement humain, par l'auteur du Système de l'harmonie préétablie.* C'est un examen suivi et détaillé de tout le traité de Locke, à l'occasion duquel Leibnitz propose les vues souvent profondes et toujours ingénieuses qui lui sont propres, et rectifie quelquefois ou confirme, en les appuyant de nouvelles preuves, les opinions du philosophe anglais.

Nous avons donc lieu d'espérer qu'une plus grande correction, et les additions importantes dont elle est enrichie, donneront à l'édition que nous annonçons une supériorité incontestable sur toutes celles qui l'ont précédée, et pourront rendre, jusqu'à un certain point, à l'ouvrage lui-même l'attrait de la nouveauté.

La collection que nous publions, sous le titre d'ŒUVRES PHILOSOPHIQUES DE LOCKE, est composée des ouvrages suivants :

1. Essai sur l'Entendement humain........................... 5 vol.
2. Traité de l'Éducation des Enfants........................ 1
3. De la conduite de l'esprit dans la recherche de la vérité;
   Lettre sur la Tolérance, etc............................. 1

ŒUVRES COMPLÈTES ET INÉDITES
DE CABANIS,

MEMBRE DU SÉNAT, DE L'INSTITUT, DE L'ÉCOLE DE MÉDECINE.

AVEC UN PORTRAIT DE L'AUTEUR.

5 volumes in-8°. Prix : 30 fr. Papier vélin. 50 fr.

On vend séparément

LES RAPPORTS DU PHYSIQUE ET DU MORAL DE L'HOMME.

2 vol. Prix br... 12 f. Pap. vélin.... 20 fr.

M. Cabanis a été généralement regardé comme l'un des hommes de notre temps qui joignaient aux connaissances les plus variées et les plus étendues le talent d'écrire le plus distingué. On trouve dans ses divers ouvrages des vues profondes et ingénieuses, présentées avec une élégante clarté, embellies par le charme d'une imagination qui donne de la vie et de la couleur aux pensées, et qui ajoute un nouveau degré d'intérêt aux sentiments nobles et élevés que l'auteur se plaît sans cesse à répandre, et qui sont l'expression vraie de son ardent amour pour l'humanité. Quatre éditions successives, et déjà épuisées, prouvent d'une manière incontestable le mérite éminent que le public impartial a reconnu dans le livre intitulé : RAPPORTS DU PHYSIQUE ET DU MORAL DE L'HOMME. Les RECHERCHES SUR LE DEGRÉ DE CERTITUDE DE LA MÉDECINE n'ont pas eu moins de succès, et les autres écrits que M. Cabanis a publiés sur des sujets analogues offrent partout le même genre de mérite et de talent.

Il restait entre les mains des héritiers de cet homme justement célèbre, et enlevé à sa famille et à ses amis à l'époque de la plus grande maturité de son talent, d'autres écrits non moins intéressants, dont nous nous félicitons de pouvoir faire jouir enfin les amis de la science et de la littérature; et nous avons cru faire une chose utile et agréable au public, en profitant de cette circonstance pour reproduire, dans une édition complète, les ouvrages déjà connus du même auteur.

Cette édition, où les matériaux sont rangés dans un ordre plus méthodique qu'ils n'avaient pu l'être jusqu'à présent, est composée de cinq volumes, dont il suffit de donner ici une description sommaire, pour faire comprendre que le médecin, le philosophe, le littérateur et l'homme du monde y trouveront une instruction solide et variée, et une lecture d'un intérêt vif et soutenu.

CETTE ÉDITION COMPREND :

TOME I. 1. Coup-d'œil sur les Révolutions et sur la Réforme de la Médecine. 2. Rapport sur l'Organisation des Écoles de Médecine. 3. Dissertation sur le degré de certitude de la Médecine. 1 vol. in-8°, se vend séparément. Prix.... 7 fr.

TOME II. 1. Journal de la Maladie et de la Mort de Mirabeau. 2. Observations sur les Affections catarrhales en général. 3. Note sur le supplice de la Guillotine. 4. Quelques principes et quelques vues sur les Secours publics. 5. Observations sur les Hôpitaux. 6. Mémoire sur l'Éducation publique.

TOMES III et IV. Rapports du Physique et du Moral de l'Homme. 2 vol. in-8°, se vend séparément. Prix.. .... 14 fr.

ŒUVRES POSTHUMES; I VOLUME.

Mélanges de Littérature et de Philosophie.

1. Lettre à M. F. sur les Causes primitives. 2. Notice sur B. Franklin. 3. Éloge de Vicq-d'Azyr. 4. Discours d'ouverture et de clôture d'un Cours sur Hippocrate. 5. Serment du Médecin, imitation, en vers, de celui d'Hippocrate. 6. Lettre à M. Thurot, sur Homère. 7. Traduction de l'Iliade d'Homère en vers français, chants I, II, III, IV, V, VI, et Fragments des derniers chants.

ÉTUDES ÉLÉMENTAIRES DE PHILOSOPHIE,

Par M. CARDAILLAC, professeur de philosophie au collège royal de Bourbon, à l'ancienne école Normale et à la faculté des lettres de l'Académie de Paris, 2 vol. in-8°. (*Sous presse.*)

Quoique d'un professeur, cet ouvrage ne renferme rien de dogmatique; il est à la lettre ce qu'annonce son titre, une suite d'études proprement dites. C'est l'exposé clair et méthodique de la série des réflexions par lesquelles chacun, en s'écoutant avec attention, doit être conduit à discerner avec précision, et à apprécier avec exactitude tous les phénomènes intérieurs de l'homme, et les rapports divers qui les unissent. Suivant l'auteur, c'est dans la connaissance de ces phénomènes et de ces rapports que doivent se trouver les véritables éléments d'une philosophie saine, raisonnable et à la portée de tout le monde.

LA PHYSIOLOGIE DES GENS DU MONDE,

POUR SERVIR DE COMPLÉMENT A L'ÉDUCATION,

PAR LE CHEVALIER CHAPONNIER,

médecin de la Faculté de Paris, démonstrateur d'anatomie à l'usage des peintres, et professeur de physiologie, membre de plusieurs sociétés savantes, etc.

1 vol. in-8° de 500 pages, orné de plusieurs planches. Prix : 6 fr.

Il manquait, pour le complément de l'éducation, un ouvrage qui pût faire connaître aux *gens du monde* ce que c'est que la *respiration*, la *digestion*, l'*ouïe*, la *vue*, l'*odorat*, le *goût*, le *toucher*, et enfin *toutes les fonctions du corps humain.*

Le docteur Chaponnier a rempli cette lacune, en publiant la Physiologie que nous annonçons. Ce livre, mis à la portée des personnes étrangères à la médecine, a le double avantage d'amuser en instruisant : rempli de faits curieux et d'anecdotes piquantes, il attache le lecteur sérieux et intéresse la curiosité du lecteur frivole ; destiné à la jeunesse, il est écrit avec toute la circonspection que réclame l'âge présumé des lecteurs, et *la mère en permettra la lecture à sa fille*.

Dans le nombre des chapitres les plus remarquables, nous citerons celui qui traite *de la voix et de la parole*, dans lequel on trouve un article curieux et très-amusant sur l'*engastrymisme ou ventriloquie* ; aux *fonctions du cerveau*, un article sur le *suicide* ; à la *digestion*, plusieurs faits extraordinaires. Le chapitre *du repos et du sommeil* offre un article sur le *somnambulisme* et le *magnétisme animal* ; celui des *tempéraments*, des recherches fort curieuses sur le *tempérament des détenus* dans les diverses prisons et bagnes de la France, etc.

PHILOSOPHIE PHYSIOLOGIQUE,
POLITIQUE ET MORALE,

Par M. CHARLES GIROU DE BUZAREINGUES, correspondant de l'Institut. 1 vol. in-8°. Paris, 1828. — Prix : 7 fr.

Il serait difficile de faire en peu de lignes l'analyse d'un ouvrage où sont traitées en peu de pages, et presque toujours d'une manière neuve, bien plus de questions, sur les phénomènes de la vie sensitive, que l'on n'en trouve dans les livres ordinaires de philosophie. Il a fallu bien du temps à l'auteur pour être si court. Cette concision, cependant, ne nuit pas à la clarté. Les lecteurs les moins habitués aux écrits de ce genre peuvent, sans peine, comprendre celui-ci : ce que la métaphysique a de plus profond y est déduit de ce que l'expérience a de plus familier, et se confond bientôt avec ce qu'on sait le mieux ; du sensualisme on est conduit très-rapidement, mais sans effort, à ce que le spiritualisme offre de plus élevé. La spontanéité absolue y naît de la sensation et n'en dépend pas : la plus saine morale en est déduite aussi, mais elle en est abstraite comme le libre arbitre. Enfin la politique même y reçoit de la philosophie et de la physiologie, des lois que personne ne peut méconnaître, et qui ne sont que le développement des besoins sociaux. Une agréable sensibilité anime ce livre : c'est par le sentiment que l'auteur résout la grande question de l'immortalité de l'âme. Il fait naître le besoin d'y croire, et en indique le moyen.

DAMIRON. Essai sur l'histoire de la philosophie en France au XIXe siècle. 2 vol. in-8°, 2e édition. Paris, 1828. Prix. 13 fr.

THÉORIE DES GOUVERNEMENTS,

ou Exposition simple de la manière dont on peut les organiser et les conserver dans l'état présent de la civilisation en Europe ; par le baron DE BEAUJOUR, ancien membre du tribunat, 2 volumes in-8°. Prix. . . . . 15 fr.

Cet ouvrage est composé de dix livres : le 1er traite de l'organisation des gouvernements, le 2e de leurs formes extérieures, le 3e des gouvernements anciens, et en particulier de celui de Sparte, le 4e du gouvernement d'Athènes, le 5e de celui de Rome, le 6e des gouvernements modernes, et de leur différence avec les gouvernements anciens, le 7e des institutions propres à conserver les différentes formes de gouvernement en général, le 8e des institutions propres à conserver chaque forme de gouvernement en particulier, le 9e de l'administration intérieure, le 10e de l'administration extérieure, ou des rapports des gouvernements européens entre eux. On discute dans ce dernier livre les divers systèmes diplomatiques, tels que celui des limites naturelles, le système de l'équilibre européen, celui d'une fédération générale et le projet d'une paix perpétuelle.

ŒUVRES COMPLÈTES DE DIDEROT,
22 vol. in-8°. Prix : 143 fr.

Cette édition, la seule complète, a été faite en grande partie sur les manuscrits autographes.

BATTUR. De l'ordre et de la liberté, et de leurs rapports essentiels, appliqués à la morale, à la politique, à la législation, aux sciences, aux lettres, aux arts et à l'organisation commerciale, départementale, administrative et judiciaire. 1 vol. in-8 (1829). Prix. . . . . 4 fr.

RAYNOUARD. Histoire du droit municipal en France sous la domination romaine et sous les trois dynasties. 2 vol. in-8°. Paris, 1829. Prix. . . . . 14 fr.

RIVAROL (Mad. la comtesse de). Économie de la vie civile, traduite de l'anglais, 2° édit. Paris, 1821. 1 v. in-12. Prix. 2 f. 50 c.

SALVADOR. Histoire des institutions de Moïse et des peuples hébreux. 3 vol. in-8. Prix. . . . . 21 fr.

Littérature.

DICTIONNAIRE DE L'ACADÉMIE FRANÇAISE (INSTITUT ROYAL DE FRANCE). *(Sous presse.)*

LA PHILOSOPHIE DES BELLES-LETTRES,

ou Leçons données à l'École royale Polytechnique et au Collège royal de France, depuis 1804 jusqu'en 1824 inclusivement.

Par **M. ANDRIEUX**,

De l'Académie Française, professeur de Littérature française au Collège de France.

4 volumes in-8°. (Sous presse.)

Cet ouvrage est attendu depuis long temps. Il est le résultat de vingt années de méditations et de travaux. Le succès constant des leçons orales de M. Andrieux faisant désirer qu'il les rédigeât par écrit et qu'il les donnât au public. Ce nouveau cours de littérature est composé sur un plan entièrement neuf et qui appartient à l'auteur : il a considéré les Belles-Lettres comme l'étude la plus propre à perfectionner toutes les facultés intellectuelles et morales de l'homme, comme un instrument aussi universel que la pensée et la parole, comme la réunion de l'art de penser, de l'art de parler et de l'art d'écrire. Ne point séparer l'étude de la littérature de celle de la morale, former des hommes de sens et de goût, d'un esprit droit, d'un cœur honnête et d'une ame élevée; montrer que, si les Belles-Lettres promettent et donnent la gloire à un petit nombre, elles offrent à tous de douces et de pures jouissances, des moyens d'arriver à la sagesse et au bonheur: tel est, en général, l'esprit de cet ouvrage; le succès que l'auteur ambitionne le plus, c'est d'être utile

LA FRANCE LITTÉRAIRE,

OU DICTIONNAIRE BIBLIOGRAPHIQUE DES SAVANTS, HISTORIENS ET HOMMES DE LETTRES DE LA FRANCE, ainsi que des littérateurs qui à l'étranger ont écrit en français, depuis 1700 jusqu'à 1826 inclusivement, accompagné de notices littéraires, historiques et bibliographiques;

Par **J. M. QUÉRARD**.

Nous croyons ne pouvoir mieux faire connaître ce livre, qu'en donnant ici un extrait du compte que M. Daunou en a rendu dans le Journal des Savants du mois de novembre 1829, à l'occasion de la cinquième livraison.

« Cet ouvrage continue d'être rédigé et imprimé avec un soin extrême; il embrasse une multitude de détails; ils sont disposés sans confusion et dans un ordre qui rend toutes les recherches faciles. Rien n'a été négligé pour éviter les inexac-

« titudes et les omissions, et nous croyons que ce but est atteint autant qu'il peut
« jamais l'être dans une telle matière. Ce Dictionnaire, qui nous paraît devoir rem
« plir environ dix volumes, de plus de 700 pages environ, sera l'une de nos meilleures
« bibliographies. M. Quérard joint au nom et aux prénoms de chaque auteur l'indi-
« cation du lieu et de l'époque de sa naissance ; la date précise de sa mort, s'il ne
« vit plus, et d'autres renseignements biographiques : il donne ensuite, par ordre
« alphabétique, le titre positif de chaque ouvrage, avec mention des éditions, des
« traductions, quelquefois aussi des critiques et des succès. »

Prix de chaque volume, imprimé en petit-texte et nonpareille, à deux colonnes. 15 fr. — sur papier vélin collé, 18 fr.

Il paraîtra en 20 livraisons, chacune composée d'un demi-volume, et de 2 mois
en 2 mois. Les six premières livraisons sont en vente. Prix de chacune
7 fr. 50 c., et papier collé 9 fr.

ŒUVRES COMPLÈTES DE VOLTAIRE,

Revues et collationnées sur les éditions originales, classées dans un
meilleur ordre, augmentées de quelques pièces inédites, de variantes, de notes historiques, préfaces, etc., par M. BEUCHOT.
70 vol. in-8°, de chacun environ 550 pages, imprimés sur pap. vél.

par A. Firmin Didot.

Cette édition, attendue depuis long-temps des bibliophiles, se distingue de
toutes les autres par le soin scrupuleux et les notes de M. Beuchot, qui a consacré
onze années de recherches pour rétablir les textes souvent défigurés ou mis en désordre dans l'édition de Khell, et détériorés encore dans les éditions postérieures.

Cette édition est la seule qui puisse faire partie de la bibliothèque d'un homme
de goût.

Prix de chaque volume, pap. vél. satiné. . . . .   4 fr. 50 c.
Sur cavalier vélin   7
Sur grand pap. vélin, tiré à 50 exemp. 15

Il paraît trois volumes tous les deux mois, les 25 premiers sont en vente.

ŒUVRES COMPLÈTES DE VOLTAIRE,

3 très-forts volumes in-8°, Prix cart. . . . .   80 fr.

ŒUVRES DE PASCAL,

contenant ses Lettres Provinciales et ses Pensées,
papier vélin. Paris, 1829. 2 vol. in-8°, Prix broché. . .   7 f.
— Cartonné à la Bradel.   9
— en demi-rel. dos en veau. 11
Le même ouvrage, 2 vol in-8°, gr. pap. vélin. Prix br. . . . 14

On a réuni en deux volumes ces deux ouvrages de Pascal, qui en forment ordinairement quatre. La notice de M. Lemercier, remarquable par la profondeur de
vues sur un génie aussi étonnant, donne à cette édition une véritable supériorité
sur les précédentes, et la modicité du prix la mettra à la portée de toutes les
fortunes.

P. DARU, de l'Académie française. L'ASTRONOMIE, poème
en six chants, 1 vol in-8°. Paris, 1830. Prix. . . . .   5 fr.
Grand papier . . . . 10 fr.

L'illustre auteur de cet ouvrage, regardé comme un chef-d'œuvre par les astronomes et par les poètes, l'avait heureusement achevé et revu plusieurs fois avant sa
mort. Tous les phénomènes de l'astronomie y sont décrits avec autant de clarté
que de poésie, et se graveront dans la mémoire à l'aide de beaux vers où ils sont
décrits avec un véritable génie qui a su se mettre à la portée de toutes les intel-
ligences.

— **ÉPITRE EN VERS** sur les progrès de la civilisation. 1 f. 25 c.

— **DISCOURS EN VERS** sur les facultés de l'homme, in-8. 1 f. 25 c.

ŒUVRES COMPLÈTES DE MAD. DE STAËL.

17 vol. in-8° . . . . 102 f.
— Le même ouvrage, 17 vol. in-12. . . . . 51 f.
Corinne, ou l'Italie, 2 vol. in 8° . . . . 12 f.
— Le même, 2 vol. in-12. . . . . 6 f.
De l'Allemagne, 2 vol. in-8°. . . . . 12 f.
Le même, 2 vol. in-12. . . . . 6 f.
Delphine, 3 vol. in-8° . . . . 18 f.
— Le même, 3 vol. in-12. . . . . 9 f.
Considérations sur les principaux événements de la révolution
française, 3 vol. in-8°. . . . . 18 f.
Le même, 3 vol. in-12. . . . . 9 f.

ŒUVRES COMPLÈTES DE MADAME
LA PRINCESSE CONSTANCE DE SALM,

4 vol. in-18, sur gr. pap. vélin, satiné. (*sous presse.*)

La princesse de Salm a publié en 1811 une première édition de ses poésies, et une seconde en 1817. Ses œuvres qu'elle fait paraître aujourd'hui comprennent tout ce qui formait ces deux éditions, plus ce qu'elle a publié depuis et une grande quantité de pièces inédites.

Les deux premiers volumes contiennent, entre autres ouvrages remarquables, la tragédie lyrique de Sapho, représentée en 1794 ; l'Épitre aux femmes, celles sur la Campagne, sur les Intrigants, sur l'Esprit et l'Aveuglement du siècle, etc., etc.

Les derniers se composent du roman intitulé *Vingt-quatre heures d'une femme sensible*, dont la première édition a paru en 1824 et la seconde en 1825 ; plus, d'un Recueil de pensées, d'éloges académiques et de différents ouvrages sur les femmes inédits ou dont les éditions sont épuisées.

HARANGUE DU CHANCELIER MICHEL DE L'HOSPITAL,

sur un budget du XVI° siècle, dans l'assemblée des États-Généraux, précédée d'une Notice par M. Dupin aîné.

In-8°, grand papier vélin, orné de deux gravures. Paris, 1829. Prix : 3 fr.

ŒUVRES ROMANTIQUES DE M. DE CHATEAUBRIAND.

Avec une notice sur sa vie politique et littéraire et des nouvelles historiques servant d'annotations à ses ouvrages, par M. D** de St.-E** ; édition de luxe.

Cette charmante collection est la seule qui offre l'analyse des Œuvres de M. de Chateaubriand. 5 vol. in-32. Prix. . . . . 15 f.

TABLEAU DE LA LITTÉRATURE FRANÇAISE
AU XVI° SIÈCLE,
PAR MM. CHASLES ET St.-MARC GIRARDIN,

1 vol. in-8°. 1829. Prix : 6 f.

Ce volume contient les deux discours qui ont partagé le prix d'éloquence décerné par l'Académie française, dans la séance publique du 25 août 1828.

Ceux qui veulent connaître l'état de notre langue et de notre littérature à l'époque de la renaissance des lettres en France, et apprécier le génie de Ronsard, de Rabelais, de Villon, de l'Hospital, de Pasquier, de Montaigne, et de tant d'hommes de talent qui firent servir leur érudition à enrichir et à donner plus de hardiesse à la langue française, liront avec plaisir et profit cet ouvrage plein d'intérêt.

NOUVELLE BIOGRAPHIE CLASSIQUE,

Contenant, jusqu'à l'année 1823, la liste des principaux personnages de tous les pays, ainsi que leurs actions et leurs ouvrages les plus remarquables.

Deux vol. in-16, prix, broché................ 7 fr.
Reliés en un volume..................... 8

Ce Dictionnaire sera surtout utile pour les jeunes étudiants, qui trouveront dans 7,000 articles environ tout ce qu'il est important de savoir.

Nous avons porté particulièrement notre attention sur l'exactitude des dates et l'orthographe des noms.

L'utilité de nos Dictionnaires biographiques est prouvée par le succès que tous ont obtenu; mais, outre que leur prix n'est pas à la portée de tous ceux qui en auraient besoin, on ne peut nier que ces vastes répertoires ne soient, par le nombre immense des articles et par leur étendue, trop embarrassants pour la plupart des lecteurs qui veulent trouver rapidement les dates, le précis de la vie, les principaux ouvrages et les actions d'éclat des hommes célèbres.

Les Dictionnaires de Michaud et Prud'homme, etc., nous ont fourni des secours précieux : et c'est au moyen de ce que nous en avons tiré, et des suppléments des vingt dernières années, que nous pouvons présenter un Dictionnaire Biographique Manuel, d'un volume commode, d'un prix modique, et qui conviendra aux gens de lettres comme *memorandum*, et aux gens du monde comme répertoire suffisamment instructif.

BIOGRAPHIE universelle, ancienne et moderne, etc. 52 vol. in-8. Paris, Michaud. Prix.....................416 fr.

HISTOIRE LITTÉRAIRE pendant les huit premiers siècles de l'ère chrétienne, depuis Auguste jusqu'à Charlemagne, trad. de l'ang. de BERINGTON, in-8°..................... 2 fr.

HISTOIRE LITTÉRAIRE des neuvième et dixième siècles, par le même. In-8°...................... 1 f. 50 c.

HISTOIRE LITTÉRAIRE des onze et douzième siècles, par le même. In-8°..................... 3 fr.

HISTOIRE LITTÉRAIRE du treizième siècle, par le même. In-8°. Prix..................... 2 fr.

HISTOIRE LITTÉRAIRE des quatorze et quinzième siècles, par le même, in-8°..................... 2 fr.

HISTOIRE LITTÉRAIRE des Grecs pendant le moyen âge, par le même. In-8°..................... 2 fr.

HOMÈRE.

Traduction nouv. de M. DUGAS MONTBEL, deuxième édition, revue et corrigée.

L'ILIADE, sans le texte, 2 vol..................... 12 fr.
L'ODYSSÉE et les Hymnes *sous presse.*
OBSERVATIONS sur l'Iliade et Discours préliminaire, 2 vol. Prix. 15 fr.

MACROBE (Œuvres de), traduites pour la première fois en français par DU ROSOY. (Paris 1827.) 2 vol. in-8°, papier vélin. Prix..................... 15 fr.

Les difficultés dont est hérissé le style de Macrobe ont empêché bien des lecteurs de lire un ouvrage qui fut composé, ainsi que l'auteur le dit à son fils : *Pour être un répertoire, une sorte de dépôt littéraire dans lequel il trouverait au besoin, soit des morceaux historiques extraits de livres ignorés du vulgaire, soit des dits et faits mémorables.* Dans le Songe de Scipion, le lecteur suit les Romains au Forum, à table, au théâtre, et Macrobe l'instruit des doctrines secrètes de l'antiquité. De les Saturnales, a côté des anecdotes et bons mots peu connus, on trouve des détails précieux sur les institutions civiles, politiques et religieuses de Rome ; une dissertation pleine d'érudition sur le système qui rapportait tous les dieux au soleil ; enfin, des détails pleins d'intérêt sur les questions de littérature, de physique et de physiologie.

***PLATON** (Œuvres de), traduction complète, par **M. Cousin**, 9 volumes in-8°.

Les tomes 1, 2, 3, 4 et 5 de cette belle entreprise sont en vente.
Prix de chaque volume 9 f.

COURIER. Les pastorales de Longus. Traduction complète, d'après le texte grec des meilleurs manuscrits.

1 vol. in-12, papier vélin. Prix, 3 fr. Le même, in-8°, pap. vélin........ 5 fr.

A l'aide des découvertes de manuscrits plus complets, Courier a rempli dans cette traduction les lacunes qui existent dans celle d'Amyot. L'édition a été publiée par M. Courier lui-même. Elle est la seule, au dire de M. de Sinner, qui représente avec exactitude les passages grecs cités dans les notes qui l'accompagnent.

VOYAGE DU JEUNE ANACHARSIS EN GRÈCE, par J. J. Barthélemy ; nouvelle édition, ornée de 64 planches, dont 24 gravures inédites, 7 vol. in 8°. Paris, 1822. Prix, br.. 56 f.
papier vélin satiné............ 112 f.

ŒUVRES DIVERSES DE BARTHÉLEMY. Paris, 1823, 2 vol. in-8°. Prix, brochés........................ 10 fr.

Ces deux volumes forment, avec le Voyage du Jeune Anacharsis, les œuvres complètes de Barthélemy.

ANDRIEUX de l'Académie française. — Épitre en vers sur la perfectibilité de l'homme. Prix...... 1 fr. 25 c.

ÉPITRE EN VERS sur l'esprit et l'aveuglement du siècle, par Mme la princesse Constance de Salm. (Paris, 1828), br. 1 f.

***ALEXANDRE DUVAL**, de l'Académie française. Œuvres complètes. 9 vol. in-8°, imprimés sur beau papier, avec le portrait de l'auteur. Prix........................ 40 f.

Cette collection comprend non-seulement les pièces de théâtre représentées, mais encore un très-grand nombre de pièces qui, bien que reçues à divers théâtres, n'ont pu être jouées par suite de circonstances indépendantes de la volonté de l'auteur.

Chaque pièce est précédée d'une préface, dans laquelle l'auteur entre dans les détails des événements les plus intéressants dont il a été le témoin, et qui souvent lui ont fourni le sujet de sa pièce. Ces mémoires sont pour la plupart relatifs à la révolution française.

ALISSAN DE CHAZET. Des Mœurs, des lois et des abus ; précédé de la vie de Monthyon avec un fac-simile. 1 v. in-8°. 6 f.
— La Vie de M. de Monthyon, avec fac-simile. 1 vol. Pr.. 2 f.

***PICARD**, de l'Académie française. —Œuvres complètes. 10 vol. in-8°, avec le portrait de l'auteur. Prix .... 50 f.

Cette édition, exécutée avec soin, est plus complète que celles qui ont été publiées précédemment ; elle comprend toutes les pièces de théâtre de cet auteur dont la verve comique et les compositions ingénieuses ont charmé la France entière, et méritent de trouver une place distinguée dans les Bibliothèques.

***FABLES POLONAISES** de Krasicki, prince et archevêque de Gnisse, traduites pour la première fois en vers français, par M. de Vienne (1828). 1 fort vol. in 18. Pap. vél. Prix 4 fr.

FABLES, par M. Sourdille de La Vallette, composées en 1826 et 1827. 1 vol. in-8°, gr. pap. vél. (Paris 1828). Prix br.   3 f.

LA CHASSE, poème en deux chants, orné de gravures, par M. le comte de Chevigné. 2ᵉ édition. 1 vol. in-8°. gr. pap. vélin (Paris, 1830). Prix br. . . . . 5 f.

FIRMIN DIDOT. — Recueil de Poésies. 2 vol. in-12.   7 fr.
                  Pap. vélin.   14

    Ce recueil contient : Annibal, tragédie en 3 actes. — Poésies fugitives. — Texte et traduction des Bucoliques de Virgile. — La traduction des seize premières Idylles de Théocrite. — Les chants de Tyrtée. — La Reine de Portugal, tragédie en cinq actes, et une notice sur Robert et Henri Estienne.

  LA TRADUCTION DES BUCOLIQUES, séparée, avec le texte. . . . .   1 fr.
  LA REINE DE PORTUGAL, tragédie en 5 actes et en vers, in-8°, broché. 3
  — LES CHANTS DE TYRTÉE, traduits en vers français : le texte est en regard; in-12. Prix. . . . . 1 f. 50 c.
  — ANNIBAL, tragédie en 3 actes et en vers, in-8°. . . . .   1 fr

TRENEUIL. — Poèmes élégiaques. Nouvelle édition. Paris, 1825, 1 fort. vol. in-8°. . . . .   Pr. 6 fr.

    Ce volume contient une notice sur l'auteur, son discours sur l'élégie héroïque, ses poèmes élégiaques intitulés : les Tombeaux de St-Denis, l'Orpheline du Temple, la Piété fraternelle, la Captivité de Pie VI, le martyre de Louis XVI, un Fragment traduit de l'Aminte, et des pièces diverses et inédites.

ALLOU. Essai sur l'universalité de la langue française, ses causes, ses effets, et les motifs qui pourront contribuer à la rendre agréable, 1 vol. in-8 (1828). . . . .   7 fr.

DELILLE (OEuvres complètes), nouvelle édition, 16 vol. in-8°, grand papier vélin superfin, avec des gravures nouvelles. Paris, J. Didot, 1825. Prix. . . . . 160 fr.

GINGUENÉ. Histoire littéraire d'Italie. Sec. édition, revue et corrigée sur les manuscrits de l'auteur, ornée de son portrait et augmentée d'une notice historique, par M. Daunou. 9 vol. in-8°. Prix, br. . . . . 63 fr.

ROUSSEAU. OEuvres complètes, 25 vol. in-8. Prix . . .   75 fr.
— Le même ouvrage, grand papier cavalier vélin, 27 vol. in-8° imprimés par Jules Didot. Prix. . . . . 120 fr.
— Collection de 42 gravures pour le même ouvrage, gravées par MM. Forster, Langier, Muller, etc., d'après les dessins de Devéria, sur papier de Chine avec la lettre. . . . . 35 fr.

ROTROU. OEuvres complètes, 5 forts vol. in-8. Paris, 1820. Prix broché. . . . . 25 fr.

SCHLEGEL. Histoire de la littérature ancienne et moderne, traduite de l'allemand par William Duckett, 2 vol. in-8°. Paris, 1829. Prix. . . . . 14 fr.

SCHLOSSER. Histoire des révolutions politiques et littéraires de l'Europe au XVIIIᵉ siècle; traduit de l'allemand, par Suckau, 2 vol. in-8. Prix. . . . . 13 fr.

COLLECTION DES MEILLEURS ROMANS
FRANÇAIS ET ÉTRANGERS.
100 vol. in-32, grand raisin, pap. vél. Prix de chaque vol. 1 f.

Cette Collection est composée ainsi qu'il suit :

ROMANS FRANÇAIS.

Auteur	Titre	vol.		Auteur	Titre	vol.
Mmes COTTIN (œuvres complètes)	Claire d'Albe.... 1 ⎫ Elisabeth..... 1 ⎪ Malvina..... 3 ⎬ 13 vol. Amélie Mansfield. 3 ⎪ Mathilde .... 5 ⎭			FLORIAN	Gonsalve de Cordoue.. 3 ⎱ Estelle et Némorin ... 1 ⎰	4
GRAFFIGNY (de)	Lettres d'une Péruvienne.	1		HAMILTON	Mémoires de Grammont.. 2 Contes........ 2	
LA FAYETTE (de)	La Princesse de Clèves. 1 Zaïde........... 2			LE SAGE	Gil-Blas de Santillane.. 6 ⎱ Le Diable Boiteux.... 2 ⎰	8
RICCOBONI	Fanny Butler...... ⎫ Milady Catesby... ⎬ Ernestine...... ⎭	2		MARIVAUX	Marianne (la vie de).	5
				MIRABEAU	Lettres à Sophie.....	6
STAEL (de)	Corinne, ou l'Italie.....	5		MONTESQUIEU	Lettres persanes....	5
TRESSAN (de)	Le Siège de Calais... ⎱ Le comte de Comminges. ⎰	1		PRÉVOST (l'abbé)	Manon Lescaut......	2
				J.-J. ROUSSEAU	La Nouvelle Héloïse..	6
CAZOTTE	Ollivier....... ⎱ Le Diable amoureux... ⎰	2		SCARRON	Le Roman comique..	4
				TRESSAN	Roland furieux.....8 ⎱ Jehan de Saintre.... 1 ⎰	9

ROMANS ÉTRANGERS.

Auteur	Titre	vol.		Auteur	Titre	vol.
INCHBALD (miss)	Simple Histoire..	2		GOLDSMITH	Le Ministre de Wakefield.	1
FIELDING	Tom Jones....	6		JOHNSON	Rasselas........	2
FOE (Daniel)	Robinson Crusoe	4		STERNE	Voyage sentimental....	2
GOETHE	Werther.....	2		SWIFT	Voyages de Gulliver....	2

Suite à la même Collection, 32 vol. in-32, pap. gr. raisin vél., à 1 f. le vol.

ROMANS FRANÇAIS.

Auteur	Titre	vol.		Auteur	Titre	vol.
Mmes ELIE DE BEAUMONT (de)	Lettres du marquis de Roselle......	2 vol.		BOUFFLERS	Aline, Derviche, Tamara et Ah Si!..	1
AMYOT	Daphnis et Chloé...	1		CAZOTTE	Le Lord Impromptu	1
MONTOLIEU (de)	Caroline de Lichtefield.	3		SAINT-LAMBERT	Les deux Amis, l'Abenaki, Sara, Zimeort et ses fables orientales.	1
RICCOBONI (de)	Le marq. de Cressy, 1 Hist. de deux Amies. 1	2		PRÉVOST (l'abbé)	Le Doyen de Killerine.	6
TRESSAN	Gérard de Nevers....	1				

ROMANS ÉTRANGERS,

Auteur	Titre	vol.		Auteur	Titre	vol.
INCHBALD (miss)	La Nature et l'Art.	2		GODWIN	Caleb William...	4
FOSCOLO	Jacopo Ortis.....	2		STERNE	Tristram Shandy	6

ROMANS CHOISIS DE SIR WALTER SCOTT, 82 vol. in-32, papier grand-raisin vélin. Prix : 75 c. le volume.

Quentin Durward...........	6 vol.		Peveril du Pic........	6 vol.
Le Nain et les Puritains.	6		Guy Mannering....	6
La prison d'Edimbourg	6		Pauline	6
Le Château de Kenilworth..	6		L'Antiquaire....	6
Rob Roy......	6		Le Monastère......	6
La Fiancée de Lammermoor.	5		L'Abbé.....	6
L'Officier de Fortune	3		Waverley......	6

***CONTES ET NOUVELLES DE MARGUERITE DE VALOIS, REINE DE NAVARRE,** 5 vol. pareils aussi à la Collection des meilleurs romans, prix........................... 6 f. 25 c.

***LES FIANCÉS,** histoire milanaise du XVIIe siècle, par MANZONI, traduit de l'italien sur la 3e édition. 5 vol. in-32... 7 f. 50 c.

***LÉONCE ET CLÉMENCE,** ou la Confession du crime, par l'auteur des Lettres sur le Bosphore. 2 vol. in-12, 1824. Prix broché 5 f.

***LE DÉBAT DE DEUX DEMOYSELLES,** l'une nommée la Noyre et l'autre la Tannée, suivi de la vie de saint Harenc, et d'autres poésies du XVe siècle, avec des notes et un glossaire, 1 vol. in-8°. Paris 1825, prix............................ 6 fr.

Le même, grand papier vélin, prix................. 12 fr

Histoire et Voyages.

ŒUVRES COMPLÈTES DE ROLLIN,

NOUVELLE ÉDITION, ACCOMPAGNÉE D'OBSERVATIONS ET
D'ÉCLAIRCISSEMENTS HISTORIQUES,

Par M. LETRONNE,

Membre de l'Institut (Académie royale des Inscriptions et Belles-Lettres),
Inspecteur de l'Université.

30 volumes in-8°, imprimés avec le plus grand soin sur papier vélin,
dont il reste peu d'exemplaires, avec Atlas. Prix : 192 fr.

LES ŒUVRES de ROLLIN jouissent d'une réputation méritée à tant de titres, qu'il est superflu de rappeler ici tout ce qui les recommande à l'estime et à l'admiration publiques. Son *Traité des Études* sera toujours la source où l'on ira puiser les idées les plus justes, les traditions les plus saines, sur l'instruction de la jeunesse. Son *Histoire Ancienne* et son *Histoire Romaine* sont restées les deux plus beaux ensembles historiques que possède notre langue.

Depuis long-temps on sent la nécessité d'une édition de ces œuvres, où l'on puisse trouver les observations et les éclaircissements devenus nécessaires pour élever ce grand corps d'histoire au niveau des connaissances actuelles. Un littérateur illustre, M. de Fontanes, en avait conçu la pensée.

M. LETRONNE, Membre de l'Institut, a bien voulu se charger de ce travail. Le nom de ce savant est une garantie de l'érudition solide et de l'esprit de critique qui président à cette révision des œuvres historiques de ROLLIN. Ses observations, reparties au bas des pages de chaque volume, ont eu principalement pour objet de rectifier les erreurs de détail qui peuvent exister dans l'exposition de certains faits, d'éclaircir ou de confirmer les faits obscurs ou douteux, de modifier, d'après les recherches des critiques modernes, toutes les évaluations des mesures anciennes, dont il sera présenté des tableaux à la fin de l'ouvrage.

Les notes de M. LETRONNE sont signées — L.; et les additions ou rectifications faites aux notes marginales sont renfermées entre deux crochets [ ].

L'atlas de d'Anville, qui accompagne ordinairement les œuvres de Rollin, est joint également à cette édition : mais plusieurs de ces cartes sont rectifiées d'après les connaissances actuelles, sous la direction de M. LETRONNE. On y a joint le plan d'Athènes, et ceux des batailles de Marathon, des Thermopyles, de Salamine, et de Platée.

Chaque partie se vend séparément, savoir :

L'histoire ancienne, 12 vol. . . . . 72 fr.
L'histoire romaine, 13 vol. 78
Le traité des études, 5 vol. 24
Les œuvres diverses, 1 vol. 6
L'atlas 12

HISTOIRE DES EMPEREURS,

Par CREVIER,

FAISANT SUITE A L'ÉDITION DES ŒUVRES DE ROLLIN,
REVUE PAR M. LETRONNE.

9 volumes in-8° avec Atlas. Prix : 54 fr. Pap. vélin... 108 fr.

HISTOIRE DU BAS-EMPIRE,

Par LEBEAU,

NOUVELLE ÉDITION REVUE ENTIÈREMENT,
Corrigée et augmentée d'après les historiens orientaux,

Par M. SAINT-MARTIN,

MEMBRE DE L'INSTITUT (ACADÉMIE DES INSCRIPTIONS ET BELLES-LETTRES).

20 volumes in-8°.

L'*Histoire romaine*, commencée par Rollin et achevée par Crevier, l'*Histoire b*

Empereurs, composée par ce dernier, et qui n'est réellement qu'une continuation du travail entrepris par Rollin ; et l'*Histoire du Bas-Empire*, de Lebeau, terminée par Ameilhon, forment trois ouvrages recommandables et qui honorent la littérature française. Ils offrent le recueil le plus complet et en même temps le plus clair et le plus méthodique de tous les renseignements que les auteurs anciens nous ont transmis sur l'histoire du peuple-roi.

L'*Histoire Romaine* et celle *des Empereurs* sont encore parmi nous les seuls livres que l'on puisse consulter pour ce qui concerne cette partie de l'histoire ancienne jusqu'au temps de Constantin. Il n'est guère probable que de nouveaux ouvrages viennent les faire oublier. On y trouve tout ce que l'antiquité nous a laissé en ce genre, et on y prend une idée plus juste du véritable enchaînement des faits, qu'on n'en pourrait acquérir en lisant les auteurs originaux. Rollin et Crevier ont mis à profit toutes les observations faites avant eux par les savants modernes ; les découvertes plus récentes ajouteraient peu de chose à leurs recherches (1).

Il n'en est pas de même pour l'*Histoire du Bas-Empire* de Lebeau ; on le concevra sans peine. L'histoire de la République et celle du haut Empire est tout entière dans les écrits des Grecs et des Romains, ou dans les monuments que le temps a épargnés. Les puissantes nations qui luttèrent contre la fortune de Rome ont été anéanties avec toutes leurs productions littéraires, et il n'est pas présumable que de nouvelles découvertes nous révèlent encore des faits d'une grande importance. Depuis Constantin, au contraire, l'empire romain et celui de Constantinople furent toujours en relation avec des peuples qui ont raconté eux-mêmes dans une multitude d'ouvrages encore inédits et dans des langues très-diverses l'histoire de leurs démêlés avec les Romains et les Grecs du Bas-Empire. Les livres écrits en arménien, en syriaque, en arabe, en persan et en turc, doivent donc contenir et contiennent effectivement beaucoup de renseignements précieux, propres à compléter, à modifier ou même à changer entièrement ce que nous savons déjà.

Lebeau est le premier et même le seul qui ait songé à classer, dans un ordre facile à saisir, tous les faits contenus dans la vaste collection des auteurs byzantins ; il y a joint tout ce que les auteurs grecs et latins, les ouvrages des jurisconsultes et les chroniques du moyen âge ont pu lui fournir ; et il est résulté du tout un corps d'annales aussi complet qu'il était possible de le faire de son temps. Gibbon, et quelques historiens postérieurs à Lebeau, n'ont aucun avantage sur lui pour la connaissance des sources originales ; ils n'eurent pas d'autres moyens à leur disposition ; on doit donc leur reprocher les mêmes défauts. Si Lebeau avait pu joindre à ses autres connaissances celle des langues orientales, ou si un plus grand nombre d'auteurs orientaux avaient été publiés à l'époque où il écrivait, sans doute il aurait fait à son ouvrage des additions considérables, et l'aurait porté dans plusieurs parties à un plus haut degré de perfection.

Il a bien cherché, il est vrai, à profiter de quelques ouvrages orientaux traduits en latin ; mais comme il était dépourvu de notions personnelles sur les langues et la littérature orientales, il n'a su comment combiner les renseignements qu'il trouvait dans ces ouvrages avec ceux qui sont consignés dans les auteurs byzantins. Ces derniers écrivains sont pour la plupart assez obscurs dans leurs narrations, et extrêmement concis sur ce qui concerne les relations de leurs empereurs avec les princes de l'Asie. Ils défigurent étrangement les noms d'hommes ou de lieux. Ils furent aussi toujours très-mal instruits des révolutions arrivées chez les peuples de l'Asie. Les confondant tous sous les noms de Sarrasins, d'Ismaélites ou d'Agaréniens, ils attribuent souvent aux califes, successeurs de Mahomet, ou aux musulmans de l'Asie, des faits militaires ou politiques qui appartiennent aux souverains particuliers de la Syrie, de l'Égypte, de l'Afrique ou même de l'Espagne. Il devait résulter, et il est résulté effectivement de toutes ces imperfections une multitude de petites erreurs de détails qui affectent sensiblement l'ensemble de la narration, et donnent de fausses idées des choses.

Il est facile d'y remédier. La forme de rédaction qui a été adoptée par Lebeau, et qui est peut-être la meilleure qu'on puisse suivre pour un vaste corps d'annales,

(1) Les légères imperfections que Rollin a laissé échapper dans le cours de son grand travail, ont été rectifiées par les notes de M. Letronne. Les tables dont cet académicien vient d'enrichir notre édition ont servi à rétablir les évaluations des monnaies et des mesures dans l'Histoire des empereurs, par Crevier, qui, du reste, a rapporté les faits avec une exactitude plus grande encore que Rollin, ayant pris principalement, pour base de son travail, les excellents Mémoires de Tillemont

le soin qu'il a pris de raconter les événements sans anticiper jamais sur l'ordre des temps, fournissent les moyens d'améliorer sans peine son ouvrage. Il suffit de faire ce qu'il aurait certainement fait lui-même s'il l'avait pu. Il faut intercaler dans la narration, selon leur ordre chronologique, les faits et les indications nouvelles que fournissent les auteurs orientaux. Quant à ceux des récits de cet historien qui seraient inexacts ou susceptibles d'être considérablement augmentés, changés ou modifiés, ils doivent être retranchés ou soumis à une rédaction plus conforme au résultat que présentent les ouvrages originaux. Partout il faut rétablir les noms altérés, et joindre au texte les notes et les éclaircissements nécessaires.

Pour les temps qui précédèrent l'avènement d'Héraclius au trône impérial, ces additions et ces rectifications ne sont pas à beaucoup près aussi nombreuses que la relation des événements postérieurs. Les auteurs arabes et persans nous apprennent peu de choses de ces époques anciennes : heureusement les écrivains arméniens suppléent à leur silence. Placés entre les deux grands empires de Perse et de Constantinople, et compromis dans tous leurs démêlés, ils connurent mieux la plupart des faits, et leurs récits éclaircissent souvent les narrations imparfaites des écrivains de Byzance, généralement mal informés de l'histoire des Orientaux.

Ainsi, par exemple, deux siècles avant Héraclius, l'empire romain reçut un accroissement de territoire dont on chercherait vainement l'indication dans les auteurs que nous possédons. Le royaume d'Arménie, qui, depuis quatre cents ans, était le rempart de l'empire du côté de l'orient, cessa d'exister par l'imprudente politique de Théodose le jeune, qui souscrivit avec le roi de Perse un traité de partage, dont tout l'avantage fut pour les Persans. Ce grand événement fut précédé et suivi de guerres et de révolutions qui nous sont restées inconnues, mais qui doivent se retrouver dans une histoire complète du Bas-Empire. C'est par le secours seul des auteurs arméniens qu'il est possible de suppléer à cette lacune. Il serait facile d'indiquer un grand nombre d'autres faits aussi importants et également ignorés, mais qui se retrouveront dans cette nouvelle édition.

Depuis l'époque d'Héraclius jusqu'à la destruction de l'empire, les modifications qu'il faut apporter à l'ouvrage de Lebeau sont continuelles. Dès-lors, les empereurs furent toujours en relation avec les puissances de l'Orient ; et c'est justement au point le plus intéressant de cette période, du VIIe au XIe siècle, que les annales byzantines présentent la plus grande disette d'écrivains. Il faut nécessairement substituer les auteurs arabes et arméniens aux maigres et ineptes annalistes que Lebeau a été obligé de consulter. Leurs récits doivent donc trouver place dans cette édition. Les exploits des conquérants arabes, qui chassèrent de l'Orient les successeurs d'Héraclius ; la formation d'une nouvelle monarchie arménienne ; les expéditions glorieuses entreprises par Théophile, Nicéphore, Phocas et Jean Zimiscés ; les guerres opiniâtres que l'empire soutint contre les Arabes, maîtres de la Sicile et de l'île de Crète ; les règnes si brillants et cependant si désastreux de Basile II et de Constantin Monomaque : tous ces événements, dont on appréciera sans peine l'importance, sont à peine indiqués dans l'histoire de Lebeau. Les renseignements que les auteurs arabes et arméniens fournissent pour cette époque, augmenteront du double cette partie de l'histoire du Bas-Empire. Après les croisades, on trouve les écrivains turcs qui ont raconté leurs victoires sous les successeurs de Constantin ; ces récits, et les lettres originales des sultans ottomans, dont il existe plusieurs copies manuscrites dans nos bibliothèques, doivent être aussi consultés, et ils fourniront des indications souvent plus exactes et plus authentiques que les narrations passionnées des derniers auteurs byzantins.

Il est hors de doute que, depuis le temps où Lebeau a écrit, un grand nombre de recherches et la publication d'ouvrages estimables nous ont mieux fait connaître l'histoire de plusieurs états et de divers peuples de l'Europe qui eurent des rapports avec l'empire de Constantinople. Le grand nombre de faits qu'ils contiennent devront donc être ajoutés à l'histoire du Bas-Empire, surtout pour ce qui concerne ses relations avec les Russes, la république de Venise, et les princes croisés.

Ce court exposé suffira pour faire voir que ce n'est pas seulement une nouvelle édition de l'histoire du Bas-Empire par Lebeau que nous annonçons, mais qu'il s'agit d'un ouvrage nouveau, dont l'importance ne saurait être contestée par aucune des personnes qui s'intéressent au progrès des études historiques.

La géographie fut toujours la compagne inséparable de l'histoire. Dans les ouvrages où les récits sont un peu détaillés, les lecteurs aiment à pouvoir les suivre sur la carte : sans un tel secours, une histoire n'est trop souvent qu'un amas de faits incohérents et inintelligibles. C'est surtout pour l'histoire du Bas-Empire qu'on sent à chaque instant le besoin d'un pareil secours. Pour l'histoire ancienne de Rome on pourrait, à la rigueur, s'en passer : les recueils de cartes, les traités de géographie, qui font connaître l'état du monde ancien, sont assez nombreux et suffisamment exacts. Tout avait changé et changea plusieurs fois pendant la longue période du Bas-Empire : les divisions géographiques et politiques de l'antiquité furent détruites ; les dénominations classiques disparurent, et furent remplacées par des noms barbares de toute espèce : aucun livre, aucune carte ne les indique, cependant sans ces connaissances diverses, l'histoire serait un chaos inextricable.

Il faut donc, pour compléter l'histoire du Bas-Empire, y joindre un certain nombre de cartes et de dissertations destinées à faire connaître tous les changements survenus dans la géographie et les divisions civiles, politiques, militaires, ecclésiastiques et administratives de l'empire de Constantinople pendant toute sa durée.

INDICATION DES CARTES.

1. Carte pour faire connaître l'empire d'Occident sous le règne de Constantin
2. Une autre pour l'empire d'Orient, à la même époque.
3. Une pour l'expédition de Julien contre les Perses.
4. Une pour l'empire d'Occident après l'invasion des Barbares.

Depuis Théodose jusqu'à Héraclius.

5. Carte particulière de la Grèce et de l'Italie.
6. Illyrie et provinces sur le Danube jusqu'à la mer Noire.
7. Asie-Mineure.
8. Syrie et provinces orientales.
9. Égypte.
10. Carte pour l'expédition d'Héraclius en Perse.

Pour faire connaître les divisions militaires en usage au Xe siècle dans l'empire de Constantinople, et les états qui étaient alors dans la dépendance de cet empire, il faut six cartes particulières :

11. L'Italie et la Sicile.
12. La Grèce proprement dite.
13. L'Illyrie et les rives du Danube.
14. L'Asie-Mineure.
15. L'Arménie et les régions orientales.
16. La Syrie.

Il faut encore y joindre trois cartes :

17. L'Asie-Mineure au XIIe siècle, après l'établissement des Turcs Seldjoukides.
18. La Grèce et la mer Égée, après l'établissement de l'Empire des Latins.
19. La Thrace, l'Illyrie, et les régions limitrophes du Danube pour les derniers temps de l'empire. On joindra à ces cartes un plan de Constantinople telle qu'elle était sous les empereurs.

Nul ne pouvait mieux exécuter un pareil travail que M. Saint-Martin, membre de l'Académie des Inscriptions et Belles-Lettres, que ses vastes connaissances dans les langues orientales et ses travaux sur l'histoire arménienne ont placé au rang des savants les plus distingués de l'Europe.

M. Hase, l'un de nos plus habiles hellénistes, membre de l'Académie des Inscriptions et Belles-Lettres, connu particulièrement par ses travaux sur les auteurs byzantins, a promis de nous fournir quelques renseignements.

Nous n'avons pas cru pouvoir donner de meilleures garanties à notre édition que les noms de ces savants.

Conditions de la souscription.

L'ouvrage sera composé de 20 volumes in-8°, imprimés sur beau papier
Le prix de chaque volume, broché et satiné, est de 6 fr.
Il sera tiré quelques exemplaires sur très-beau papier vélin. Prix 12 f. le vol
L'atlas paraîtra à la fin de l'ouvrage.
Les dix premiers volumes sont en vente.

ÉCLAIRCISSEMENTS HISTORIQUES, faisant suite aux ouvres de Rollin ; par M. Letronne, de l'Académie des Inscriptions et Belles-Lettres. 1 vol. in 8°. Prix br. . . . . 4 fr.

MANUEL DE L'HISTOIRE ANCIENNE,

Par M. HEEREN, Professeur d'Histoire à l'Université de Goettingue.

TRADUIT DE L'ALLEMAND PAR M. ALEX. THUROT.

1 volume in-8° de 560 pages. Seconde édit. 1827. Prix, br. 8 fr.

Ce Manuel, que nous devons à l'un des savants les plus distingués de l'Allemagne, comprend l'Histoire des anciens états de l'Asie et de l'Afrique, l'Histoire grecque et Romaine, depuis les temps les plus reculés, jusqu'à la destruction de l'Empire romain en Occident. Chaque division de cet ouvrage est précédée de notions préliminaires de géographie ancienne et comparée, accompagnées d'une liste raisonnée des ouvrages tant anciens que modernes où l'on trouve tous les détails et tous les renseignements que l'on peut desirer sur la partie de l'histoire à laquelle se rapportent ces notices. Les faits y sont racontés d'une manière aussi claire que concise ; et les constitutions de tant d'états si divers y sont indiquées avec un soin et une exactitude qu'on chercherait en vain dans d'autres ouvrages. Enfin plusieurs parties importantes, telles que l'Histoire des colonies grecques, celle des successeurs d'Alexandre, celle de l'empire des Parthes, etc., sont traitées avec plus de clarté et de méthode qu'on ne l'a fait dans la plupart des ouvrages beaucoup plus étendus sur l'Histoire Ancienne.

DE LA POLITIQUE ET DU COMMERCE
DES PEUPLES DE L'ANTIQUITÉ.

Par M. HEEREN, professeur d'histoire à l'université de Goettingue, associé correspondant de l'Institut de France et de plusieurs sociétés savantes ;

traduit de l'allemand sur la quatrième et dernière édition,

par W. SUCKAU, professeur de S. A. R. Mgr le duc de Bordeaux

8 vol. in-8°, avec plans, cartes et notes inédites de l'auteur. Prix : 6 fr. le vol.

Les deux premiers volumes sont en vente.

Dans cet ouvrage admiré de tous les pays le savant auteur du *Manuel de l'histoire ancienne* nous présente le développement intellectuel et politique des peuples nomades et agricoles de l'antiquité, et nous retrace avec autant de clarté que de concision l'origine et la marche des relations commerciales jusqu'à la découverte de l'Amérique. Les traditions, les recherches des écrivains allemands, français et anglais, et les renseignements puisés sur les lieux mêmes par les voyageurs modernes, comme CAILLIAUD, BELZONI, NIEBUHR, CHAMPOLLION, sont consignés et analysés avec impartialité dans ce bel ouvrage, monument historique dont l'Allemagne se glorifie, qui nous met à même de nous former une idée exacte des temps anciens, et qui jette une grande lumière sur l'Asie, berceau du genre humain, et spécialement sur l'Inde, ainsi que sur l'Afrique et sur la Grèce.

Les trois premiers volumes traitent de l'Asie : l'un nous fait connaître la constitution intérieure de la Perse et sa division statistique ; l'autre est consacré aux Phéniciens et à leurs colonies, aux Babyloniens et aux Scythes ; le troisième, et le plus intéressant, s'occupe des Indiens et de leurs monuments. À ces recherches viennent se joindre plusieurs articles supplémentaires qui sont du plus haut intérêt pour l'intelligence de sa littérature et de son histoire jusqu'alors si peu connues.

L'Afrique trouve sa place dans les quatrième et cinquième volumes. Dans sa description l'auteur a eu soin de s'appuyer sur les dernières relations des voyageurs modernes qui ont visité et visitent encore cette partie du monde ; et pour compléter cette traduction de tous les documents littéraires et scientifiques, recueillis depuis la publication de la dernière édition, M. HEEREN a bien voulu nous communiquer quelques notes inédites fort curieuses sur l'état actuel de l'Afrique.

Les sixième et septième volumes embrassent la Grèce et ses colonies.

Le dernier, qui n'a pas encore paru, mais qui paraîtra sous peu, nous donnera le tableau succinct de la vie politique et commerciale des Romains et des autres peuples de l'Europe.

Depuis long-temps on sentait le besoin en France d'avoir une bonne traduction de cet ouvrage, qui est aujourd'hui devenu indispensable à tout homme instruit, depuis qu'on retourne aux études historiques, vraies sources de toutes les connaissances humaines.

L'ouvrage de M. Heeren pour l'Inde sera rectifié dans certains détails par des notes de peu d'étendue placées au bas des pages. Pour le mettre de niveau sous de certains rapports avec l'état actuel de la science, on réunira dans un volume supplémentaire la substance du tome II, sect. IV, de la Bibliothèque indienne de M. de Schlegel, le mémoire du même savant sur l'Inde inséré dans l'Almanach de Berlin de 1829, de même que l'ouvrage de Ritter. Tout ce qui tient de près ou de loin à la polémique en sera exclu. On joindra un traité sur la législation indienne puisé dans des ouvrages restés à peu près inconnus jusqu'ici, tels que le *Daga-Bhaga*, le *Mita-Xchara*, etc.

La Chine ne se trouvant pas traitée dans l'ouvrage de M. Heeren, on a le projet d'y suppléer : les *King* ou livres saints et les *Sse-cheu*, livres classiques, tous antérieurs au 4e siècle avant notre ère, serviront de base avec les commentateurs originaux ; si d'autres occupations le permettent, on y joindra la substance du premier ouvrage historique, du *Sse-ki* de *Sse-ma-thsian*.

MANUEL HISTORIQUE
DU SYSTÈME POLITIQUE DES ÉTATS DE L'EUROPE ET DE LEURS COLONIES, DEPUIS LA DÉCOUVERTE DES DEUX INDES.

Par M. HEEREN. Traduit de l'allemand sur la troisième édit. 2 vol. in-8°. Prix br. 10 f.

HISTOIRE DE LA DÉTENTION
DES PHILOSOPHES ET DES GENS DE LETTRES A LA BASTILLE ET A VINCENNES,
PRÉCÉDÉE DE CELLE DE FOUCQUET, DE PELLISSON ET DE LAUZUN,
AVEC TOUS LES DOCUMENTS AUTHENTIQUES,
PAR J. DELORT,

3 vol. in-8° (1829). — Prix : 20 fr.

Cet ouvrage doit faire partie de toutes les collections de mémoires sur l'histoire de France.

Le premier volume contient : la détention de Foucquet, de Pellisson et de Lauzun, avec toutes les pièces et lettres inédites.

Le 2me volume contient : celle de Fréret, Voltaire, Lenglet Dufresnoy, madame de Tencin, Baculard-d'Arnaud, Fréron, l'abbé Sigorgne, Diderot, La Baumelle, Desforges, Marmontel et l'abbé Morellet.

Le 3me volume contient : celle de l'abbé du Laurens, Croubentall de Lunière, l'abbé Prieur, de Rozov, Bussy-Rabutin, Le Maistre de Sacy, Mirabeau, le poëte Roy, l'abbé de Laporte, l'infortuné Latude, avec toutes ses lettres au roi, à ses ministres et à madame de Pompadour ; du comte Lally, etc. ; la liste des prisonniers renfermés à la Bastille et autres prisons, et un dialogue inédit de Mirabeau dans sa prison.

HÉRODOTE.

Nouvelle traduction par M. le comte MIOT, ancien conseiller d'état, accompagnée d'observations par M. LETRONNE, 3 gros vol. in-8°, avec carte, prix . . . . 27 fr.

Hérodote, surnommé à juste titre le père de l'Histoire, ne peut manquer d'intéresser toutes les personnes qui veulent se former une idée des temps anciens, et cependant nous n'avons pas encore une traduction qui soit accessible aux diverses classes de lecteurs, et particulièrement aux gens du monde.

Le volumineux ouvrage de M. Larcher, outre qu'il est surchargé d'un grand nombre de notes purement philologiques, dont la plupart présentent rarement un résultat, n'offre, dans la partie généralement lisible, qu'une version assez souvent fidèle, mais toujours un peu sèche, d'un texte remarquable par le nombre et l'harmonie du style vraiment approprié à la narration.

Une nouvelle traduction où l'on s'attacherait à donner, autant que le permet la différence des idiomes, une image de la coupe des phrases de l'écrivain grec, et à expliquer, dans des notes succinctes, les usages et les découvertes des auciens, seulement pour l'intelligence du texte, ou pour comparer l'état des connaissances humaines du temps d'Hérodote, était devenue nécessaire.

M. de Volney, qui en avait jugé ainsi, l'a recommandée à l'attention publique, dans la Revue Encyclopédique (janvier 1819), où il en fit la comparaison avec celle de M. Larcher. Cependant le nouveau traducteur, en se renfermant dans les limites indiquées plus haut, n'a pas négligé de chercher à éclaircir quelques points importants de son auteur, mais en petit nombre : les travaux de Wesseling, de Walkenaer, et de MM. Schweighæuser et Letronne, ont laissé peu de chose à faire sur le texte d'Hérodote, à moins que l'on ne veuille s'aventurer dans le champ des conjectures, où il est si facile de se perdre. Enfin, il a souvent consulté les traductions, allemande de M. Jacobi, et anglaise de M. Beloe, avant de prendre un parti sur quelques endroits difficiles, et a fait connaître le sens adopté par ces auteurs lorsqu'il n'a pas cru devoir le suivre.

La carte qui accompagne cet ouvrage a été dressée par M. LACROIX, Membre de l'Institut.

TABLEAU GÉNÉRAL DE L'EMPIRE OTTOMAN, PAR M. D'OHSSON.

3 vol. grand in-fol., avec un grand nombre de planches.

Prix des 3 volumes cartonnés................ 500 fr.
——— du tome IIIe, séparé.................... 200

Les deux premiers volumes, publiés depuis long-temps, contiennent le *Code Religieux*.

Le troisième et dernier volume, qui vient de paraître, comprend les *Codes Civil, Criminel, Politique* et *Militaire*. Il complète la législation mahométane. On y trouve la description des mœurs et coutumes des Mahométans en général, et spécialement de la nation Ottomane, avec les détails les plus exacts sur l'organisation et l'administration de l'Empire Ottoman.

Ce dernier volume, orné de 35 planches, complète cet ouvrage, le plus important qui existe sur cette nation, et tellement estimé des Turcs eux-mêmes, qu'ils l'ont fait traduire dans leur langue.

Le même ouvrage, sans les planches, 7 vol. in-8°. br.   45 fr.

VOYAGE DANS L'EMPIRE OTTOMAN,
OU DESCRIPTION DE SES FRONTIÈRES, SOIT NATURELLES, SOIT ARTIFICIELLES,
PAR M. LE BARON FÉLIX DE BEAUJOUR,

Deux forts volumes in-8° avec un atlas. Prix........ 18 fr.

L'auteur décrit dans le premier livre la *Morée* et ses différentes régions, l'Arcadie, l'Argolide, la Laconie, la Messénie, l'Élide et l'Achaïe ; dans le second livre, le littoral Égéen de la Grèce depuis Athènes jusqu'à Constantinople ou la Grèce orientale, savoir : l'Attique, la Béotie, la Phocide, la Thessalie, la Macédoine et la Thrace ; dans le troisième livre, le littoral ionien de la Grèce ou la Grèce occidentale, savoir : l'Étolie, l'Acarnanie, l'Épire et l'Albanie ; dans le quatrième livre : les frontières septentrionales de la Turquie européenne, contenant le littoral de la Dalmatie, de l'Herzégovine, de la Bosnie, etc. ; dans le cinquième livre, les frontières qui bordent la mer Noire depuis le Danube jusqu'au Caucase, savoir : les lignes du Prouth et du Niester, la ligne du Borysthène, celle du Tanaïs et la Tauride ; dans le sixième livre, les frontières de la Turquie asiatique ou les lignes du Caucase, celles du Kour et de l'Araxe, celles du Tigre et de l'Euphrate, les pays situés entre ces deux fleuves, tels que l'Arménie, la Mésopotamie, la Babylonie, et les pays qui les bordent à l'est, comme à l'ouest, tels que la haute Asie et l'Asie Mineure, ainsi que les différentes routes qui traversent tous ces pays ; dans le septième livre, la Syrie et ses villes les plus célèbres, tant anciennes que modernes, telles qu'Antioche, Palmyre, Sidon, Tyr, Jérusalem, Damas et Alep ; dans le huitième, l'Égypte, la vallée du Nil et le Kaire, le Delta et Alexandrie, ainsi que les marches militaires les plus célèbres à travers ce pays ; dans le neuvième livre, les frontières maritimes de la Turquie, les îles Cyclades et les Sporades, l'Hellespont et la côte de Troie, le Bosphore et Constantinople ; enfin dans le dixième livre, la circonscription militaire de la Turquie en général et la manière la plus propre à l'attaquer et à la défendre.

Voici comment cet ouvrage fut annoncé dans le principal journal de France lorsqu'il parut (*Extrait du Moniteur universel de lundi 15 févr. 1830, n° 46*):

« Il vient de paraître un ouvrage important qui intéresse à la fois l'histoire ancienne et moderne, et la géographie appliquée à la science militaire. Cet ouvrage, dû aux lumières et à la longue expérience de M. Félix DE BEAUJOUR, est remarquable et par la nature du sujet et par la manière dont il est traité. Il appelle l'attention et satisfera l'intérêt des hommes d'état, des militaires appelés à l'honneur de commander les armées, et des savants explorateurs de l'antiquité. Il est traité avec cette supériorité de vues qui caractérise l'homme exercé à des fonctions politiques importantes, et cet amour de l'humanité qui distingue le vrai philosophe. L'ouvrage n'est pas en effet seulement une exacte topographie de l'empire ottoman, une description complète des éléments que présente son vaste territoire, sur quelque point qu'on veuille l'attaquer ou le défendre; il offre encore des détails pleins d'intérêt sur les lois, les mœurs du pays, considérées dans leurs rapports avec la civilisation européenne.

« Le livre de M. de Beaujour ne peut manquer d'intéresser en outre les amateurs de géographie, auxquels il fait connaître des pays peu ou mal connus; les amateurs d'histoire, pour lesquels il éclaircit des points d'histoire ancienne encore embrouillés, comme tout ce qui est relatif à la ligue Achéenne et à l'expédition de César dans la Grèce; les moralistes, qui y trouveront partout des détails de mœurs très piquants; enfin les militaires, qui y verront les marches et les batailles les plus célèbres des temps anciens et modernes. La marche des Dix mille et celle d'Alexandre y sont surtout présentées dans un cadre et sous un jour tout nouveau; et elles offrent le même attrait que celles des Romains en Syrie et en Égypte. L'ouvrage est varié et curieux; on peut le regarder comme une espèce de manuel pour la Turquie, à l'usage des diplomates et des militaires, et en général de tous ceux qui ont reçu une éducation distinguée, et qui veulent la perfectionner par des études sérieuses. Personne ne nous reprochera bien certainement de lui en avoir conseillé la lecture.

« L'Atlas qui accompagne cet ouvrage est d'une belle exécution ».

'TABLEAU HISTORIQUE DE L'ORIENT, dédié au roi de Suède, par M. D'OUSSON, 2 vol. in-8°. Paris, 1824. Prix br. 12 f.

PRÉCIS DE L'HISTOIRE DE L'EMPIRE OTTOMAN,

depuis son origine jusqu'à nos jours, avec une introduction, par A. L. F. ALIX, 3 vol. in-8° et cartes. Prix, brochés, 18 fr.

La première partie de cet ouvrage a été publiée en 1822 en deux volumes. Elle comprend l'histoire de l'empire turc, depuis sa fondation en 1300, jusqu'à l'évacuation de l'Egypte par les Français en 1801. Après cette époque, des événements aussi nombreux que remarquables ont eu lieu tant à Constantinople que dans les diverses provinces de la Turquie, et ont préparé la régénération de la Grèce. Ces événements sont exposés avec les documents nécessaires dans le 3° volume, qui conduit le lecteur jusqu'en 1820.

Aucune des histoires de la Turquie précédemment publiées ne renferme le tableau de ces derniers temps, si féconds pour les historiens; toutes s'arrêtent avant la fin du 18° siècle.

HISTOIRE MÉDICALE DE L'ARMÉE D'ORIENT, par Drs GENETTIS, 2° édition, augmentée de notes. 1 vol. in-8°. Paris, 1830. Prix. . . . . 6 fr.

'HISTOIRE DES PEUPLES DU CAUCASE,
OU VOYAGE D'ABOU EL CASSIM, par D'OUSSON,
1 vol. in-8°. Prix : 7 fr.

Plusieurs Arabes des 9° et 10° siècles ont fait mention des peuples qui habitaient le Caucase, et ces notions méritent d'autant plus d'être recueillies que ce sont les seuls renseignements que l'on possède sur plusieurs peuples septentrionaux. M. D'Ohsson a extrait des manuscrits arabes, persans et turcs, tout ce qui concerne ces peuples, et les a présentés sous la forme d'un voyage, avec les pièces à l'appui.

HISTOIRE DES MONGOLS,
DEPUIS TCHINGUIS-KHAN JUSQU'A TIMOUR-LANC.
Par D'OHSSON,
2 volumes in-8°, accompagnés d'une carte de l'Asie au 13ᵉ siècle.

Le premier volume de cette histoire, puisée principalement dans des ouvrages manuscrits arabes et persans qui appartiennent à la Bibliothèque royale de Paris, décrit les conquêtes de Tchinguis-Khan et de ses descendants, suit les vicissitudes du vaste empire qu'ils avaient fondé, et se termine à l'époque où la dynastie Tchins-guizienne fut expulsée de l. Chine.

L'histoire de la branche des descendants de Tchinguis-Khan qui règne en Perse, forme le sujet du 2ᵉ volume.

Le premier, divisé en deux parties, est en vente. Prix . . . . 12 fr.
Le second est sous presse.

HISTOIRE DES EXPÉDITIONS MARITIMES DES NORMANDS ET DE LEUR ÉTABLISSEMENT EN FRANCE AU Xᵉ SIÈCLE,
Par DEPPING;
2 vol. in-8°. Paris, 1826. Prix 12 fr.

HISTOIRE POLITIQUE, ADMINISTRATIVE, CIVILE ET MILITAIRE DE LA PRUSSE, depuis la fin du règne de Frédéric-le-Grand, jusqu'au traité de Paris de 1815. 3 vol. in-8. Paris, 1828. 21 fr.

TABLEAU HISTORIQUE, POLITIQUE ET GÉOGRAPHIQUE DU CAUCASE et des provinces limitrophes entre la Russie et la Perse, par KLAPROTH. 1 vol. in-8°. Prix . . . . 4 fr. 50 c.

TABLEAUX HISTORIQUES DE L'ASIE, depuis la monarchie de Cyrus jusqu'à nos jours, par KLAPROTH, 1 vol. in-4°, avec un atlas de 27 cartes in-f°, cart. Prix . . . . 85 fr.

RECHERCHES HISTORIQUES ET ARCHÉOLOGIQUES SUR LE CULTE DE MITHRA,
Par M. FÉLIX LAJARD, 2 vol. in-4° avec un atlas in-f° de 50 planches.
(sous presse.)

Cet ouvrage, fruit de dix années de travail, a été couronné en 1825 par l'Académie royale des Inscriptions et Belles-Lettres. Il sera le traité le plus complet qu'on ait encore publié sur cette antique religion de l'Asie qui, après avoir brillé d'un vif éclat en Orient pendant une longue suite de siècles, parvint à s'établir au sein même de Rome et dans les provinces les plus reculées de l'empire romain, y survécut, pour ainsi dire, à l'ancien paganisme, et fut, durant les quatre premiers siècles de notre ère, l'obstacle le plus puissant dont le christianisme eut à triompher.

L'ouvrage sera divisé en 3 parties. La 1ʳᵉ comprendra une exposition nouvelle du système religieux des Perses à l'époque de la réforme de Zoroastre; elle fera connaître l'origine et la doctrine fondamentale du culte et des mystères de Mithra; la hiérarchie des preuves et des grades; les cérémonies, costumes et symboles propres à chaque grade, et les cérémonies de l'inauguration des rois de Perse dans les sanctuaires de Mithra.

La seconde partie traitera de l'introduction du culte et des mystères de Mithra dans l'Arménie, le Pont, l'Asie-Mineure et l'empire romain; des modifications qu'y éprouva successivement la doctrine mithriaque; et de la lutte du mithrianisme avec le christianisme en Occident.

3

Enfin la 3ème et dernière partie sera consacrée à faire connaître non-seulement les monuments mithriaques des Grecs et des Romains, mais aussi les monuments du culte public et du culte secret de Mithra chez les Perses et les Assyriens, monuments que l'on chercherait en vain dans les nombreux ouvrages qui traitent du culte de cette divinité.

Les dessins et la gravure des planches qui accompagneront cet important ouvrage ont été exécutés avec le plus grand soin, sous les yeux de l'auteur, par les plus habiles artistes de la capitale. Ces planches, gravées au trait, comprendront environ 200 sujets, dont le plus grand nombre n'avait jamais été publié.

*NOUVELLES OBSERVATIONS sur le grand bas-relief mithriaque de la Collection Borghèse, actuellement au Musée royal de Paris, par M. FÉLIX LAJARD; in-4°, grand papier, avec une planche (Paris, 1828). Prix br.................. 4 f.

*REVUE DE L'HISTOIRE UNIVERSELLE MODERNE,

ou Tableau sommaire et chronologique des principaux événements arrivés depuis les premiers siècles de l'ère chrétienne jusqu'à nos jours. 2 vol. in-12. Paris, 1827......... 12 fr.

*MÉMORIAL PORTATIF
DE CHRONOLOGIE, D'HISTOIRE INDUSTRIELLE, D'ÉCONOMIE POLITIQUE, DE BIOGRAPHIE, ETC. ETC.

2 forts vol. in-12, divisés en quatre parties. Prix..... 24 fr.

*ANTIQUITÉS GRECQUES,

ou Tableau des mœurs, usages et institutions des Grecs, par ROBINSON, trad. de l'angl. 2 forts vol. in-8°........ 15 fr.

*ANTIQUITÉS ROMAINES,

ou Tableau des mœurs, usages et institutions des Romains, par ADAM, trad. de l'angl. 2 vol. in-12............. 9 fr.

LETTRES A M. LE DUC DE BLACAS,
RELATIVES AU MUSÉE ÉGYPTIEN DE TURIN,
Par M. CHAMPOLLION jeune.
Paris, 1824 et 1826, in-8°, avec planches in-4°.

Aussitôt que les deux dernières lettres auront paru, l'ouvrage entier portera le titre de :

HISTOIRE CHRONOLOGIQUE
DES DYNASTIES ÉGYPTIENNES D'APRÈS LES MONUMENTS ET LES PAPYRUS.

Les deux premières lettres, qui sont en vente, comprennent l'histoire de ces dynasties royales depuis la XVI° jusqu'à la XXII°. La troisième lettre complétera cet important travail jusqu'aux Romains.

Toutes les incertitudes qui résultaient des divers textes de Manéthon seront levées par les monuments contemporains dont la découverte de l'alphabet des hiéroglyphes a rendu enfin l'interprétation certaine. Le grand nombre de dates que contiennent ces monuments ont fixé d'une manière incontestable les annales égyptiennes, et reculé les limites connues de l'histoire à plus de mille ans au-delà de la guerre de Troie. La quatrième lettre sera relative à l'état civil et religieux des rois d'Égypte, et contiendra un exposé certain du gouvernement égyptien.

Prix de la première lettre, avec 3 planches.................. 5 fr.
De la seconde, avec 14 planches....................... 12 fr.
Papier vélin, le double.

*PANTHÉON ÉGYPTIEN,
COLLECTION DES PERSONNAGES MYTHOLOG. DE L'ÉGYPTE, D'APRÈS LES MONUMENTS;

Avec un texte explicatif, par M. CHAMPOLLION jeune. Les figures coloriées avec le plus grand soin d'après les dessins de M. DUBOIS.

Cet ouvrage est consacré au culte et aux pratiques religieuses de l'ancienne Égypte, dont les monuments authentiques ont fourni tous les matériaux. Dans ce Panthéon Égyptien on trouvera la Collection de tous les personnages religieux, avec leurs attributs et leurs noms en écriture hiéroglyphique et hiératique, enfin l'explication et l'indication de leur rang généalogique.

L'ouvrage sera composé d'environ 200 planches et 450 pages de texte in-4°, et paraîtra par livraisons, composées de 6 planches coloriées et de 12 pages de texte, format in-4°. Prix de chaque livraison, papier fin...................... 10 fr.
Papier vélin.. 20 fr.

Les quatorze premières sont en vente.

HISTOIRE
DE LA RÉGÉNÉRATION DE LA GRÈCE,
Par F. C. H. L. POUQUEVILLE,

Comprenant le Précis des évènements arrivés dans la Grèce, depuis l'année 1740 jusqu'en 1824. Seconde édit., 4 forts volumes in-8°. Prix br............................ 35 fr.

Cet ouvrage, enrichi de cartes et portraits, contient le récit des causes qui ont amené la grande insurrection dont l'Orient est le théâtre, ainsi que l'Histoire complète de la guerre de l'indépendance jusqu'au commencement de l'année 1824.

Les documents authentiques d'après lesquels l'auteur a écrit cette histoire, et la connaissance qu'il a de la Grèce, où il a résidé si long-temps, ainsi que son frère, M. Hugues Pouqueville, sont une garantie de l'exactitude des faits historiques contenus dans cet ouvrage.

Les cartes comprennent l'intérieur de l'Épire, la Thesprotie avec le cours de l'Achéron, l'Acarnanie, l'Étolie et les Thermopyles.

VOYAGE DE LA GRÈCE,
Par F. C. H. L. POUQUEVILLE.
SECONDE ÉDITION,

Comprenant la description ancienne et moderne de l'Épire, de l'Illyrie grecque, de la Macédoine, de la Thessalie, de l'Acarnanie, de l'Étolie, de la Locride hespérienne, de la Doride, de la Béotie, de l'Attique et du Péloponèse.

6 forts vol. in-8°, avec cartes et figures, et deux grandes cartes de la Grèce moderne, parties septentrionale et méridionale, dessinées par Lapie, gravées avec le plus grand soin et renfermées dans un étui. Prix de l'ouvrage entier. 60 f.
— Le même, papier vélin....................... 80

Pour bien connaître la Grèce ancienne, il faut étudier la Grèce moderne, et l'on trouvera dans ce voyage, le plus complet qui existe sur la Grèce, et qui peut tenir lieu de tous les autres, des considérations entièrement neuves sur l'archéologie, la numismatique, les mœurs, les arts, l'industrie des habitants de ces provinces. Des tableaux statistiques donnent les renseignements les plus exacts, les plus neufs et les plus étendus sur le commerce et les produits de ce beau pays.

Cet important ouvrage, fruit de l'observation et du travail de la vie entière de l'auteur, a obtenu dès son apparition le succès le plus complet. La première édition, qui fut rapidement épuisée, manquait depuis long-temps. L'auteur a revu son travail et l'a enrichi à l'aide des nombreux renseignements qu'il a puisés dans des documents authentiques et inconnus jusqu'alors.

De nouvelles cartes et planches y ont été ajoutées; et la carte de la Grèce, sur deux feuilles papier jésus, a été dressée par M. Lapie d'après de nouveaux matériaux. Elle est beaucoup plus complète et plus exacte que les précédentes, et contient les noms anciens et modernes.

Il reste encore quelques exemplaires du tome 5 de la première édition. Ce volume contient le texte et la traduction de l'histoire de l'Épire par Nepota Duk, découverte par M. Pouqueville à Argyro Castron. Cette histoire, publiée pour la première fois, fait suite à la Collection des historiens byzantins... Prix : 9 f.

3.

CHANTS POPULAIRES DE LA GRÈCE MODERNE,

Recueillis et publiés, avec une traduction française en regard, par C. FAURIEL, 2 volumes in-8°. Prix : 14 fr.

L'antique langue des Grecs est presque une langue vivante, tant elle s'est peu altérée dans la bouche de leurs descendants. L'esprit poétique des Hellènes vit encore dans les croyances, les superstitions, les chants nationaux de la Grèce moderne.

Avant qu'une nouvelle guerre pour leur indépendance vînt offrir à l'héroïsme grec une plus vaste et plus noble carrière, les chefs ou capitaines des KLEPHTES étaient les héros de la Grèce. Leurs exploits, leurs aventures, et leur mort, racontés dans les chansons nationales, et passant ainsi de bouche en bouche, composaient toute l'histoire du pays. Tout ce que les éditeurs ont pu rassembler de ces monuments vraiment historiques, forme la première partie du Recueil des CHANTS POPULAIRES DE LA GRÈCE MODERNE.

La seconde partie comprend les pièces dont le sujet est idéal et de pure invention ; elle se subdivise en deux sections, l'une pour les chansons en vers non rimés, qui se chantent principalement dans les villages ; l'autre pour les chansons en vers rimés, qui se chantent surtout dans les villes. Chaque pièce est précédée d'un argument, et accompagnée de notes. Les notes contiennent des éclaircissements géographiques, philologiques et critiques.

Ce recueil est précédé d'une dissertation détaillée sur la poésie populaire des Grecs, considérée soit en elle-même et comme l'expression originale et spontanée du génie de la Grèce moderne, soit comparativement à la poésie populaire des autres nations de l'Europe.

HISTOIRE DE LA RÉVOLUTION GRECQUE,

PAR ALEX. SOUTZO,

témoin oculaire d'une grande partie des faits qu'il expose.

Paris, 1829. 1 vol. in-8°, avec le portrait. d'Alex. Ypsilantis. — Prix : 7 fr.

Dans cette histoire, écrite par un Grec d'une illustre famille, et témoin lui-même des malheurs de son pays ainsi que des grandes actions qui les ont égalés, on retrouve la brillante imagination des Grecs, jointe à la plus grande exactitude dans tous les détails. Cette histoire, appuyée sur des faits authentiques et inconnus, contient toute la révolution grecque jusqu'au combat de Navarin. Elle est dédiée par l'auteur aux mânes de son frère, qui commmandait le bataillon sacré à Dragatsan.

RAYBAUD. Mémoires sur la Grèce, pour servir à l'histoire de la guerre de l'indépendance, avec une introduction ou esquisse des révolutions de la Grèce, depuis l'établissement de la domination romaine jusqu'à la chute du Bas-Empire, un tableau de la nation grecque sous les Turcs, et un précis de l'insurrection de Valachie et de Moldavie. 2 vol. in-8, avec 3 plans topographiques. 15 fr.

VOYAGE

DANS LA MARMARIQUE ET LA CYRÉNAIQUE,

PENDANT LES ANNÉES 1824 ET 1825,

Par M. PACHO, membre des Sociétés de Géographie et asiatique.

DÉDIÉ AU ROI.

Accompagné de cartes géographiques et topographiques ; de planches représentant les monuments de ces contrées, avec des détails relatifs à l'état moderne et à l'histoire naturelle.

Un vol. grand in-4° de texte et un atlas in-f°. contenant cent planches, dont plusieurs coloriées. Prix.. 140 fr.
Il a été tiré quelques exemplaires sur papier de Chine, pap. vélin. Prix   280

Après le grand ouvrage de la commission d'Égypte et les excursions de plusieurs autres voyageurs qui nous ont si bien fait connaître l'Égypte, la Nubie et une grande partie de l'Éthiopie, une vaste contrée, placée sur les bords de la Méditerranée, et dont les souvenirs se rattachent aux époques les plus intéressantes de l'antiquité, la Cyrénaïque nous était encore entièrement inconnue.

Le docteur della Cella avait seulement entrevu la Cyrénaïque dans une course qu'il y fit comme médecin d'Ahmed-Bey; mais la relation de son excursion rapide avait plutôt excité que satisfait la curiosité du monde savant.

Le général Minutoli, accompagné de deux naturalistes, d'un archéologue et d'un dessinateur, entreprit plus tard d'explorer scientifiquement cette contrée fameuse; mais ils furent arrêtés sur les limites même de la Cyrénaïque par des difficultés qui leur en défendirent l'entrée.

Ces tentatives infructueuses ne firent qu'aiguillonner davantage la curiosité des savants. La géographie, l'histoire naturelle et l'archéologie demandaient un voyageur intrépide, qui osât surmonter de telles difficultés. La Société de géographie en manifesta le vœu, et tandis qu'elle traçait un programme pour guider les recherches du voyageur, M. Pacho, ayant achevé de parcourir les pays voisins de l'Égypte, entreprit de mettre à exécution les projets du général Minutoli et de leur donner tous leurs développements.

Il serait impossible d'exposer sommairement les différents travaux de M. Pacho. Pour se faire une idée exacte de leur importance et du mérite de leur exécution, on peut lire les deux honorables rapports faits sur les résultats de ce voyage, l'un par M. Letronne, au nom de l'Académie des inscriptions et belles-lettres, et l'autre par M. Maltebrun, au nom de la Société de géographie.

Conclusions du rapport demandé à l'Académie royale des inscriptions et belles-lettres par S. Exc. le ministre de l'intérieur, au sujet du voyage dans la Marmarique et la Cyrénaïque, exécuté par M. Pacho.

« Tel est l'aperçu des matériaux que M. Pacho a recueillis dans son voyage ; il suffit pour montrer que leur réunion offrira un ensemble très-important, puisqu'il embrassera principalement, sous le rapport de l'art et de l'antiquité, tout ce qui existe encore au-dessus du sol dans la Pentapole Cyrénaïque.

« Après la grande expédition d'Égypte, qui nous a fait connaître la vallée du Nil, après les excursions de notre compatriote Caillaud et de plusieurs autres voyageurs qui ont exploré les Oasis voisines de l'Égypte, il restait encore une grande lacune dans la géographie du nord-est de l'Afrique. Tout le littoral entre Alexandrie et la Grande Syrte était encore presque inconnu, et c'est cette lacune que vient de remplir un simple particulier, au prix des plus grands sacrifices, sans autre soutien qu'un courage à toute épreuve et qu'un dévouement sans bornes.

« Nous croyons que la publication d'un tel ouvrage, aussi prompte que possible, est vivement à désirer, et que, si le gouvernement, par sa protection et ses secours, fournit à l'auteur les moyens de l'exécuter, il rendra un véritable service aux sciences. Signé : Alexandre de LABORDE, Abel RÉMUSAT, RAOUL-ROCHETTE, WALCKENAER, JOMARD, LETRONNE, rapporteur. — L'Académie approuve le rapport et adopte les conclusions.

*VOYAGES DANS LA GRÈCE,
ACCOMPAGNÉS DE RECHERCHES ARCHÉOLOGIQUES,
Par P. O. BRÖNDSTED.

Ouvrage orné d'un grand nombre de monuments inédits, récemment découverts, ainsi que de Planches, Cartes et Vignettes.

Cet ouvrage important, qui contient des renseignements neufs et précieux, principalement sur l'archéologie et la numismatique, formera 4 volumes grand in-4°, et paraîtra en huit livraisons.

Le prix de chaque livraison, grand-raisin, in-4°, papier fin......... 40 fr.
Idem, papier vélin.. 60 fr.
In-f°, papier vélin (tiré à 50 exemplaires).................... 84 fr.
Les deux premières livraisons sont en vente.
Après la publication de la 4e livraison, les prix seront augmentés.

PRÉCIS DES DERNIÈRES GUERRES DES RUSSES CONTRE LES

TURCS, avec des considérations militaires et politiques; traduit de l'allemand du général VALENTINI, par EUGÈNE DE LA COSTE. 1 vol. in-8°, avec quatre cartes. Paris 1825. Prix, br. ...   7 f.

RECUEIL DE MÉMOIRES SUR LA GRÈCE, contenant les lettres du colonel Stanhope pendant le séjour de lord Byron en Grèce, suivies de plusieurs Mémoires écrits sur les lieux mêmes; la lettre de lord Erskine au comte de Liverpool; des considérations sur la Grèce actuelle, par un Grec; et un discours sur les services que les Grecs ont rendus à la civilisation, par SCHWEIGHÆUSER, 1 vol. in-8°. Prix, broché..............   6 fr.

RELATION DE L'EXPÉDITION DE LORD BYRON EN GRÈCE, par GAMBA. Traduit de l'anglais. Paris, 1825, in-8°. Prix 6 fr.

*CORAY. Mémoire sur la civilisation des Grecs. Prix.   3 f. 50 c.

LA LYRE PATRIOTIQUE DE LA GRÈCE, traduit du grec, de Calvos; par S. JULIEN, 1 vol. in-18, pap. vél. sat. Prix : 2 f.

SOUVENIRS DE LA GRÈCE pendant la campagne de 1825, ou Mémoires historiques et biographiques sur Ibrahim, son armée, Khourchid, Sève, Mari, et autres généraux de l'armée d'Égypte en Morée, par H. LAUVERGNE, 1 vol. in-8°, 1826. 3 fr.

CAMPAGNE D'UN JEUNE FRANÇAIS EN GRÈCE, par SCHACK, 1 vol. in-8°. Paris, 1827. Prix br...........   3 fr.

DODWELL'S. Classical and topographical tour trough Greece. 2 vol. in-4° avec 66 planches gravées en taille-douce et un grand nombre de sujets en bois et une carte de la Grèce. Prix   200 fr.

CHARTE DE COMMUNE en langue romane, pour la ville de Gréalou en Quercy; publiée avec la traduction française et des recherches sur quelques points de l'histoire de la langue romane en Europe et dans le Levant, par M. CHAMPOLLION FIGEAC, 1 vol. in-8°. Paris, 1829. Prix.........   3 fr. 50 c.

HISTOIRE NATIONALE ou DICTIONNAIRE GÉOGRAPHIQUE DE
TOUTES LES COMMUNES DE LA FRANCE,

Formant pour chaque département un ouvrage complet; orné de cartes, de costumes, de gravures, de portraits et de vignettes; divisé en 86 livraisons, qui se vendent séparément; rédigé d'après les documents les plus authentiques,

PAR GIRAULT DE SAINT-FARGEAU.

La France, cette contrée si belle, si favorisée de la nature, cette terre si féconde, cette patrie si prodigue d'hommes illustres et si fertile en grands souvenirs, si digne d'être connue, réclamait depuis long-temps un ouvrage géographique spécialement destiné à la faire connaître dans son ensemble et dans ses détails; d'un ouvrage qui joignît à la partie topographique, historique et scientifique, des notions étendues sur son commerce et son industrie, et des détails sur les mœurs, les usages et les divers costumes de ses habitants

Depuis l'impression des mémoires envoyés par les intendants aux ministres de Louis XIV, lorsque ce monarque demanda des renseignements positifs sur l'état du royaume, vers le commencement du XVIII° siècle, plusieurs ouvrages géographiques ont été publiés sur la France. Mais ils ne sont plus en rapport ni avec les changements survenus dans la circonscription du territoire français, ni avec les progrès de l'industrie commerciale et manufacturière.

Jusqu'à ce jour, aucun ouvrage n'a donné la topographie générale des lieux compris dans chaque département. Cependant une bonne description particulière des communes de la France est généralement désirée, notamment par les employés du gouvernement qui, la plupart du temps, manquent de notions exactes sur la population, l'industrie, le commerce, les produits agricoles, et généralement sur toutes les parties qui se rattachent à la statistique.

Pour éviter les erreurs dont fourmillent les ouvrages de géographie les plus estimés, les éditeurs ont fait vérifier sur les lieux, par des correspondants éclairés, la rédaction de chaque article. Aussi croient-ils pouvoir affirmer que la nouvelle description des communes de la France qu'ils publient se distinguera de toutes celles qui l'ont précédée, et sortira de la classe ordinaire des compilations géographiques. C'est surtout dans cet ouvrage que l'on pourra étudier avec fruit l'histoire de France, puisque chaque fait viendra successivement s'offrir aux yeux du lecteur à la place même où il s'est passé. Chaque commune présentera son histoire à laquelle viendront se grouper un grand nombre d'événements, de détails et d'anecdotes qui ne sauraient trouver place dans une histoire générale. Tous ces renseignements seront puisés aux sources les plus authentiques.

Néanmoins, comme il serait encore possible que quelque lieu digne de remarque eût échappé à leur investigation, ou que divers renseignements importants ne leur fussent pas parvenus exactement, ils engagent les hommes instruits de chaque département qui, par leur position, sont le plus à portée de bien voir, à vouloir bien leur communiquer leurs observations le plus tôt possible, et avant que la description du département qu'ils habitent ait été publiée : toutes les personnes éclairées dans chaque localité doivent désirer que l'article descriptif de leur commune soit exact. Les Éditeurs réclament surtout le concours des sociétés d'agriculture et autres sociétés savantes, ainsi que celui des médecins, des physiciens, des hommes de loi et des gens de lettres. Ils invitent MM. les possesseurs d'anciens châteaux, d'édifices religieux et d'autres monuments auxquels se rattachent des souvenirs historiques peu connus, à leur transmettre des renseignements sur ces monuments encore existants et sur les événements qui s'y sont passés. Ils prient aussi MM. les fondateurs ou possesseurs d'établissements industriels importants, de quelque genre que ce soit, de leur communiquer des détails sur l'époque de la fondation de ces établissements et sur leurs produits annuels, en indiquant, pour les fabriques isolées, le nom de la commune à laquelle elles appartiennent.

L'HISTOIRE NATIONALE OU LE DICTIONNAIRE DES COMMUNES DE LA FRANCE se publie en 86 livraisons, qui se vendent séparément et contiennent chacune un département.

Chaque livraison se compose :

1° D'un Aperçu statistique du département, faisant connaître la division physique, la superficie, les bornes et la division du territoire ; la population générale et celle des divers arrondissements ; le climat, les vents et la température ; les grandes routes et autres communications ; les mœurs, usages et coutumes des habitants ; les productions animales, végétales et minérales ; l'industrie, le commerce, etc.

2° D'un Dictionnaire hydrographique où sont décrits avec étendue les canaux, les rivières flottables et navigables, tous les cours d'eau du département, et le tarif des droits de navigation.

3° D'un Dictionnaire alphabétique des villes, bourgs, villages et hameaux du département, indiquant pour chaque lieu la distance de l'arrondissement et du chef-lieu, en lieues de 2,000 toises ; la population, les produits naturels et industriels, le commerce, les manufactures, fabriques, etc. ; les bureaux et relais de poste ; les établissements d'eaux minérales et thermales ; les curiosités naturelles, antiquités, édifices, monuments et autres objets remarquables ; les cours royales et les tribunaux de première instance et de commerce ; les hôtels des monnaies ; les loteries royales ; les banques, bourses et chambres de commerce ; les académies, les facultés de droit et de médecine; les écoles d'hydrographie; les bibliothèques publiques; les théâtres; les divisions militaires; les conservations des forêts; les haras; les consulats étrangers; l'établissement de la marée des ports; la patrie des hommes illustres ou fameux depuis plusieurs siècles; l'histoire de chaque ville, de chaque bourg, de chaque village et du moindre hameau sera traitée avec tous les développements désirables, et d'après le degré d'importance de chacun d'eux. On trouvera reportés à chaque lieu, autant qu'il sera possible, l'époque de son organisation en commune, les détails relatifs à son histoire civile, religieuse et militaire; les foires et marchés; etc., etc.

4° D'une belle Carte du département, dressée sur une échelle beaucoup plus grande que toutes celles récemment publiées, et indiquant toutes les communes, et même tous les villages et hameaux de quelque importance.

5° De Gravures représentant la vue générale du chef-lieu ou de l'une des villes les plus importantes du département; de Gravures au trait représentant les édifices les plus remarquables; de plusieurs Portraits d'hommes illustres, ou des Costumes singuliers de divers habitants; et de Vignettes en bois, gravées exprès pour cet ouvrage par les meilleurs artistes.

Le texte formera de 7 à 12 feuilles in-8°, imprimées sur papier grand-raisin.

LE PRIX DE CHAQUE LIVRAISON, avec *Cartes* et *Gravures*, est fixé à 8 francs pour les personnes qui souscriront avant la mise en vente de chaque livraison. Après cette époque, le prix pour les livraisons parues sera augmenté de 2 fr. Les personnes qui souscriront pour la collection recevront les 13° livraisons gratis.

DÉPARTEMENTS PUBLIÉS :

ILLE-ET-VILAINE, contenant, outre le texte, la Carte du département; la vue de Rennes; la vue de Saint-Malo; la vue de la tour du Solidor; les portraits de Châteaubriand, de Duguay-Trouin, de Duguesclin, de Vauban et de Lanjuinais; les costumes des paysans bretons des environs de Rennes et de Vitré, et ceux des femmes de Dinard et de Cancale. La couverture est ornée d'une jolie vignette représentant le château des Rochers, ancienne habitation de madame de Sévigné.

LOIRE-INFÉRIEURE, contenant dix feuilles de texte; la Carte du département; la vue de Nantes; la vue du château de Nantes; la vue du tombeau en marbre blanc de François II, dernier duc de Bretagne; deux culs-de-lampe représentant la tour antique du village d'Oudon et le château de Clisson; les costumes des habitants du bourg de Batz et ceux des Guérandaises; les portraits d'Abeilard, d'Anne de Bretagne et d'Olivier de Clisson.

SEINE-INFÉRIEURE, contenant huit feuilles de texte; la Carte du département; la vue de Rouen; la vue du Havre; la vue des ruines de l'ancienne abbaye de Saint-Wandrille; deux culs-de-lampe représentant la porte gothique de l'ancienne abbaye d'Auchy, près d'Aumale, et la jolie fontaine de la Croix de pierre à Rouen; les costumes des Cauchoises des environs du Havre et de Bolbec, et ceux si curieux des pêcheurs qui habitent le faubourg du Pollet à Dieppe; les portraits de Fontenelle, de Bernardin de Saint-Pierre, de Corneille et de Du Quesne.

AISNE, contenant onze feuilles de texte; la Carte du département; la vue de Laon; la vue de Soissons; la vue du portail de l'ancienne abbaye de Saint-Jean-des-Vignes; la vue du portail de la cathédrale de Laon; la vue de l'hôtel-de-ville de Saint-Quentin; les portraits de Racine et de La Fontaine, et une jolie vignette représentant le caveau où fut enfermé Louis-le-Débonnaire.

À partir du 1er janvier 1830 il paraîtra 6 livraisons par an.

LIVRAISONS SOUS PRESSE :

DÉPARTEMENTS D'EURE-ET-LOIR, DE L'AUDE, DE L'OISE, DE SEINE-ET-OISE, DES PYRÉNÉES-ORIENTALES, DE LA MANCHE, DE LA CÔTE-D'OR, DE LA VENDÉE, DE L'AUBE, DU LOIRET, D'INDRE-ET-LOIRE.

NOUVEL ATLAS NATIONAL
DES DÉPARTEMENTS DE LA FRANCE,

Dressé par M. ACHIN, employé au Dépôt des fortifications; vérifié sur les lieux par GIRAULT, DE SAINT-FARGEAU.

Avant la publication de l'Atlas que nous annonçons, il n'existait que des Cartes de département d'un mérite très-borné et d'une exécution médiocre: au premier aperçu, l'ancien Atlas National paraît faire exception; mais il est bien reconnu aujourd'hui que cet Atlas, dressé à la hâte en 1789, est inexact et très-imparfait, malgré les nombreuses corrections qu'il a subies depuis quarante ans. Quant aux Atlas qui ont été publiés depuis quelques années, ils sont jugés si défavorablement dans les départements, où ils étaient appelés à obtenir le plus de succès, que nous croyons inutile de les citer.

Nous ne nous étendrons pas sur le mérite du Nouvel Atlas National, que nous publions; nous nous bornerons à faire observer qu'il se distingue de tous ceux qui l'ont précédé par les soins scrupuleux que nous avons donnés à son exécution. Les Cartes présentent sans confusion des détails considérables et des développements qu'on n'avait encore remarqués dans aucun département; elles ont l'avantage d'indiquer non-seulement les endroits compris dans les limites du département, mais encore on a utilisé l'étendue du cadre pour y tracer les routes, les villes, les bourgs et les principaux villages des départements circonvoisins. Ainsi, en examinant les cartes du département de la Seine-Inférieure, on verra que les communications sont indiquées du côté du sud jusqu'à Lisieux, Bernay, Marines, dans les départements du Calvados, de l'Eure et de Seine-et-Oise; du côté de l'est, jusqu'à Beauvais, dans le département de l'Oise; et du côté du nord-est, jusqu'à Abbeville, Rue et Crécy, dans le département du Pas-de-Calais.

Il en sera ainsi de toutes les autres cartes; et cet avantage est d'autant plus important pour celui qui achète la carte de son département, qu'il se trouvera dispensé le plus souvent de faire l'acquisition des départements environnants.

Les cartes de notre Nouvel Atlas sont surtout remarquables par leur exactitude et par la perfection avec laquelle l'écriture est gravée. Les routes, les rivières et les canaux sont aussi exécutés avec le plus grand soin. Des hachures particulières distinguent les routes royales de 1re, de 2e et de 3e classe, les routes départementales projetées ou exécutées, les grands chemins de traverse, et les routes de poste, où l'on a eu le soin d'indiquer les distances légales et les relais. Des signes distinctifs font connaître les lieux où les rivières commencent à être flottables ou navigables; les lieux où se sont livrés des batailles ou des combats mémorables, etc. etc. Enfin nous pouvons assurer que peu de cartes offrent un ensemble aussi remarquable d'exactitude, de détail et d'exécution, et nous pouvons affirmer que cet Atlas peut être considéré comme une des belles productions en ce genre.

Le prix de l'Atlas complet, composé de 90 cartes, sur papier dit grand-raisin, est fixé à 135 fr. Chaque carte se vend séparément 2 fr.

Nous n'avons pas voulu annoncer cette entreprise avant d'avoir un certain nombre de cartes à offrir au public, comme modèles invariables de notre Atlas.

Départements déjà publiés :

ILE-ET-VILAINE, LOIRET, LOIRE-INFÉRIEURE, SEINE-INFÉRIEURE, EURE-ET-LOIR.

Les autres paraîtront successivement à des époques très-rapprochées.

ITINÉRAIRE DESCRIPTIF DE L'ESPAGNE,

3e édition, revue et considérablement augmentée,

Par M. Le Cte Al. DE LABORDE;

Enrichie de vignettes représentant les principaux monuments de l'Espagne ; de deux grandes cartes géographiques ; d'un atlas in-4°, contenant des plans de villes et un grand nombre de cartes routières, dressées d'après les derniers documents parvenus au ministre de l'intérieur.

L'Itinéraire descriptif de l'Espagne, format in-8°, forme 6 volumes, avec un atlas in-4°. Prix. . . . . 60 fr.

GALLI (Florent), aide-de-camp du général Mina. Mémoire sur la dernière guerre de Catalogne. 1 vol. in-8. Paris, 1828. Prix. . . . . 7 fr. 50 c.

VANE (Charles William), marquis de Londonderry. Histoire de la guerre de la Péninsule, années 1808 et suivantes. 2 vol. in-8. Paris, 1828. Prix. . . . . 14 fr

HISTOIRE D'ESPAGNE,

depuis sa première période jusqu'à la fin de l'année 1809, par John Bigland, traduite de l'anglais; ouvrage revu et continué jusqu'à l'année 1814, par le comte Mathieu Dumas, avec une grande carte et une notice géographique, par **M. BORY DE SAINT-VINCENT.** 3 vol. in-8°, avec un atlas.   Prix : 20 fr.

L'importance de l'Histoire d'Espagne, en général le besoin et le manque dans notre langue d'un abrégé satisfaisant par sa précision et sa clarté, ont fait rechercher, traduire et continuer l'excellent ouvrage de M. Bigland, qui a paru en Angleterre en 1810. Le succès de cet ouvrage n'a été surpassé par aucun de ceux qui ont paru jusqu'à ce jour sur le même sujet. M. Bigland est parvenu à présenter, dans un cadre resserré, le résultat le plus satisfaisant de la lecture de tous les historiens de l'Espagne, et des recherches qu'il a faites des matériaux les plus précieux avec la plus judicieuse critique.

On regrette seulement que les dernières pages du second volume, qui renferment le tableau des premiers événements de la guerre de 1808, soient écrites avec la partialité dont les écrivains anglais contemporains n'ont pas su se défendre : on a donc pensé qu'il était nécessaire d'ajouter à cette partie, des notes propres à relever les erreurs qu'on y aurait aperçues; elles ont été faites avec la plus religieuse impartialité, et c'est dans le même esprit que cet abrégé historique a été continué jusqu'à la fin de la guerre. M. le général Dumas a eu soin de conserver dans cette continuation (qui fait la matière du troisième volume) la même coupe, la même concision, la même clarté. On ne pouvait prendre un meilleur modèle.

M. Bory de Saint-Vincent a dressé pour cet ouvrage une nouvelle Carte qui est beaucoup plus exacte que celles qui existent jusqu'à présent, et y a joint une notice géographique.

HISTOIRE DES CROISADES, par M. MICHAUD, de l'Académie
française. 4ᵉ édition. 6 vol. in-8°. Prix............ 48 fr.

L'ITALIE AVANT LA DOMINATION DES ROMAINS, par
MICALI, avec un discours préliminaire et des notes, par M. RAOUL ROCHETTE, 4 vol. in-8°, avec atlas de 67 planches gravées en taille-douce. Prix .... 75 fr.

HISTOIRE DE LA RÉPUBLIQUE DE VENISE,

par **P. DARU**, membre de l'Académie française, etc. 2ᵉ édition 8 gros volumes in-8°, avec planches et cartes. Prix, papier fin. 68 fr.

Et grand papier fin................................... 80

Il a été tiré quelques exemplaires sur pap. gr. raisin vélin.... 100

Les six premiers volumes contiennent : les origines de la république de Venise, les révolutions de son gouvernement, les conquêtes dans l'Orient et celles sur le continent de l'Italie : les guerres des Français en Italie, qui, ébranlant la république au plus haut point de sa prospérité, commencent sa décadence ;

Les guerres contre les Turcs, dans lesquelles la république perd Chypre, Candie et la Morée ; et enfin la chute de cette république.

Les deux derniers volumes contiennent une notice d'environ 5000 manuscrits relatifs à l'histoire de Venise, avec l'analyse des plus intéressants ; les statuts secrets de l'inquisition d'état, qui n'ont jamais été publiés ; des pièces peu connues, et la plupart inédites ; quelques dissertations sur des faits importants; une confrontation des historiens turcs et des historiens vénitiens, et des extraits de la correspondance du gouvernement français et du général en chef de l'armée d'Italie, relativement aux affaires de Venise, en 1795, 1796 et 1797, etc., etc.

LE MÊME OUVRAGE, TROISIÈME ÉDITION.

5 forts vol. in-18, papier grand-raisin, avec cartes. Prix br. 36 fr.

NOUGARÈDE DE FAYET. Histoire de la révolution qui renversa la République romaine. 2 vol. in-8°. Prix, broché. . 12 fr.

Le premier volume a pour objet l'usurpation et la mort de Jules César, la guerre qui amena l'établissement du second triumvirat, et celle où succombèrent Brutus et Cassius.

Le second volume présente les progrès de la puissance d'Octave, les revers d'Antoine, sa défaite à Actium, et l'établissement de l'empire par Octave.

Cette partie de l'histoire romaine est remarquable par le grand nombre d'illustres personnages qui y ont figuré. Aidé dans ses recherches par les écrits de Black Well et de plusieurs autres savants, qui n'ont été publiés qu'après la continuation de l'histoire romaine de Rollin, l'auteur est parvenu à présenter un tableau complet de cette révolution.

SIMONDE DE SISMONDI,

HISTOIRE DES RÉPUBLIQUES ITALIENNES. (*Nouvelle édition.*) 16 vol. in-8°. . . . . 112 fr.

HISTOIRE DES FRANÇAIS, par le même. Les douze premiers volumes sont en vente. Prix. . . . . 93 fr.

DE LA LITTÉRATURE DU MIDI DE L'EUROPE, par le même, 4 vol. in-8°. Prix. . . . . 28 fr.

JULIA SÉVÉRA ou l'an quatre cent quatre-vingt-douze, par le même, 3 vol. in-12. Prix br. . . . . 7 fr. 50 c.

HISTOIRE

DE LA VIE ET DU PONTIFICAT DE GRÉGOIRE VII,

par **VILLEMAIN**, Membre de l'Académie Française,

2 vol. in-8°. *(sous presse.)*. . . . . Prix : 15 fr.

L'édition de cet ouvrage ne sera tirée qu'à 10,000 exemplaires ; déjà 8,300 souscripteurs se sont fait inscrire. Nous invitons les personnes qui auraient tardé à s'associer à la souscription, à nous envoyer promptement leurs noms et adresses, et de nous faire connaître le nombre d'exemplaires auquel elles veulent souscrire.

*COLLECTION DES MÉMOIRES RELATIFS A L'HISTOIRE DE FRANCE, depuis la fondation de la monarchie française jusqu'au 13ᵉ siècle ; par M. GUIZOT. 31 vol. in-8°. Prix : 192 fr.

*COLLECTION DES CHRONIQUES NATIONALES FRANÇAISES, écrite en langue vulgaire du XIIIᵉ au XVIᵉ siècle, avec des notes et éclaircissements, par BUCHON.

Cette collection formera 60 volumes in-8°, dont 40 sont en vente. Prix de chaque volume. . . . . 6 fr.

* **LETTRES SUR L'HISTOIRE DE FRANCE**, par THIERRY. Deuxième édition. 1 vol. in-8°. Prix. . . . . 7 fr. 50 c.

HISTOIRE DE L'UNIVERSITÉ, depuis son origine jusqu'à nos jours, par DUBARLE, 2 vol. in-8°, 1829. Prix. . . . . 14 fr.

BARRICADES (les), scènes historiques, mai 1588. IIIᵉ édition, revue et augmentée, 1 vol. in-8. Paris, 1827. Prix. . . 6 fr.

BALDELLI. Storia delle Relazioni vicendevoli dell'Europa, e dell'
Asia, dalla decadenza di Roma, fino alla distruzione del califfato.

Il milione di Marco Polo, testo di lingua del secolo decimo-
terzo ora per la prima volta pubblicato ed illustrato dal conte
Gio. Balt. Baldelli Boni, 1828; 4 vol. in-4; et Atlas. Prix : 90 fr.
— Grand papier vélin . . . . 130 fr.

MÉMOIRES DE NAPOLÉON,

ÉCRITS À SAINTE-HÉLÈNE SOUS SA DICTÉE, ET PUBLIÉS PAR LE COMTE
DE MONTHOLON ET LE GÉNÉRAL GOURGAUD SUR LES MANUSCRITS
AUTOGRAPHES CORRIGÉS DE LA MAIN DE NAPOLÉON.

Huit volumes in-8°. Prix br. . . . . 60 fr.
Papier vélin 120

Napoléon est arrivé à Sainte-Hélène en 1815, il y a terminé
sa carrière le 5 mai 1821. Pendant les six dernières années de sa
vie, il s'est principalement occupé de la rédaction de ses Mémoires.
Nous déclarons qu'en les imprimant, nous avons eu sous les yeux
les Manuscrits autographes, entièrement corrigés de sa propre main.

Il les a dictés aux généraux qui ont partagé volontairement sa
captivité.

LE PREMIER VOLUME DES MÉMOIRES CONTIENT :

§ Ier. — SIÉGE DE TOULON. Premières opérations de l'armée d'Italie, en 1792.
» — Expédition de Sardaigne. — Toulon livré aux Anglais. — Plan d'attaque
adopté contre Toulon. — Siége et prise de la place. — Principes sur l'armement
des côtes. — Armement des côtes de la Méditerranée.—Prise de Saorgio. — Positions de l'armée française. — Napoléon accusé. — Combat du Caire. — Mon-
tenotte. — Napoléon se rend à Paris. — Kellermann, général en chef de l'armée
d'Italie. — Schérer. — Loano.

§ II. — DIX-HUIT BRUMAIRE. Arrivée de Napoléon en France. — Sensation
qu'elle produit. — Napoléon à Paris. —Les directeurs Roger-Ducos, Moulins,
Gohier, Siéyes. — Conduite de Napoléon. — Rœderer, Lucien et Joseph, Tal-
leyrand, Fouché, Réal. — État des partis; ils s'adressent tous à Napoléon. —
Barras — Napoléon d'accord avec Siéyes. —Esprit des troupes de la capitale. —
Dispositions adoptées pour le 18.—Journée du 18 brumaire.- Décret du Conseil
des Anciens qui transfère à Saint-Cloud le siége du corps-législatif. — Napoléon
à Saint-Cloud. — Ajournement des conseils à trois mois.

§ III. — CONSULS PROVISOIRES. — État de la capitale. — Proclamation de
Napoléon.- Première séance des Consuls. — Napoléon, président.- Ministère;
divers changements. —Maret, Dubois-Crancé, Robert-Lindet, Gaudin, Reinhart,
Forfait, Laplace.—Premiers actes des Consuls. — Honneurs funèbres rendus au
pape. — Naufragés de Calais, Nappertandy, Blackwell. — Suppression de la
fête du 21 janvier.- Entrevue de deux agents royalistes avec Napoléon.—Vendée,
Châtillon, Bernier, d'Autichamp, Georges.- Pacification. Discussion sur la constitution. — Constitution. — Nomination des Consuls Cambacérès, Lebrun.

§ IV. — ULM. — MOREAU. - Défauts des plans de campagne suivis en 1795,
1796, 1797. — Position des armées françaises en 1800. — Position des armées
autrichiennes. — Plan du premier consul; dispositions qu'il prend.— Ouverture
de la campagne. —Bataille d'Engen. — Bataille de Moskirch. — Bataille de Bi-
berach.- Manœuvres et combats autour d'Ulm. — Kray quitte Ulm. Prise de
Munich. Combat de Neubourg. — Armistice de Parsdorf, le 15 juillet 1800. —
Remarques critiques.

§ V. — GÈNES. —MASSÉNA. — Positions respectives des armées d'Italie. —
Gènes. — Melas coupe en deux l'armée française. - Masséna cherche à rétablir
ses communications avec sa gauche. Blocus de Gènes. — Masséna cherche à
faire lever le blocus. - Masséna, pressé par la famine, entre en négociation

— Venise. — Négociations en 1797. — Journée du 18 fructidor. — Paix de Campo-Formio. — Paris. — Observations sur les opérations militaires des campagnes de 1796 et 1797 en Italie. — Variantes. — Pièces justificatives ; quatrième section : instructions de Napoléon pour la publication de ses mémoires sur la guerre d'Italie.

LE CINQUIÈME VOLUME DES MÉMOIRES CONTIENT :

Précis des guerres du maréchal de Turenne. — Précis des guerres de Frédéric II. — Pièces justificatives.

LE SIXIÈME VOLUME DES MÉMOIRES CONTIENT :

Situation politique de l'Europe en 1798. — Politique du Directoire. — Administration intérieure du Directoire. — Vendée. — Seconde coalition contre la France. — Table des pièces justificatives des guerres d'Italie.

LAS CASES (le comte de). Mémorial de Sainte-Hélène, ou journal où se trouve consigné jour par jour ce qu'a fait et dit Napoléon pendant 18 mois. 8 vol. in-8°. Prix, br............... 56 fr.

HISTOIRE DE LA RÉVOLUTION FRANÇAISE,

depuis 1789 jusqu'en 1814 ; par F. A. MIGNET.

Quatrième édition. Deux vol. in-8°, avec une planche gravée, représentant la constitution Syeyes. Prix br. 14 fr.

Ce livre manquait entièrement. Il existe beaucoup d'ouvrages sur la révolution ; mais quoiqu'ils soient tous très-volumineux, aucun ne l'embrasse dans son ensemble et ne la conduit jusqu'en 1814. On attendait depuis long-temps un livre qui renfermât, en deux volumes, cette période de vingt-cinq années, et qui en donnât une connaissance complète. C'est le but qu'on s'est proposé dans cet ouvrage. L'auteur a pris la révolution à son début ; il en a suivi et expliqué clairement la marche, fait connaître les divers acteurs, raconte avec détail les principales scènes, et il a fixé le caractère et les résultats de cette grande crise. Il a ainsi mêlé aux appréciations philosophiques le récit animé des événements, et il a fait voir la révolution en même temps qu'il l'a jugée. Outre les matériaux abondants qu'on a publiés depuis peu et auxquels il a eu recours, il a reçu de précieuses communications, qui lui ont permis de répandre du jour sur des parties de la révolution encore peu connues. Ce livre a été fait avec un grand esprit de vérité. Il met, par son format et par son prix, l'histoire d'une époque qui intéresse la France entière, à la portée de tous les lecteurs.

L'ABBÉ DE MONTGAILLARD,

Revue chronologique de l'Histoire de France, depuis la convocation des Notables jusqu'au départ des troupes étrangères, 1787—1818. *Seconde édition*, revue et augmentée, grand in-8° d'environ mille pages en petit caractère, papier satiné, prix.. 13 fr.

Cette édition est la seule authentique, elle a été publiée par l'auteur de son vivant. Rien ne garantit l'authenticité de ce qu'on a ajouté dans l'édition après sa mort. En vertu des traités existants entre l'auteur et MM. Didot, dont les héritiers ont eu connaissance, l'édition qui a paru chez Moutardier, qui est pour le moins un plagiat, n'aurait point dû être publiée.

L'auteur a eu l'intention de réunir dans cet ouvrage à l'exactitude dans les dates l'authenticité dans les faits et l'impartialité dans les jugements, en suivant sans déviation les principes immuables, imprescriptibles, de la vraie morale et de l'exacte justice ; principes qui désavouent l'indulgence envers les individus qui ont sciemment et violemment blessé l'humanité, de quelques prétextes qu'ils se soient servis. La première édition s'était rapidement écoulée, et l'auteur a, de son vivant, beaucoup amélioré cette seconde édition ; elle est devenue un Manuel complet de la Révolution française, qui, présentant la série des événements jour par jour, devient ainsi un complément nécessaire à l'ouvrage de M. Mignet. La quantité de texte renfermé dans ce seul volume équivaudrait à quatre ou cinq volumes in-8° ordinaires.

OUVRAGES HISTORIQUES DE **C. LACRETELLE**, de l'Acad. française.

— **HISTOIRE DE FRANCE** pendant le 18ᵉ siècle, comprenant les dernières années de Louis XIV, la régence, les règnes de Louis XV et Louis XVI. cinquième édit., 6 vol. in-8°. Prix.............................. 30 fr.

— **HISTOIRE DE LA RÉVOLUTION FRANÇAISE**, 8 vol. in-8°. Prix. 56 fr.

— **HISTOIRE DE FRANCE** depuis la Restauration jusqu'en 1820, 4 vol. in-8°. Prix.............................. 28 fr.

— **HISTOIRE DE FRANCE** pendant les Guerres de la Religion, contenant les règnes de Henri II, François II, Charles IX, Henri III et Henri IV. 4 vol. in-8°. Prix.............................. 24 fr.

HISTOIRE DE LA RÉVOLUTION FRANÇAISE, par THIERS, 10 vol. in-8°. Paris, 1829. Prix.............. 70 fr.

DULAURE. — HISTOIRE DE PARIS, 3ᵉ édit., 10 vol. in-12, avec 85 planches et atlas. Prix........... 50 fr.

HISTOIRE DE FRANCE, depuis le 18 brumaire (novembre 1799) jusqu'à la paix de Tilsitt (juillet 1807), par M. BIGNON. 6 vol. in-8°. Paris, 1830. Prix.............. 48 fr.

P. DARU, de l'Acad. française. — HISTOIRE DE BRETAGNE, 3 vol. in-8°. (Paris 1827.)................ Prix : 18 fr.

Cette histoire attendue depuis long-temps, et à laquelle M. le comte Daru a apporté ce travail consciencieux qui fait vivre long-temps les ouvrages, aura surtout le mérite de présenter dans un cadre restreint l'histoire entière de cette province que la France et l'Angleterre se disputèrent si long-temps. Les faits y sont exposés d'une manière succincte, et plusieurs points importants, et des plus contestés de notre histoire, y sont éclaircis par de savantes dissertations.

DAUNOU, membre de l'Institut. — OBSERVATIONS sur l'Histoire de Bretagne de M. Daru, in-8°. Prix.............. 2 fr.

Nous transcrivons ici le jugement qu'a porté dans le Journal des Savants ce savant académicien sur l'histoire de Bretagne de M. DARU.

« Cette histoire de Bretagne peut paraître peu volumineuse lorsqu'on la compare à celles de Lobineau, de Morice et de Taillandier : elle en contient réellement toute la substance, et y joint un grand nombre de recherches et d'observations nouvelles. Il est fort aisé d'en louer en peu de mots le style, la méthode et l'exactitude, et l'on n'a point à craindre qu'elle ne justifie pas ces éloges; mais s'il fallait montrer combien cet ouvrage jette de lumières sur les annales, non-seulement d'une province, mais de la France entière et d'une partie de l'Europe en certains siècles, un tel examen nous entraînerait trop loin.... » p. 20.

« Les plus mémorables événements militaires y sont racontés sans les détails superflus qui usurpent tant d'espace en beaucoup de livres. L'auteur a saisi les occasions de prendre les mœurs, de décrire les usages, autant que les témoignages et les monuments lui en fournissent les moyens. Tout en profitant de plusieurs historiens modernes, il s'est prescrit de remonter à toutes les sources accessibles; et l'on doit des éloges à la critique savante et judicieuse avec laquelle il a su vérifier et choisir les matériaux qu'il a employés.... » p. 34.

*HISTOIRE D'OLIVIER DE CLISSON,

CONNÉTABLE DE FRANCE,

PAR M. DE LA **FONTENELLE DE VAUDORÉ**, conseiller à la Cour royale de Poitiers. 2 vol. in-8°. Paris 1826. Prix : 12 fr.

Cet ouvrage, écrit en grande partie d'après des documents manuscrits, remplit une lacune importante dans l'histoire du moyen âge, et vient, par un résumé des faits postérieurs, relatifs particulièrement à la Vendée, dont ils forment l'histoire, se rattacher aux événements de la révolution. Beaucoup d'écrivains se sont occupés de Bertrand-Duguesclin, et aucun jusqu'à présent n'avait songé à Olivier de Clisson, son frère d'armes, et son successeur dans la dignité de Connétable de France, qui rendit cet illustre guerrier célèbre encore comme homme d'état. Dans le récit d'une carrière si longue et si agitée on retrouve le charme de ces détails des mœurs des chroniques du XIV siècle, qui donne tant d'intérêt aux romans historiques publiés sur cette époque.

Ce livre doit surtout intéresser les femmes, puisqu'il est à remarquer qu'elles jouent un rôle principal dans les destinées de la Bretagne, surtout au siècle de ce Connétable, surnommé le *Boucher* par les Anglais. Que d'héroïsme dans cette Jeanne de Belleville, mère de Clisson, dont l'amour conjugal changea les larmes ordinaires de la douleur en de chevaleresques entreprises contre son souverain, à qui elle devait son veuvage prématuré! Que de grandeur d'âme dans ces deux princesses Jeanne de Flandre et Jeanne de Penthièvre, qui, privées de leurs époux, devinrent chefs de partis dans une lutte mémorable (la guerre de la Succession), et surent régner avec gloire, combattre avec courage, et négocier avec habileté!

MERMET. Histoire de la ville de Vienne, durant l'époque gauloise et la domination romaine dans l'Allobrogie, contenant une Notice sur l'Allobrogie; la traduction d'une histoire inédite de Vienne, sous les douze Césars, par Trébonius Rufinus, sénateur et ancien duumvir de ladite ville; et une chronique des Gaules, jusqu'en l'an 438 de l'ère chrétienne. 1 vol. in-8. Prix. 7 fr. 50 c.

VALORI (le comte de). Journal militaire de Henri IV, 1 vol. in-8°, orné de dessins lithographiés et *fac-simile*, prix...   6 fr.
Papier vélin. . . . .   12 fr.

Cet ouvrage, qui vient d'être publié, a été rédigé sur les mémoires manuscrits de la Bibliothèque royale, par M. Valori. Ce journal militaire a été recueilli et écrit par Guy d'Hermay, sous les yeux et d'après les souvenirs de Henri IV. Chaque relation de ce journal est accompagnée d'une pièce officielle ou dépêche du temps, ayant trait à l'époque. Ce journal n'a pas encore été publié; peu de pièces qui l'accompagnent l'ont été. On y a joint une collection curieuse de lettres inédites de ce grand roi. Enfin, tous les documents que renferme ce journal ont assez d'importance pour caractériser davantage, s'il se peut, les hautes qualités de Henri IV, et le faire encore mieux connaître, même après les Économies Royales de Sully.

M. le comte de Valori a fait précéder cet intéressant recueil d'un discours sur l'art militaire du temps.

MÉMOIRES DES NÉGOCIATIONS DU MARQUIS DE VA-LORI, ambassadeur de France à la cour de Berlin. 2 volumes in-8°, avec des *fac-simile* de l'écriture du grand Frédéric, accompagnés d'un Recueil de Lettres de FRÉDÉRIC-LE-GRAND, des Princes ses frères, de VOLTAIRE, et des plus illustres personnages du XVIIIᵉ siècle; précédés d'une Notice historique sur la vie de l'auteur. Prix. . . . . 12 fr.

On sait que M. de Valori, deux fois ambassadeur à Berlin, où il résida onze années, était dans l'intimité du grand Frédéric et de toute la famille royale. Voltaire, dans sa correspondance avec le roi de Prusse, parle de M. de VALORI dans les termes les plus flatteurs.

Ces mémoires sont divisés en trois parties bien distinctes, savoir: 1° Les premières campagnes de Frédéric; 2° La plus belle époque militaire de la vie de ce grand prince; 3° La mission du marquis de Valori à la cour de Hanovre, et celle qui précéda son retour en 1756, où finissent ses négociations.

Un recueil de lettres écrites à M. de VALORI par Frédéric, les princes ses frères, Charles VII, Stanislas, le prince de Conti, le maréchal de Belle-Isle, Voltaire, etc. est joint à ces mémoires.

OEUVRES COMPLÈTES DE VOLNEY.

Seconde édit. 8 vol. in-8°, avec cartes et planches. Prix, br. 56 fr.

La première édition, publiée peu de temps après la mort de l'auteur, a été promptement épuisée; la seconde a été mise en vente en 1825-1826.

VOYAGE EN ÉGYPTE ET EN SYRIE,

2 volumes in-8°, avec pl. Paris, 1825. Prix....... 16 fr.

LES RUINES,

Ou Méditations sur les Révolutions des Empires, suivies de la Loi Naturelle. Par le même. 1 vol. in-8°. Prix......... .... 8 fr.

*L'ALPHABET EUROPÉEN

appliqué aux langues asiatiques, ouvrage élémentaire, utile à tout voyageur en Asie; par le même. 1 vol. in-8°. Paris, 1819. 6 fr.

*L'HÉBREU SIMPLIFIÉ

par la méthode alphabétique; par le même. 1 vol. in-8°; Paris, 1820. Prix..................................... 4 fr.

RICHE. VOYAGE AUX RUINES DE BABYLONE. Traduit par M. RAYMOND, ancien consul à Bassora, qui a joint au bas de chaque page les observations qu'il a été à même de faire pendant sa longue résidence à Bagdad; des notes et une dissertation sur le Palla-Copas sont placées à la fin de l'ouvrage. 1 vol. in-8°, avec 6 planches. Prix.. 4 fr. 50 c.

*MARCELLUS (Le comte de). VOYAGE DANS LES HAUTES-PYRÉNÉES, 1 vol. in-18. Paris, 1826. Prix, broché..... 2 f. 50 c.

*L'ART DE VERIFIER LES DATES.

Par les religieux bénédictins et par une société de savants et d'hommes de lettres.

Les savants bénédictins de la congrégation de Saint-Maur ont, dans trois éditions successives, amélioré le grand ouvrage intitulé: l'Art de vérifier les dates, et en ont fait une véritable histoire universelle. Le succès toujours croissant de cet ouvrage les avait engagés à en préparer une quatrième édition. Leur manuscrit et les matériaux qu'ils avaient préparés ont été mis à profit, et l'ensemble de tout l'ouvrage s'est beaucoup amélioré par les soins du nouvel éditeur; mais il fallait continuer le récit des événements depuis 1770 jusqu'à nos jours. Cette histoire plus difficile est aussi plus intéressante; les derniers événements dont nous avons été les témoins, offrant le spectacle le plus grand et le plus curieux que l'histoire de l'Europe puisse nous présenter depuis qu'elle est connue. Un seul homme n'aurait pu y suffire. Une société s'en est chargée.

L'ouvrage entier se compose ainsi qu'il suit:

Première partie. Temps antérieurs à l'ère chrétienne, cinq volumes in-8°, formant un volume in-folio ou un volume in-4°.

Seconde partie. Depuis l'ère chrétienne jusqu'à l'année 1770, dix-huit volumes in-8°, ou cinq volumes in-4°.

Troisième partie. De 1770 à 1826, douze volumes in-8°, formant trois volumes in-folio ou cinq volumes in-4°.

CONDITIONS DE LA SOUSCRIPTION.

Le prix de chaque vol. in-8° est de...................... 7 fr.
                          in-4°.............................. 15
                          in-folio........................... 25

Les rédacteurs de la continuation de l'ART DE VÉRIFIER LES DATES sont MM. Lacretelle jeune, de l'Académie française; Eyriès, de Marchangy, Depping, Base, de l'Académie des inscriptions et belles-lettres; Saint-Martin, Abel de Rémusat et Walckenaer, tous trois de la même Académie; Hippolyte de la Porte, Hyacinthe Audiffret, le marquis de Châteaugiron, Dezos de la Roquette, Benjamin Guérard, l'abbé de la Bouderie, D. B. Warden, Billy, de Courcelles et Trémisot.

L'Atlas de M. Brué peut se joindre à l'ouvrage.

PRÉCIS HISTORIQUE
DE LA TRAITE DES NOIRS,
ET DE L'ESCLAVAGE COLONIAL,

1 vol. in-8°. Paris, 1828. Prix br.   7 fr.

contenant l'origine de la traite, ses progrès, son état actuel et un exposé des horreurs produites par le despotisme des colons. Ouvrage dans lequel on prouve qu'on a exporté des côtes d'Afrique, depuis 1814 jusqu'à présent, plus de sept cent mille esclaves, dont un grand nombre sous pavillon français; orné des portraits de MM. Bissette, Fabien et Volny. Par M. J. MORÉNAS, ex-employé au Sénégal, en qualité d'agriculteur botaniste et membre de la commission d'exploration attachée à cette colonie.

L'auteur, après avoir donné des renseignements nouveaux sur l'esclavage domestique des anciens peuples et sur celui qui existe encore en Asie, combat l'opinion générale qui attribue au célèbre Las-Casas l'invention de la traite, et il fait remonter l'origine de ce trafic jusqu'à la domination des Arabes en Espagne, plusieurs siècles avant l'époque de 1443, à laquelle on assigne communément l'introduction des premiers esclaves noirs à Lisbonne.

Il démontre par un grand nombre de faits, que la traite qui occasionne journellement une infinité de crimes, qui dépeuple l'Afrique sans accroître la population des colonies, est un commerce improductif et impolitique.

Cet ouvrage, rempli de détails propres à donner des idées nouvelles sur les mœurs et le caractère des noirs, que l'auteur a étudiés pendant plus de vingt ans qu'il a passés dans les différentes colonies de l'Asie, de l'Afrique et de l'Amérique, contient la législation des différents peuples contre la traite, et indique l'époque à laquelle la Traite a été abolie dans chaque pays.

Les chapitres 27, 28, 29 et 30 renferment les derniers événements des colonies, et font connaître leur législation, composée d'ordonnances locales qui ont supprimé de fait les sages lois de Louis XIII, de Louis XIV et de Louis XVI.

Enfin cet ouvrage doit être considéré comme un résumé clair et précis de tout ce qu'on a publié de plus intéressant sur la traite et sur le régime colonial, soit en France, en Angleterre et ailleurs.

ŒUVRES COMPLÈTES DE FRÉRET,
SECRÉTAIRE PERPÉTUEL DE L'ACADÉMIE ROYALE DES
INSCRIPTIONS ET BELLES-LETTRES,

Mises dans un nouvel ordre, augmentées de plusieurs Mémoires inédits, et accompagnées de Notes et d'éclaircissements historiques; par M. CHAMPOLLION-FIGEAC, correspondant de la même Académie, de la Société royale de Gœttingue, etc.

8 volumes in-8°.

Les Œuvres de Fréret peuvent être considérées comme les véritables fondements de l'histoire générale; les sujets nombreux qu'il a traités ont encore toute leur importance, et les résultats qu'il a tirés de ses recherches toute leur utilité. De nouveaux travaux et de nouveaux monuments ont pu ajouter aux vérités historiques que son génie sut dérober aux ténèbres de l'antiquité; mais ce qu'il a écrit sur l'histoire, les usages ou les opinions de tel peuple anciennement illustre, est encore justement rangé dans les travaux des modernes, parmi ce qu'il y a de mieux pensé, de plus solidement écrit; et la lecture de ses nombreux ouvrages montre bientôt que le titre le plus spécial, le plus concis, n'est ordinairement que le frontispice modeste d'un immense édifice où l'ensemble de son sujet est renfermé dans tous ses détails, et qu'en traitant d'une seule institution, même secondaire, chez une nation, il sait y ramener naturellement toutes celles qui se rapportent à sa religion, à son gouvernement et à ses mœurs générales. Il pénètre ainsi dans le chaos de l'ordre social ancien, il en démêle avec sagacité les éléments divers, et il les classe avec cette méthode sévère qui est la véritable clef de bien des énigmes historiques : méthode qui fut le caractère principal de l'esprit de Fréret.

Fréret joignit à l'érudition la plus vaste un esprit très-philosophique, et il porta ce double flambeau dans toutes ses recherches sur l'antiquité, réunissant par-là en lui seul le laborieux érudit qui recueille les faits authentiques, le sévère logicien qui les combine avec méthode, et l'écrivain habile qui sait plier à toutes ses formes littéraires les plus profondes recherches de la critique historique. Aussi ses ouvrages ont-ils conservé tout leur crédit, et sa renommée tout son éclat. Au sein même de l'illustre compagnie à laquelle il voua son existence entière, son nom est encore prononcé avec respect et invoqué avec succès. Fréret fut un des hommes dont la France doit le plus s'enorgueillir ; il a fait école dans l'Europe savante, il a rendu aux sciences historiques le même service qu'Hippocrate rendit autrefois aux sciences naturelles : il nous a enseigné à bien apprendre au moyen de la critique méthodique des faits.

Les ouvrages de Fréret embrassent toute l'histoire ancienne, celle de l'Asie, de l'Égypte, de notre vieille Europe et de tous les peuples qui ont paru avec quelque éclat sur la scène du monde, considérés dans leurs religions, leurs langues, leurs institutions publiques, ou les principaux événements qui, en les illustrant, ont fourni à l'histoire générale quelques jalons chronologiques ; et c'est à ces jalons que viennent se rattacher, dans l'ordre des temps, d'autres faits importants qui, sans ces lieux communs, seraient encore ensevelis dans le vague des époques inconnues. Ailleurs, il s'avance dans un autre monde, celui des doctrines philosophiques ; après l'histoire des empires, il s'essaie à celle de l'esprit humain et des opinions qui furent le résultat de ses efforts pour généraliser les faits observés, et en déduire le véritable enchaînement des choses. Ses *observations générales sur la philosophie ancienne* offrent encore, d'après le sentiment d'un bon juge, M. de Gérando, « un guide et un modèle à ceux qui entreprennent ces études » ; ses recherches sur *Pythagore et Protagoras*, sur *Socrate et les causes de sa condamnation*, n'ont rien perdu, par le temps, de leur mérite réel.

Ainsi la collection complète des ouvrages de Fréret peut être considérée comme une entreprise utile à la fois à la gloire littéraire de la France et à l'avancement des études historiques.

Il existe déjà deux éditions qui portent le nom de Fréret ; mais la première, de 1792, en cinq volumes, ne contient, à très-peu de choses près, que des ouvrages apocryphes, pas un seul des grands travaux de Fréret sur l'histoire, et a été faite dans un but qui n'avait rien de bien direct à l'avancement des lettres ; la seconde, 1796, vingt volumes petit in-12, ne renferme pas même tous les mémoires de Fréret imprimés à cette époque ; plusieurs morceaux publiés dans les journaux littéraires du temps y ont été oubliés ; enfin les ouvrages importants, surtout pour l'histoire de France, qui étaient alors *inédits*, le sont encore aujourd'hui.

Ils seront tous réunis dans la nouvelle édition ; toutes les sources ont été consultées, *et tous les manuscrits de Fréret mis à la disposition du nouvel éditeur*. Les divisions principales, qui contiendront tous les ouvrages authentiques de Fréret, portent pour titre : HISTOIRE GÉNÉRALE, ASIE (Histoire sainte, Inde, Chine, Perse, Ninive et Babylone, etc.), ÉGYPTE, GRÈCE (Chronologie, Histoire, Religion, etc.), ROME (Chronologie, Histoire et Géographie), DIVERS PEUPLES ANCIENS DE L'EUROPE (Italiotes, Simosériens, Hyperboréens, etc.), GAULE, (Géographie, Religion, etc.), FRANCE (Origines, États généraux, Finances, etc.), PHILOSOPHIE (Philosophie des anciens, Socrate, Protagoras, etc.). MÉLANGES (Éloges, et pièces diverses). Chacune de ces divisions sera enrichie de quelques mémoires *omis* dans l'édition de 1796, ou encore *inédits*, et parmi ces derniers nous ne citerons ici que les *Recherches relatives à la chronologie romaine*, le mémoire *sur l'origine des Francs et leur établissement dans les Gaules*, conforme aux deux manuscrits originaux, le traité sur les *états généraux* et sur les *finances, leur origine et leur administration en France*.

Quelquefois un ouvrage de Fréret se rapporte à celui d'un autre écrivain dont il rectifie ou développe les opinions : ce qui a obligé l'éditeur d'y joindre alors des *avertissements* et quelques *notes* dans le courant du texte, pour suppléer à leur intelligence. Enfin, si d'autres recherches ou d'autres monuments publiés depuis la mort de Fréret, et cela est arrivé surtout pour l'Asie et pour l'Égypte, ont modifié ses propres opinions, des *éclaircissements historiques* mis à la suite de son mémoire en avertiront le lecteur, qui aura ainsi sous les yeux, avec les travaux complets de l'illustre académicien, l'analyse de ceux qui, venus après les siens, peuvent les mettre au niveau actuel des connaissances historiques.

Des cartes seront jointes aux mémoires qui en exigent; l'indication des auteurs originaux, supprimée ou habituellement inexacte dans l'édition de 1796, la date de chaque ouvrage, généralement omise, les textes et les nombres, quelquefois altérés, seront soigneusement rétablis dans la nouvelle édition; elle sera précédée d'une notice sur la vie et les ouvrages de Fréret. Une *table générale*, par ordre alphabétique, terminera l'ouvrage et indiquera, avec toute l'exactitude possible, les passages relatifs au même fait historique ou au même personnage.

Tel est le travail entrepris par le nouvel éditeur, M. Champollion Figeac, correspondant de l'Académie royale des inscriptions et belles-lettres, l'un de nos savants les plus versés dans les recherches historiques, chronologiques et monumentales. M. Champollion le jeune, auquel on doit la découverte de l'alphabet des hiéroglyphes, fournira aussi quelques éclaircissements sur la partie relative à l'histoire de l'Égypte et à celle de l'Asie, et M. Abel de Remusat, membre de l'Institut (Académie des inscriptions et belles-lettres), qui le premier a enfin soumis à l'analyse et à la pratique les plus lumineuses la langue, les écritures et l'histoire de la Chine, a bien voulu se charger d'ajouter quelques notes et quelques éclaircissements aux travaux de Fréret relatifs à ce peuple célèbre. Ces additions importantes, et la sévère correction du texte, doivent faire des *Œuvres complètes de Fréret* un ouvrage utile et agréable aux savants et aux hommes du monde.

Conditions de la Souscription.

L'ouvrage sera composé de 8 volumes in-8°.
Le prix de la souscription est fixé à 7 fr. 50 c. le volume broché
Le premier volume est en vente.

Traités divers.

DARU. — **NOTIONS STATISTIQUES SUR LA LIBRAIRIE FRANÇAISE**, 1 vol. in-4°, (Paris 1827.)   Prix : 4 fr. 50 c.

Les produits de l'intelligence humaine, sortis chaque année des presses françaises depuis 1811 jusqu'à 1826, sont classés dans des tableaux par ordre de matières. A ce précieux travail est joint un aperçu sur l'importance commerciale et industrielle de la fabrication des livres, depuis le chiffonnier jusqu'au littérateur.

PAIN. PREMIÈRE GRAMMAIRE FRANÇAISE PROPREMENT DITE, dans laquelle tout ce qui constitue la connaissance de cette langue est enseigné à la fois, d'après une Théorie raisonnée, fondée sur l'analyse et sur des règles courtes, peu nombreuses et aussi faciles à concevoir qu'à mettre en usage par la plus tardive intelligence. 1 vol. in-8°; Paris, 1822. Prix, broché...... 4 f.

ABRÉGÉ ÉLÉMENTAIRE DE GÉOGRAPHIE PHYSIQUE, par M. le Cᵗᵉ de O'Hier de Grandpré, ancien capitaine des vaisseaux du roi, chevalier de l'ordre royal et militaire de S.-Louis, membre de la société de géographie de Paris, et de la société royale des antiquaires de France, 1 fort volume in-8°, avec six planches. Prix, br........................ 8 fr.

Cet ouvrage a obtenu les succès les plus flatteurs. l'Institut n'a pas dédaigné de faire un rapport sur un livre qui explique avec clarté le système du monde et qui fait connaître l'état physique de notre globe d'après les meilleures autorités anciennes et modernes. La jeunesse trouvera dans cet ouvrage des recherches toutes faites sur la minéralogie, les volcans, les retraites des mers, et sur une foule de sujets qui lui épargnent une grande perte de temps.

MALTEBRUN. Dictionnaire géographique portatif, contenant la description générale et particulière des cinq parties du monde connu, revu avec soin et précédé d'un Vocabulaire de mots génériques servant à expliquer le sens des noms géographiques les plus importants dans les principales langues. Cet ouvrage est augmenté de plus de 20,000 articles qui ne se trouvent dans aucune édition des Dictionnaires dits de Vosgien, par MM. Friéville et Félix Lallemant. 2 vol. in-16. Prix br. . . . . 9 f.
— Cartonné en un volume. 10 f. 50 c.

BRUN. — MANUEL TYPOGRAPHIQUE.

Un vol. gr. in-18. . . . . 5 fr.
Contenant des instructions pratiques sur les travaux de l'imprimerie; des tables du nombre de mille de lettres qui entrent dans la composition d'une feuille, de tous les formats et sur toutes les justifications; les différents prix de ces mille; des plans de nouvelles impositions très-usitées et non encore publiées; le mode de plture d'après ces impositions; un protocole de corrections très-détaillé; un tableau synoptique de tous les parangonnages; un tarif de la quantité de papier à delivrer, selon le nombre et le format des ouvrages; des modèles de casses, française, grecque moderne, anglaise, ronde, etc.; et diverses autres instructions, utiles non-seulement aux ouvriers compositeurs, imprimeurs, relieurs, et autres employés d'une imprimerie, mais encore aux libraires, éditeurs, gens de lettres, correcteurs, écrivains calligraphes, etc.

LETRONNE. Considérations générales sur l'évaluation des Monnaies grecques et romaines. 1 vol. in-4°, prix. . . . . 4 fr.
Cet ouvrage présente un résumé très-sommaire du système monétaire des Anciens.

RECHERCHES sur plusieurs points de L'ASTRONOMIE ÉGYPTIENNE; appliquées aux monuments astronomiques trouvés en Égypte, par M. BIOT, membre de l'Institut, etc.; 1 vol. in-8°, avec 4 planches lithographiées, dont deux grandes représentant le zodiaque de Denderah. Prix. . . . . 10 fr.

ESSAI SUR LA CRYPTOGAMIE,
DES ÉCORCES EXOTIQUES OFFICINALES,
Par FÉE, 1 volume grand in-4°, orné de 34 planches coloriées.
Prix cart. 12 fr.   Pap. vélin, avec fig. doubles, 84 fr.
Cet ouvrage, sur lequel l'Institut a fait un rapport très-brillant, contient plus de 130 espèces de plantes cryptogames nouvelles, décrites avec un soin minutieux.
Extrait du rapport de l'Institut. « La connaissance que nous avons prise de ce « travail a justifié l'idée que nous avions conçue de son mérite, et même de son « utilité pratique. Les botanistes et les pharmaciens l'accueilleront avec reconnais- « sance, etc. Nous pensons que l'ouvrage de M. Fée est digne de l'approbation de « l'Académie; et si nous n'en proposons pas l'insertion dans les Mémoires des sa- « vants étrangers, c'est que l'auteur doit le faire incessamment imprimer. »

MÉTHODE LICHÉNOGRAPHIQUE ET GENERA,
Ornée de quatre planches, dont trois coloriées, donnant les caractères des genres qui composent la famille des Lichens avec leurs détails grossis.
Par FÉE. Un vol. in-4°. Prix, 12 fr.

HISTOIRE NATURELLE DES POISSONS,

Ouvrage contenant plus de cinq mille espèces de ces animaux, décrites d'après nature et distribuées conformément à leurs rapports d'organisation; avec des observations sur leur anatomie et des recherches critiques sur leur nomenclature ancienne et moderne, par M. le baron CUVIER, et par M. VALENCIENNES, aide-naturaliste au muséum royal d'histoire naturelle. 15 à 20 vol. in-8°, ou 8 à 10 vol. in-4°, sur papier carré superfin satiné et cavalier vélin.

Conditions de la souscription.

La publication se fera par livraisons d'un volume de texte, avec un cahier de 15 à 20 planches, excepté la première livraison, qui est de deux volumes. Les 3 premières sont en vente.

Le prix de chaque livraison d'un volume avec un cahier de 15 à 20 planches, sur papier carré superfin satiné, in-8°, est de..................... 13 f. 50 c.

Toutes les planches seront imprimées sur papier vélin; il en sera fait des exemplaires coloriés, pour lesquels le prix sera de 10 francs de plus par livraison.

BUFFON (Œuvres complètes de), mises en ordre et précédées d'une Notice historique, par A. Richard, professeur agrégé à la Faculté de Médecine de Paris, etc., suivies de deux volumes sur les progrès des Sciences physiques et naturelles, depuis la mort de Buffon jusqu'à ce jour, par M. le baron Cuvier, secrétaire perpétuel de l'Académie des Sciences. Paris, 1828, 32 vol. in-8°, et 32 cahiers de planches. Prix........ 176 fr.

DICTIONNAIRE CLASSIQUE D'HISTOIRE NATURELLE,

par MM. Audouin, Isidore Bourdon, Adolphe Brongniart, de Candolle, d'Audebard de Férussac, Deshayes, A. Desmoulins, Drapiez, Dumas, Edwards, Flourens, Geoffroy de Saint-Hilaire, Guérin, Guillemin, A. de Jussieu, Kunth, G. de Lafosse, Latreille, C. Prévost, A. Richard, Bory de Saint-Vincent.

Cet important ouvrage est composé de 16 volumes in-8°, et d'un Atlas de 150 planches coloriées. Prix............. 224 fr.

LEVAILLANT. Histoire naturelle des perroquets. 2 vol. in-fol. grand pap. vélin, contenant 144 planch. coloriées. Prix. 600 fr.

HISTOIRE GÉNÉRALE DES HYPOXYLONS,

DESCRIPTION DES GENRES ET DES ESPÈCES QUI FORMENT CETTE GRANDE TRIBU DE VÉGÉTAUX.

Et séparément en un volume,

HISTOIRE DES GRAPHIDÉES,

Par F. F. CHEVALLIER, docteur en médecine, membre de plusieurs Sociétés savantes.

Bulliard, en publiant son Herbier de la France, dont les champignons font partie, a rendu un grand service à la science. A cette époque, l'art de décrire les végétaux était peu avancé; les descriptions étaient vagues et sans précision; on réunissait plusieurs genres sous une même dénomination; on manquait de figures, ou bien celles qu'on avait gravées étaient inexactes et n'offraient aucun caractère distinctif.

C'est surtout dans la Cryptogamie, nous ne dirons pas tout entière, car il faut en excepter les mousses et les fougères, mais dans les *fungoïdes* des anciens que l'on s'aperçoit de ce vide. Le peu de gravures qu'ils nous ont laissées se trouvent si imparfaites, qu'elles ne font souvent que jeter une nouvelle confusion dans les citations où l'on s'en sert pour donner l'idée d'une espèce qui s'en rapproche.

Malgré la précision que nous cherchons à mettre actuellement dans nos descriptions, malgré les avantages que donnent la méthode et les progrès de la classification, au moyen desquels la science s'avance appuyée sur des fondements solides, les figures coloriées deviennent indispensables pour l'étude de plusieurs grandes divisions de la Cryptogamie, dont les individus sont d'une conservation difficile et susceptibles d'être altérés par le temps.

Nous nous sommes imposé la tâche difficile de publier tous les genres et les diverses espèces de la tribu des Hypoxylons, les trois grandes divisions du genre *Opegrapha*, accompagnées des détails vus au microscope. Nous y mettrons tout le soin que demande un travail aussi minutieux, et dont nous possédons tous les matériaux.

Nous espérons que cet ouvrage neuf, qui manque à la botanique, et sur lequel on n'avait point eu jusqu'ici de figures détaillées, sera bien accueilli des personnes qui s'intéressent aux progrès de la Cryptogamie. Il leur deviendra aussi indispensable que celui de Bulliard.

Conditions de la souscription.

Cet ouvrage formera vingt livraisons; les cinq premières sont en vente. Le prix de chaque livraison, contenant environ cinq feuilles de texte, et cinq planches gravées en taille-douce et coloriées avec la plus grande exactitude, est de 9 francs.

***PLANTES DE LA FRANCE**, décrites et peintes d'après nature par M. Jaume Saint-Hilaire. Dix volumes grand in-8°, contenant mille planches, imprimées en couleur et retouchées au pinceau.

NOUVELLE SOUSCRIPTION.

Pour en faciliter l'acquisition et le mettre à la portée de toutes les fortunes, cet ouvrage paraîtra par livraisons de six planches et du texte nécessaire pour donner l'histoire, la culture et les usages des plantes figurées.

Chaque livraison, sur pap. jésus gr. in-8°, est du prix de . . . . 2 fr. 75 c.

Idem, sur pap. vélin, in-4°. de 5

Quarante livraisons sont en vente.

***LA FLORE ET LA POMONE FRANÇAISES**, ou Description, Histoire et Culture des fleurs et des fruits de France, par M. Jaume St.-Hilaire; ouvrage orné de figures peintes d'après nature, imprimées en couleur et retouchées au pinceau, faisant suite et complément de la Collection des plantes de la France.

Cette Collection sera de 800 planches, et contiendra l'histoire et la figure de 12 à 1,500 espèces, ou variétés remarquables de fleurs ou de fruits.

Chaque livraison, sur papier jésus, grand in-8°, est du prix de . . . 2 fr. 75 c.

Idem sur papier vélin, in-4° 5

Les quarante premières sont en vente.

JAUME SAINT-HILAIRE. Traité des arbrisseaux et des arbustes cultivés en France et en pleine terre, précédé d'une instruction sur la culture des arbres et des arbrisseaux par THOUIN, et orné de figures imprimées en couleur et retouchées au pinceau. 2 vol. grand in-8°, contenant 176 planches. Prix . . . . 100 fr.

— Le même ouvrage, grand papier vélin. In-4°. Prix . . 150

Architecture, Beaux-arts, etc.

LES RUINES DE POMPÉI,

PAR M. F. MAZOIS, ET CONTINUÉ PAR M. GAU, ARCHITECTE.
D'APRÈS LES DESSINS DE MM. MAZOIS ET GAU.

PRIX DE CHAQUE LIVRAISON :

Sur papier Colombier fin. . . . . 20 f.

Sur papier Colombier vélin . . . . 30 f.

Cet ouvrage sera composé de 34 livraisons.

Les 30 premières livraisons sont en vente : le premier volume se compose des 7 premières livraisons; le second, des livraisons 8 à 17; et les livraisons suivantes commencent les 3ème et 4ème parties. Prix, papier ordinaire, des 30 livraisons. 600 fr.

papier vélin. . . . . 900 fr.

On peut fournir les figures coloriées d'après les dessins originaux.

La ville de Pompéi, ensevelie sous les cendres du Vésuve l'an 79 de l'ère chrétienne, fut retrouvée presque intacte 1676 ans plus tard. Les édifices, endommagés seulement dans leurs parties supérieures, étaient du reste parfaitement conservés. Les stucs, les peintures, les mosaïques, avaient encore toute leur fraîcheur : les meubles, les ustensiles, les moindres objets, étaient demeurés à la place qu'ils occupaient seize siècles auparavant; le pain, le blé, les fruits, quoique desséchés ou légèrement calcinés, étaient encore reconnaissables ; enfin, l'on y retrouva même les corps de plusieurs personnes parées de leurs ornements comme a leur dernier jour, dans les attitudes où la mort les avait frappées. Cette découverte, qui promettait a-la-fois des modèles de tout genre aux Arts, des éclaircissements sur les points obscurs de la science de l'antiquité, des notions curieuses pour l'histoire de la vie privée des anciens, fit concevoir à l'Europe savante d'heureuses espérances qui n'ont pas été déçues. Pendant soixante-trois ans on a découvert successivement un grand nombre d'édifices de toute espèce, et une foule d'objets intéressants ; mais ces richesses scientifiques, en partie dispersées par la guerre, ou menacées déjà, par le temps, d'une destruction désormais irréparable, étaient restées long-temps inédites et comme perdues pour l'instruction du siècle, jusqu'au moment où parurent les premières livraisons des RUINES DE POMPÉI, car on n'avait pu jouir encore d'aucun ouvrage exact et complet sur les antiquités de Pompéi.

Un heureux concours de circonstances ayant permis a M. MAZOIS, architecte français, de dessiner, de mesurer les ruines de cette ville, il s'en est occupé constamment pendant douze années, et le public s'est empressé d'accueillir avec les encouragements les plus flatteurs le résultat de ses intéressants travaux.

Cet ouvrage comprend les découvertes faites depuis 1757 jusqu'en 1821, et est divisé en *cinq parties* : la première offre tout ce qui a rapport a la voie, aux tombeaux, aux portes et murailles de la ville ; la seconde traite des fontaines publiques, des rues et des habitations particulières; la troisième, du portique et particulièrement du forum; la quatrième, des temples; et la cinquième, des théâtres et de l'amphithéâtre. En tête de l'ouvrage se trouve une notice historique. Chaque livraison de six planches est accompagnée d'un texte explicatif, remarquable par le grand nombre d'observations faites sur les lieux, et les recherches archéologiques qu'il renferme. L'ouvrage sera terminé par le plan général de la ville, sur une grande échelle.

Les personnes qui n'ont pas encore souscrit seront libres de retirer partiellement, et de mois en mois, les livraisons déjà publiées. Elles recevront alors régulièrement une livraison à la fois jusqu'à l'entier achèvement de l'ouvrage.

POMPEI. Ouvrage le plus complet qui ait été publié en Angleterre, avec 90 planches gravées par Cooke. Le texte a été rédigé par Donaldson, architecte. 4 vol. petit in-folio, cartonné avec soin. Prix........ 400 fr.

Ce bel ouvrage contient les vues, détails et descriptions des monuments de Pompéi découverts jusqu'à l'an 1827. Plusieurs planches, représentant les peintures de l'intérieur des maisons, sont coloriées avec grand soin.

PLAN DE LA VILLE DE POMPEIA, par Antoine Bibent, architecte français, qui est parvenu à lever le plan de la ville de Pompéïa : on y voit son ancienne enceinte, tracée par ses murs encore subsistants, et les détails de toutes les parties qui ont été mises à découvert et fouillées. Cet ouvrage, fait à Pompéïa même, nous donne une idée exacte de la partie connue de cette ville, nous fait apprécier chaque édifice dans tous ses détails, et d'un seul coup-d'œil les harmonieuses proportions de l'ensemble. Le plan, qui est à l'échelle de trois millimètres pour mètre, forme un parallélogramme de quatre mètres sur deux mètres cinquante centimètres, contenant seize feuilles de papier grand-aigle. La feuille de réduction présente aussi les environs de Naples, afin qu'elle puisse servir d'itinéraire aux savants.

Plan général en 16 feuilles soigneusement assemblées. Prix : 120 fr
Le même, en un cahier de 8 feuilles, contenant les parties fouillées. 55
La réduction au quart en une seule feuille, contenant le plan général et la carte des environs de Naples.......................... 12

VUES DE LA TAMISE depuis sa source jusqu'à la mer, gravées par les frères Cooke, avec le plus grand soin. 1 vol. de texte et 1 vol. de planches.................... Prix 200 fr.

RESTAURATION
DES THERMES D'ANTONIN CARACALLA A ROME.
État actuel et restauration, présentée en 1826 à l'Institut de France, par M. ABEL BLOUET.

Mettant à profit les fouilles qui se faisaient à Rome aux Thermes de Caracalla, M. Blouet a consacré deux années pour exécuter ce grand travail qu'il publie aujourd'hui sous les auspices de l'Académie des Beaux-arts. Dans le rapport, extrêmement flatteur, que l'Académie a fait sur cet ouvrage, « Elle s'est félicitée de n'avoir que des éloges à donner à un travail aussi important, etc. »

Cet ouvrage, gravé au trait, imprimé sur papier grand-monde, a un format réduit au quart de ce même papier, c'est-à-dire de 20 pouces sur 15, afin de pouvoir être placé dans toutes les bibliothèques. Les planches de détail sont sur le quart du papier et les ensembles sur des demi-feuilles.

Il se compose de 9 planches doubles ou demi-feuilles ployées et de 6 planches simples ou quart de feuille, c'est-à-dire de 23 planches et du texte. Le prix est de
60 fr. papier ordinaire.
85 fr. papier vélin bon pour laver
300 fr. le même lavé et colorié.

*LE PALAIS DE SCAURUS,
ou Description d'une Maison romaine; fragment d'un voyage fait à Rome vers la fin de la république, par Mérovir, prince des Suèves. (par MAZOIS). Nouvelle édition, revue et corrigée. 1 vol. in-4°, avec planches. Pap. vélin. Prix br...... 25 fr.

ANTIQUITÉS DE LA NUBIE,
ou MONUMENTS INÉDITS DES BORDS DU NIL, situés entre la première et la seconde cataracte, par M. GAU, architecte.

Cet ouvrage, dont les dessins ont été exécutés avec la plus scrupuleuse vérité, et gravés à Paris avec le plus grand soin, se compose de 60 planches, et complète l'ouvrage de la Commission d'Égypte.

    Le prix de l'ouvrage complet sur jésus, papier fin, est de.......... 240 f

                papier vélin.................... 480 f.

ANCIENT UNEDITED MONUMENTS, BY JAMES MILLINGEN.

Ce Recueil est divisé en deux séries. La première, contenant la description des vases grecs, est accompagnée de 42 planches soigneusement coloriées. La seconde série contient des statues, bustes, bas-reliefs; on y trouve entre autres les Vénus de Capoue et de Milo.

    2 vol. grand in-4°, pap. vélin, fig. coloriées. Prix.................... 180 fr

COLLECTION
DE PORTRAITS DES FRANÇAIS CÉLÈBRES,

gravés sur acier d'après des originaux authentiques par les meilleurs graveurs français et anglais, et accompagnés de notices biographiques.

Ce recueil de portraits comparable aux Toquets, et supérieur à tout ce qui a paru depuis, est divisé en 5 séries; il se composera d'environ 200 portraits.

La première série (les littérateurs) est achevée et se compose de 50 portraits authentiques et pour la plupart inédits, accompagnés chacun d'une notice. Prix de ce volume cartonné.................... 45 fr.

    Épreuves avec la lettre sur papier de Chine.................... 55

    Avant la lettre.................... 75

    Prix de la livraison composée de 4 portraits et d'autant de notices biographiques

        Épreuves avant la lettre.................... 6 fr.

        Épreuves avec la lettre sur papier de Chine.. 4 f. 50 c.

        Épreuves sur papier vélin.................... 3 f. 50 c.

    Nota. Les portraits gravés se recommandent tous par une finesse d'exécution étonnante et la plus parfaite ressemblance.

PORTRAIT DE HENRI IV, d'après Gérard, et Percier pour les ornements, gravé par Muller, imprimé sur demi-jésus.

        Prix avant la lettre.................... 20 fr.

        Avec la lettre.................... 10

APOTHÉOSE ALLÉGORIQUE DE L'ENTRÉE D'HENRI IV A PARIS, d'après Gérard, gravée par Dupont, même grandeur que le portrait ci-dessus.

        Prix avant la lettre.................... 20 fr.

        Avec la lettre.................... 10

PORTRAIT DE NAPOLÉON dans son grand costume impérial, gravé par Raphaël Morghen. Prix.................... 12 fr.

VUES D'ITALIE ET DE SICILE par feu MICHALLON, lithographiées par VILLENEUVE, DEROY ET RENOUX.

    1 vol. in-f°, composé de 20 planches imprimées sur papier de Chine. 45 fr.

    en demi-reliure de Thouvenin.................... 60

Cet ouvrage est le plus remarquable que l'on ait publié sur l'Italie. C'est le meilleur modèle qui puisse être mis sous les yeux des personnes qui étudient le paysage.

VUES PITTORESQUES DE L'ÉCOSSE, dessinées d'après nature par Pernot, lithographiées par Bonington, Deroy, Joly, Villeneuve, et accompagnées d'un texte tiré en grande partie des ouvrages de Walter Scott

    1 vol. gr. in-4° de 12 livraisons. Le prix de chacune est :

        Sur papier de Chine, de.. 18 fr.

        Sur papier vélin.......... 13

LES CONTES DU GAY SCAVOIR, ou Recueil de Ballades. Fabliaux et traditions du moyen âge, publié par FERD. LANGLÉ, 1 vol. in-8°, orné de vignettes et fleurons, imités des manuscrits, par BONINGTON et MONNIER. Prix cart. (rare).   16 fr.

Ce volume, imprimé en caractères gothiques par Firmin Didot, avec les initiales ornées et coloriées, présente un *fac simile* des anciens manuscrits qui doit plaire autant aux bibliophiles sous le rapport de l'exécution qu'aux gens du monde par l'intérêt et la naïveté des récits qu'il renferme.

Le même ouvrage avec les vignettes et fleurons coloriés, imitant parfaitement les anciens manuscrits. Prix. . . . . 45 fr

L'HISTORIAL DU JONGLEUR,
CHRONIQUES ET LÉGENDES FRANÇAISES, ORNÉES D'INITIALES, VIGNETTES ET FLEURONS IMITÉS DES MANUSCRITS ORIGINAUX,

1 vol. in-8°, imprimé en gothique, cart. lettres coloriées. — 16 fr.
Le même, avec les vignettes, initiales et fleurons enluminés et dorés. 45 f.

10 exemp. avec vignettes dorées en relief mat et bruni. 120 fr.

Ouvrage des plus curieux, tant sous le rapport littéraire que sous celui de l'exécution typographique; gracieux *fac simile* de ces manuscrits du moyen âge, monuments de patience et d'imagination, où les religieux déposaient le fruit de longues études, l'*Historial du Jongleur* reproduit dans de charmantes vignettes les scènes et les costumes du temps : on y retrouve jusqu'à ces initiales enrichies de dessins et d'arabesques empruntés par le goût contemporain aux arts de l'Orient.

Les quatre Nouvelles dont il se compose, *le Droit de nopçage, le Jugement de Dieu, la Cour de Jussienne et le Vœu du faisan*, sont autant de drames historiques où revivent les mœurs, la politique et les superstitions du temps. Cette publication de MM. Langlé et Émile Morice doit avoir un succès de bibliothèque et de salon.   (Extrait de la Quotidienne.)

L'HYSTOIRE ET CRONIQUE DU PETIT JEHAN DE SAINTRÉ
ET DE LA JEUNE DAME DES BELLES COUSINES,

1 fort vol. in-8°, orné de vignettes, fleurons, etc., coloriés avec le plus grand soin, sur papier parcheminé fabriqué exprès. Tiré à 250 exemp. Prix cartonné. . . . . 60 fr.

Dans quelques exemplaires toutes les initiales, grandes et petites, ont été dorées en relief avec le plus grand soin, ainsi que les vignettes et ornements. Les grandes initiales sont au nombre de 96, et les petites capitales s'élèvent à plusieurs centaines. Le prix de ces exemplaires, reliés par Thouvenin, est de. . . . . 300 fr.

Cette édition, imprimée en gothique, d'après celle de 1523 devenue excessivement rare, a été collationnée sur les manuscrits de la Bibliothèque du Roi, et particulièrement sur celui de 1459.

On y a ajouté des observations critiques, historiques et chronologiques de l'édition de 1724, donnée par Gueulette, et un glossaire pour l'explication des mots maintenant inusités.

On a cru rendre un service aux littérateurs et aux bibliophiles en publiant le texte original défiguré par Tressan, du plus intéressant de nos romans du quinzième siècle, puisqu'il est le seul roman de mœurs de cette époque. Il servira d'étude à ceux qui veulent connaître nos anciens usages et l'ancienne littérature française. Il donne de plus une idée du luxe des livres du temps. Gérard de Nevers est le premier ouvrage qui sera publié.

Quelques exemplaires ont été imprimés sur beau papier vélin non parcheminé, et les vignettes et initiales n'en sont point coloriées. Prix. . . . . 25 fr

COLLECTION PUBLIÉE PAR M. CRAPELET.

Le pas d'armes de la Bergère, maintenu au tournoi de Tarascon, avec un précis de la chevalerie et des tournois, gr. in-8°, jésus vélin, avec miniature, cartonné. . . . . 17 fr

L'histoire du chatelain de Coucy et de la Dame de Fayel, publiée d'après le manuscrit de la Bibliothèque du Roi, avec notes historiques, fig. et fac-simile de l'écriture du manuscrit. 1 fort volume gr. in-8°. Jés. vélin, cart........ 25 fr.

Cérémonies des gages de Bataille, représentées en onze figures; gr. in-8°. Jésus vélin, cart... 20 fr.

Voyage bibliographique, archéologique et pittoresque en France, par Fr. Dibdin, traduit de l'anglais, avec des notes, 26 fig. gravées par Thompson, et fac-simile. 4 vol. in-8"... 36 fr.

Recherches sur les sources antiques de la Littérature française, par J. Berger de Xivrey, in-8°, p. d'Angoulême........................... 6 fr.

Mélanges tirés d'une petite bibliothèque, ou Variétés littéraires et philosophiques, par M. Ch. Nodier. in-8". pap. d'Angoulême.................. 7 fr.

Questions de littérature légale : du Plagiat, de la supposition d'auteurs, des supercheries qui ont rapport aux livres, par Ch. Nodier, 2". édit. in-8°. 4 f. 50 c.

Fables de La Fontaine, avec notes, et soixante-quinze charmantes figures, gravées sur bois par Godard (edition parisienne). 2 gros volumes in-32........ 7 fr.

VOYAGE EN ANGLETERRE,
PAR EUG. LAMI ET H. MONNIER.

Ce voyage, formant un volume petit in-folio, est divisé en livraisons. Leur nombre n'est pas encore fixé ; mais il ne dépassera pas de douze à quinze. Cette latitude parait indispensable pour placer dans l'ouvrage les nouveaux dessins dont l'enrichiront les auteurs pendant la nouvelle tournée qu'ils feront en Angleterre cette année.

Chaque livraison, composée de six planches coloriées, dont plusieurs sont doubles, et d'un texte explicatif, est de................................. 15 fr.

Les quatre premières livraisons sont en vente, et les autres se succéderont à peu près tous les mois.

*MONUMENTS INÉDITS D'ANTIQUITÉ FIGURÉE,
GRECQUE, ÉTRUSQUE ET ROMAINE,

Recueillis, pendant un voyage en Italie et en Sicile, dans les années 1826 et 1827, par M. RAOUL-ROCHETTE, 2 vol. in-fol. avec 200 planches.

Ce Recueil comprendra des monuments inédits de toute espèce, *statues, groupes, bas-reliefs, vases grecs, urnes etrusques, sarcophages romains, peintures antiques, medailles, pierres gravées, cistes et miroirs mystiques, amulettes, fragments,* monuments appartenants aux *Grecs,* aux *Étrusques* et aux *Romains.* Nous osons croire qu'il enrichira la science archéologique, aussi bien que l'histoire de l'art, d'un assez grand nombre de faits neufs et importants.

La plupart des planches seront lithographiées au simple trait, d'autres, terminées entièrement, suivant les cas ; quelques-unes enfin, et particulièrement les vignettes jointes au texte, gravées au burin. Le plus grand soin sera apporté à l'exécution de l'ouvrage, qui est confié à nos plus habiles dessinateurs. Il suffit, à cet égard, de nommer MM. Ingres, Granger, Dupré, Vauthier, etc.

L'ouvrage paraîtra en douze livraisons. Chacune de ces livraisons offrira une réunion à peu près complète de monuments *grecs, étrusques* et *romains,* relatifs à un même sujet, soit heroïque, soit mythologique, de manière à former, sur chacun de ces sujets, un ensemble de monuments qui donne lieu à des rapprochements utiles et à des parallèles intéressants, sous le rapport de l'art et sous celui de l'érudition.

Un *Discours général sur l'Antiquité* et sur les monuments inédits paraîtra avec la dernière livraison.

L'auteur présentera en outre des considérations nouvelles sur quelques monuments d'architecture antique, grecs ou romains, et sur l'âge et la destination de ces edifices, à l'aide d'inscriptions inédites, qu'il a découvertes ou recueillies sur les lieux.

Le prix de chaque livraison est de 16 francs 70 centimes, et celui de l'ouvrage entier, de 200 francs.

Il sera tiré *dix* exemplaires avec épreuves *sur papier de Chine,* dont le prix sera double.

Les quatre premières livraisons sont en vente.

QUATREMERE DE QUINCY.

MONUMENTS ET OUVRAGES D'ART ANTIQUES,

Restitués d'après les descriptions des écrivains grecs et latins,
et accompagnés de dissertations archéologiques.

2 vol. in-4°, avec planches, dont plusieurs coloriées, sur grand papier
vélin superfin. Paris, 1829. Prix.....   50 fr.

LE JUPITER OLYMPIEN,

OU L'ART DE LA STATUAIRE EN OR ET EN IVOIRE

CHEZ LES GRECS ET LES ROMAINS,

1 fort vol. grand in-f°, avec 34 planches coloriées. (rare.) Prix. 200 fr.
(tiré à 250 exemplaires seulement.)

Cet ouvrage traite de la sculpture, de la toreutique ou sculpture des métaux,
de la statuaire en or et en ivoire, des statues et colosses d'or et d'ivoire, de l'histoire de la sculpture chryséléphantine et des thrônes, des procédés économiques
des anciens pour employer l'ivoire dans leurs statues et colosses.

***TRAITÉ THÉORIQUE ET PRATIQUE DE L'ART DE
BATIR**, par RONDELET, nouvelle édition, formant 5 vol. in-4°,
imprimés sur papier grand raisin avec 200 planches. Les trois
premiers sont en vente. Prix de chaque volume...   25 fr.

***GALERIE DE LESUEUR, OU COLLECTION DE TABLEAUX**
Représentant les principaux traits de la vie de saint Bruno, fondateur de l'ordre
des chartreux, faisant suite au cours de peinture ou musée de feu M. Filhol;
dessinée et gravée par M. Georges Malbeste; accompagnée de sommaires explicatifs et de notices sur la vie de saint Bruno et sur celle de Lesueur, par
M. Charles Pougens. 1 vol. in-4° contenant 25 planches.   Prix 48 fr.

ANACRÉON, traduit par GIRODET, 1 vol. in-4°, avec 54 dessins
de Girodet gravés par CHATILLON, cartonné. Prix: 108 fr.

SAPPHO, BION, MOSCHUS. Recueil de compositions dessinées par
Girodet et gravées par M. Chatillon son élève; avec la traduction en vers
par Girodet, une notice sur la vie et les œuvres de Sappho, par M. Cou-
pin, 1 vol. in-4°, orné de 16 planches. Prix..............   80 fr.

LES MAUSOLÉES FRANÇAIS,

OU RECUEIL DES TOMBEAUX LES PLUS REMARQUABLES

Élevés dans le cimetière de Mont-Louis dit du Père Lachaise,
considérés sous le rapport de leur structure, de leurs épitaphes
et des personnages qu'ils renferment, avec des notices descrip-
tives et biographiques; par F. T. DE JOLIMONT.

L'éditeur a eu soin de conserver dans ses dessins l'aspect pittoresque que chacun de ces tombeaux a sur le lieu même, et a joint à chaque dessin une courte
description et des notices biographiques rédigées d'après les documents les plus
certains.

1 vol. in-4°, grand papier vélin, contenant cinquante-cinq gravures et leurs
notices. Prix...................................   60 f.

GALERIE française, ou Collection de portraits des hommes et des
femmes célèbres qui ont illustré la France, dans les XVI, XVII et
XVIII° siècles. Cet ouvrage se compose de 45 livraisons, chacune
de 4 portraits accompagnés de leurs notices, par les littérateurs
les plus distingués. Le tout forme 3 vol. in-4°, gr. pap. vél. 360 f.

LA HENRIADE PAR VOLTAIRE,

1 vol. petit in-folio; pap. vélin. Prix cart., 160 fr.

Cette édition, imprimée avec le plus grand soin à deux cents exemplaires seulement sur papier vélin superfin Montgolfier, et un exemplaire sur peau de vélin, a été mise en ordre par M. Daunou, membre de l'Institut, qui y a joint des notes inédites: elle est ornée de deux gravures, d'après M. Gérard, premier peintre du roi, exécutées par MM. Dupont et Muller.

C. CRISPI SALLUSTII OPERA,

Un volume grand in-folio, papier jésus, vélin superfin, tiré à cent exemplaires seulement, et un exemplaire sur peau de vélin. Prix cart. . . . . 100 fr.

Ce volume fait suite à la grande Collection dite *du Louvre*.

*LA CHINE,

MŒURS, USAGES, COSTUMES, ARTS ET MÉTIERS, PEINES CIVILES ET MILITAIRES, CÉRÉMONIES RELIGIEUSES, MONUMENTS ET PAYSAGES,

D'après les dessins originaux du P. *Castiglione*, du peintre chinois *Pu-Quà*, de *W. Alexandre, Chambers, Dadley*, etc.

Par MM. DEVERIA, RÉGNIER, SCHAAL, SCHMIT, VIDAL,

ET AUTRES ARTISTES CONNUS,

Avec des Notices explicatives et une Introduction présentant l'état actuel de l'empire chinois, sa statistique, son gouvernement, ses institutions, les cultes qu'il admet ou tolère, et les grands changements politiques qu'il a subis jusqu'à ce jour,

Par D. P. DE MALPIÈRE.

Cet ouvrage formera 3 vol. grand in-4°, papier vélin jésus, satiné: chaque volume sera composé de douze livraisons, quatorze au plus; et chaque livraison comprendra six lithographies, coloriées avec le plus grand soin.

Par souscription, frais de poste non compris. . . . . 12 fr.

Lorsque les souscripteurs seront au nombre de 800, les pierres seront effacées, et le prix des livraisons qui seraient restées en magasin sera porté à. . . 16 fr.

Les vingt-deux premières sont en vente.

Tous les journaux se sont accordés pour recommander cette magnifique entreprise, qui promet un ouvrage complet sur le plus ancien empire du monde.

*LE MUSÉE ROYAL, ou Recueil de gravures d'après les plus beaux tableaux, statues et bas-reliefs de la Collection royale, par Henri Laurent; avec Description des sujets, notices littéraires et Discours sur les arts.

2 vol. grand in-f°, pap. vélin. 1/2 rel. en maroquin. Exemplaire de choix, épreuves de souscription. . . . . 1,500 fr.

Le prix de souscription était de. 1,840

*VUES, PLANS, COUPES ET DÉTAILS DE LA CATHÉDRALE DE COLOGNE, par Sulpice Boisserée.

En mettant sous les yeux du public le résultat des travaux auxquels il a consacré plus de douze années, l'auteur essaie de résoudre le problème de l'origine du système de l'architecture des anciennes Cathédrales.

Ce magnifique ouvrage, consistant en vingt planches du plus grand format atlantique, exécutées par les plus habiles graveurs, paraîtra, ainsi que le texte, en cinq livraisons.

Chaque livraison sur papier fin, format grand-monde. . . . . 130 fr.

Sur pap. vélin des Vosges, gravures avant la lettre. . . . . 260 fr.

Sur papier de Chine . . . . 325 fr.

Les personnes qui désireraient des exemplaires coloriés devront en faire la
commande d'avance, il y aura pour ceux-ci un prix particulier.

Les trois premières livraisons sont en vente.

ARCHITECTURE ARABE,

ou Monuments du Kaire, dessinés et mesurés pendant les années
1820, 1821, 1822, par P. Coste, 1 vol. in-folio, contenant
74 Planches gravées au trait, et un Texte composé de l'explication de ces planches, de la description historique de chaque
Monument, et d'un Précis sur l'Histoire des califes d'Égypte.

Le prix de chaque livraison sur papier de France est de... 8 f.

Idem   de Hollande......... 10 f.

On pourra se charger de procurer quelques exemplaires ombrés et coloriés aux
personnes qui le désireraient.   La première livraison est en vente.

SAGGI PITTORICI-GEOGRAFFICI, STATISTICI, HIDRO-GRAFICI SULL EGITTO DISEGNATI E DESCRITTI da Segato e Masi.

Cet important ouvrage, qui nous fait connaître l'état de l'Égypte moderne sous
les rapports pittoresque, géographique, statistique, hydrographique, et nous
donne le cadastre de ces contrées sous le gouvernement de Mohamed Ali, offre
une grande garantie pour tous les faits qui y sont contenus, puisque M. Masi a été
chargé par le pacha de la direction des principaux travaux, et particulièrement de
l'exécution du canal qui amène le Nil à Alexandrie.

L'ouvrage sera achevé en 5 livraisons.

Les deux premières sont en vente. Prix de chacune..... .... 24 fr

'VOYAGE A ATHÈNES ET A CONSTANTINOPLE,

ou COLLECTION DE PORTRAITS, DE VUES ET DE COSTUMES GRECS ET OTTOMANS,

Peints sur les lieux, lithographiés et coloriés par Dupré.

L'ouvrage se composera de 10 livraisons sur demi-colombier.
Prix de chaque livraison coloriée...................... 25 fr.
Il en a déjà paru six.

On n'avait jusqu'à présent publié sur la Grèce que des images qui ne pouvaient
satisfaire les peintres ni les amis des arts. Les suffrages unanimes que cet ouvrage
a obtenus, et le soin scrupuleux avec lequel l'auteur le continue, le placent au
premier rang. On croit voir la nature elle-même.

'VUES PITTORESQUES

DES PRINCIPAUX CHATEAUX ET DES MAISONS DE PLAISANCE DES ENVIRONS DE PARIS ET DES DÉPARTEMENTS,

Lithographiées par MM. Bourgeois, Bouton, Bichebois, Ciceri, Daguerre,
Deroy, Enfantin et autres artistes, avec un texte historique et explicatif,
rédigé par M. A. Blancheton.

L'ouvrage est composé de 30 livraisons in-f°, contenant chacune cinq planches
avec leur texte.

Prix de chaque livraison......................... 15 fr.
Sur papier de Chine...................... 20 fr.

ARCHITECTURE ANTIQUE DE LA SICILE,
par HITTORF et ZANTH.

Ce grand ouvrage, le plus complet en ce genre qui ait été publié jusqu'à présent sur les monuments de la Sicile, formera 30 livraisons, chacune composée de 6 planches, dont plusieurs seront coloriées. Le volume de texte sera remis *gratis* aux souscripteurs.

Prix de chaque livraison sur colombier fin. . . . 10 fr.

Les six premières sont en vente.

'ARCHITECTURE MODERNE DE LA SICILE,

PAR LES MÊMES.

Cet ouvrage, qui complète la série des monuments de la Sicile depuis la plus haute antiquité jusqu'à nos jours, formera 18 livraisons.

Prix de chaque livraison. . . . . 5 fr.

Les dix-huit premières sont en vente.

Jurisprudence.

CORPS COMPLET DES CODES FRANÇAIS,

PAR UN MAGISTRAT QUI A CONCOURU A LA CONFECTION DES CODES.

IL SE COMPOSE :

1°. Des Cinq Codes.—TEXTE, MOTIFS et DISCOURS.—CONFÉRENCE DU CODE CIVIL, avec la DISCUSSION particulière du Conseil d'État et du Tribunat.—DU SUPPLÉMENT AU CODE CIVIL. 26 vol. in-12. . . . . 26 vol.

2°. DU SUPPLÉMENT AUX CINQ CODES. 8 v. in-12.   8 —

TOTAL. . . . . 34 vol. Prix 94 f.

On peut dire que cette Collection intéressante, l'unique qui existe en ce genre, forme l'ensemble le plus complet de notre législation. Les MOTIFS ET DISCOURS qui accompagnent le texte de chacun des Codes, en sont regardés comme le meilleur commentaire. Rien, en effet, n'est plus propre à révéler la pensée du législateur que les MOTIFS qu'il donne lui-même lors de la présentation de chaque projet de Loi. La CONFÉRENCE DU CODE CIVIL est un auxiliaire de plus, pour se pénétrer du véritable esprit des articles de ce Code. Ce Recueil, qui contient sur chaque article la DISCUSSION particulière du Conseil d'État et du Tribunat, est vraiment instructif et curieux. La publication du SUPPLÉMENT AU CODE CIVIL a été motivée par la nécessité de réunir en un seul Recueil celles des lois rendues depuis 1789, jusqu'au 1er avril 1814, qui sont encore en vigueur, et qui se rattachent au Code Civil. Éparses dans 80 volumes du Bulletin des Lois, leur recherche donnait souvent lieu à une perte de temps considérable. L'accueil favorable que cet ouvrage a reçu du public a donné à l'auteur l'idée de le continuer sous le titre de SUPPLÉMENT AUX CINQ CODES, et déjà il a renfermé, en 8 volumes in-12, toutes les lois et ordonnances rendues depuis le 1er avril 1814, jusqu'au 1er janvier 1820. Ce Recueil se recommande par son utilité ; rédigé d'après le plan des MOTIFS des Cinq Codes auxquels il fait naturellement suite, il est divisé en deux parties : la 1re contient le texte des Lois et Ordonnances dans l'ordre chronologique, avec des notes indicatives de la relation qu'elles peuvent avoir avec les lois antérieures ; la IIe partie se compose de l'EXPOSÉ des MOTIFS, des DISCOURS et OPINIONS prononcés dans les deux Chambres, sur chacune de ces lois. Chaque volume est terminé par une Table alphabétique rédigée avec le plus grand soin.

Ces divers ouvrages, qui forment le CORPS DU DROIT FRANÇAIS, se vendent néanmoins séparément, à l'exception du CODE CIVIL et MOTIFS, 12 vol., dont il ne reste que très-peu d'exemplaires, et sont divisés ainsi qu'il suit :

CODE CIVIL.

Tomes de la collection générale.	Tomes de chaque ouvrage en particulier.		Prix.
I.	I.	Texte du Code, avec numéros de renvoi aux Motifs et Discours....................	
II.	II.	Motifs et Discours. N° 1 à.... 24.....	
III.	III.	Id. — 25 à.... 39.....	
IV.	IV.	Id. — 40 à.... 58.....	
V.	V.	Id. — 59 à.... 69.....	
VI.	VI.	Id. — 70 à.... 99.....	f. c.
VII.	VII.	Id. — 100 à.... 131.....	33 "
VIII.	VIII.	Table des Matières....................	
IX.	IX.	Discussion de l'an X.....................	
X.	X.	Suite de la Discussion de l'an X....................	
XI.	XI.	Lois et Décrets depuis 1789 jusqu'à 1807........	
XII.	XII.	Lois et Décrets depuis 1807 jusqu'à 1814........	

CONFÉRENCE DU CODE CIVIL.

Tomes de la collection générale.	Tomes de chaque ouvrage en particulier.		Prix.
XIII.	I.	Discussion des Articles. N° 1 à.... 143.....	
XIV.	II.	Id. — 144 à.... 370.....	
XV.	III.	Id. — 371 à.... 710.....	
XVI.	IV.	Id. — 711 à.... 1100.....	22 "
XVII.	V.	Id. — 1101 à.... 1581.....	
XVIII.	VI.	Id. — 1582 à.... 2058.....	
XIX.	VII	Id. — 2059 à.... 2281.....	
XX.	VIII.	Table des Matières....................	

CODE DE PROCÉDURE CIVILE.

XXI.	I.	Texte du Code, avec numéros de renvoi aux Motifs et Discours....................	6 "
XXII.	II.	Motifs et Discours....................	

CODE DE COMMERCE.

XXIII.		Texte et Motifs.	2 75

CODE D'INSTRUCTION CRIMINELLE.

XXIV.		Texte et Motifs....................	2 75

CODE PÉNAL.

XXV.	I.	Texte du Code, avec numéros de renvoi aux Motifs et Discours....................	5 50
XVI.	II.	Motifs et Discours....................	

SUPPLÉMENT AUX CINQ CODES.

XXVII.	I.	1re *Partie*. Lois et ordonnances rendues en 1814, 1815 et 1816. — Texte....................	
XXVIII.	I.	2e *Partie*. Motifs, Discours et Opinions.....	
XXIX.	II.	Lois et ordonnances rendues en 1817. Texte, et Motifs....................	
XXX.	III.	Lois et ordonnances rendues en 1818. Texte et Motifs....................	f. c.
XXXI.	IV.	1re *Partie*. Lois et ordonnances rendues en 1819. Texte....................	22 "
XXXII	IV.	2e *Partie*. Motifs, Discours et Opinions.....	
XXXIII.	V.	1re *Partie*. Lois sur la Presse (1819). Texte, Conférence et Motifs.....	
XXXIV.	V.	2e *Partie*. Suite des Motifs....................	

CODE CIVIL,

Suivi des Motifs, Rapports, Opinions et Discours auxquels sa Discussion légis-
lative a donné lieu, d'une Table des matières, et de la Discussion qui a eu lieu en
l'an X, sur le titre préliminaire, et sur les deux premiers titres du premier livre
du Code. On y a joint le Supplément au Code civil, ou Collection raisonnée des
Lois et Décrets rendus depuis 1789, et qui se rattachent au Code civil, avec des
notes explicatives de la relation que ces lois ont entre elles ou avec le Code civil.
12 vol. in-12. Prix broché.................... 33 fr.

Les vol. ci-après se vendent séparément, savoir :
Le tome 1er contenant le texte du code civil................ 2 75 c.
Les tomes 9—10, contenant les discussions de l'an X.......... 5 50
Les tom. 11—12, supplément au Code civil.............. 5

A la marge de chaque article du Code sont cités le volume et la page des Motifs
et de la Conférence où se trouve la discussion qui le concerne; ces citations facilitent
les recherches qu'on aurait à faire dans l'un ou l'autre de ces deux recueils.

CONFÉRENCE DU CODE CIVIL,

Avec la discussion particulière du Conseil-d'État et du Tribunat, avant la rédaction définitive de chaque projet de loi, par un Jurisconsulte qui a concouru à
la confection du Code; suivie d'une Table des matières, qui renvoie tant aux
articles du Code qu'aux discussions *particulières* et à la discussion *publique* de
chaque titre, avant et après sa présentation officielle au corps législatif.
8 vol. in-12. Prix, broché.................... 22 fr.

Ce recueil, aussi curieux qu'instructif, met à même de pouvoir comparer sur-le-
champ avec les divers articles du Code, les discussions particulières dont ils ont
été précédés, soit au Conseil-d'État, soit à la section de législation du Tribunat.

Les observations du Tribunat, qu'on ne trouve que dans ce recueil, sont remarquables par leur justesse : elles font tellement connaître l'esprit de la loi, que
leur seule lecture suffit pour dissiper les inquiétudes qui parfois naissent de la
lettre.

SUPPLÉMENT AUX CINQ CODES,

Faisant suite aux Motifs, et à la Conférence du Code civil, et contenant les lois
et ordonnances du royaume, rendues depuis le mois d'avril 1814, avec les motifs
et la conférence des discussions qui ont préparé, dans les deux chambres, l'a-
doption de chaque loi. 5 vol. in-12, en huit parties : prix br......... 22 fr.

Le succès qu'ont obtenu les différentes éditions des Motifs et de la Conférence
du Code civil, publiées depuis 1804, ont fait considérer ces ouvrages, dès leur publication, comme les meilleurs commentaires de ce Code, parce qu'on y trouve classés
méthodiquement les différents éléments qui ont concouru à sa formation.

CODE DE PROCÉDURE CIVILE,

Avec le tarif des frais, suivi des Motifs et Rapports auxquels sa discussion légis-
lative a donné lieu, d'une Table alphabétique des matières, et d'une concordance des deux styles pour 50 années.
2 vol. in-12. Prix, broché.................... 6 fr.
Le tome 1er, contenant le Code, se vend séparément. Prix, br.. 3 25 c.

CODE DE COMMERCE,

Avec le rapprochement du texte des articles du Code Civil et du Code de Procédure civile qui y ont un rapport direct, suivi d'une Table analytique et raisonnée des matières, et des Motifs et Rapports.
1 vol. in-12. Prix, br.................... 2 fr. 75 c.

CODE D'INSTRUCTION CRIMINELLE,

Avec l'Exposé des Motifs et les Rapports, et une Table alphabétique et raisonnée
des matières. 1 vol. in-12. Prix, broché.................... 2 fr. 75 c.

CODE PÉNAL.

Contenant la loi sur la nouvelle Organisation judiciaire, avec l'Exposé des Motifs
et les Rapports faits sur chaque projet de loi.

Pour faciliter davantage la recherche des diverses matières du *Code des Délits et
des Peines*, nous avons ajouté au même volume une seconde table qui est méthodique. 2 vol. in-12. Prix, broché.................... 5 fr. 50 c.
Le tome I contenant le Code, se vend séparément............. 2 fr. 75 c.

CODE DU JURY ET DES ÉLECTIONS,

Par Jules PERSIN, avocat à la cour royale de Paris. 1 fort vol.
in-8° de 38 feuilles. Paris 1828. Prix : 7 fr.

contenant,

1° Un précis historique sur l'institution du jury ;

2° La loi du 2 mai 1827 sur l'organisation du jury, avec un commentaire sur chaque article ; l'indication des dispositions du code d'instruction criminelle, abrogées ; l'explication des rapports de la loi sur le jury avec la loi sur les élections, et la solution des difficultés auxquelles leur application peut donner lieu ;

3° Les dispositions du code d'instruction criminelle encore en vigueur ; — Les lois répressives des outrages envers les jurés ; — Les décrets, et les instructions ministérielles relatives à la taxe accordée aux jurés ; — L'ordonnance royale du 27 juin 1827 sur l'exécution de la loi du 2 mai, même année ; — Les circulaires et instructions ministérielles relatives au même objet ; — L'avis adressé par les préfets des départements aux jurés et aux électeurs ;

4° Un commentaire des articles du code d'instruction criminelle sur la compétence des cours d'assises, la procédure qui conduit un accusé devant elles ; l'examen et le jugement par jurés ;

5° Un résumé des droits et des devoirs des jurés ;

6° Une édition du code pénal, collationnée sur celle du bulletin des lois, avec des notes et explications sur les articles abrogés ou modifiés par les lois pénales promulguées depuis le code ;

7° La collection générale des lois, ordonnances royales, règlements et instructions ministérielles concernant la composition et la convocation des collèges électoraux ; avec des notes servant de commentaire, et la solution des principales difficultés qui peuvent naître de l'application de ces lois ;

8° Une table alphabétique des matières contenues dans le volume.

Il serait superflu d'insister ici sur les bienfaits de l'institution du jury, et sur l'obligation, imposée à tous les citoyens, de se mettre en état de remplir dignement les fonctions que la loi leur confie ; c'est pour eux un devoir sacré, dont M. Jules Persin démontre l'importance avec autant de lucidité que de force.

Indépendamment des questions ordinaires relatives au jury et aux lois électorales, qui sont toutes traitées dans le cours de l'ouvrage, on y trouvera aussi la solution des autres difficultés élevées, dans ces derniers temps, sur plusieurs points importants, tels que : *la délégation des contributions faite par une veuve à son gendre ; les justifications demandées par les préfets ; la manière dont les listes doivent être dressées, et les radiations opérées ; les arrêtés pris par les préfets ; la compétence des cours royales et celle du conseil-d'état ; la légalité des conflits ; les deux degrés de juridiction ; le domicile politique, et le domicile réel ; le secret du vote ; et enfin les poursuites qui peuvent être dirigées contre les faux électeurs.*

RÉPERTOIRE
DE LA NOUVELLE LÉGISLATION CIVILE,
COMMERCIALE ET ADMINISTRATIVE.

Ou Analyse raisonnée des principes consacrés par le Code civil, le Code de commerce et le Code de procédure ; par les lois sur le Contentieux de l'Administration ; par les décrets et ordonnances qui s'y rattachent, et par les arrêts qui en ont fixé l'application.

Par M. le Baron FAVARD DE LANGLADE,
Conseiller d'État, Membre de la Cour de Cassation.

ET PAR D'AUTRES MAGISTRATS.

Cinq volumes in-4°, de 800 pages environ. Prix, 90 fr.

Notre *Code Civil*, exempt de la diffusion et de la subtilité des lois romaines, dont il a recueilli la sagesse, est le fruit de la raison et de l'expérience des siècles. Les grands principes du droit, répandus dans une multitude de lois et de coutumes, sont aujourd'hui réunis dans cette loi unique. Le *Code de Commerce*, qui, pour les matières commerciales, forme exception au droit commun, et le *Code de procédure*, qui trace les formes judiciaires, complètent notre législation civile. Depuis la publication de ces Codes, l'expérience avait fait connaître des imperfections et des lacunes ; elles ont été réparées par des Lois, des Décrets et des Ordonnances.

L'objet de ce répertoire est : 1° D'expliquer les principes des trois codes et de la législation postérieure, en prenant souvent pour guide les discussions lumineuses qui ont eu lieu dans le sein du Conseil d'État et dans les assemblées législatives ; 2° d'examiner les questions qui sont nées ou peuvent naître de l'application de ces trois codes ; 3° de rapporter et de classer, dans les articles auxquels ils appartiennent, les arrêts de la cour de cassation, qui, fidèle au but de son institution, ramène les cours et tribunaux à une exacte et uniforme observation de la loi.

Cependant ce Répertoire serait incomplet s'il ne contenait pas d'autres matières qui, quoique régies par des lois spéciales, ne doivent pas moins être rattachées au droit civil. Ainsi l'on y trouvera l'analyse raisonnée des lois sur l'organisation et la compétence des corps *judiciaires* et *administratifs*, sur l'administration des forêts, sur la police rurale, sur la grande et petite voirie, sur les concessions des mines et d'usines, enfin sur le *contentieux* de l'administration.

Cet ouvrage, auquel ont participé MM. *Delamalle, Faure, Tarbé de Vauclairs, Janet, Olivier de la Drôme, Hua, Quequet, Barbedette*, Membres du Conseil d'État, de la Cour de Cassation, des Cours royales et des Tribunaux civils, présentera une espèce de traité sur chaque matière. On n'a pas négligé de recourir à l'ancienne législation lorsque ses principes ont pu servir à éclairer la nouvelle ; mais on a cru devoir écarter toute discussion sur l'ancienne jurisprudence, sur des coutumes abrogées ; en un mot, sur des matières qui n'offrent plus aujourd'hui de véritable intérêt. Cette méthode a le double avantage d'écarter d'inutiles dissertations, et de réduire le Répertoire à un petit nombre de volumes.

RÉPERTOIRE
DE LA LÉGISLATION DU NOTARIAT,
Par M. le Baron FAVARD DE LANGLADE,
Seconde édition.

2 forts vol. in-4°. à deux colonnes. Paris, 1829, Prix........   36 fr.

Cet ouvrage est le plus complet qui existe sur le Notariat. Il contient toutes les discussions es plus récentes ; et les Notaires y trouveront, par ordre alphabétique, la solution des questions les plus difficiles.

LÉGISLATION ÉLECTORALE ;

avec l'analyse des principes et de la jurisprudence sur cette matière, par M. le Baron FAVARD DE LANGLADE, 1 vol. in-8°. Paris, 1830. Prix...................   5 fr.

Cet ouvrage, qui vient d'être mis en vente, est un traité méthodique sur la formation des listes électorales et du jury et sur la règle concernant la tenue des collèges électoraux. Il contient l'analyse des arrêts des cours royales et de la cour de cassation, des ordonnances du Roi, avis du Conseil d'état, et des éclaircissements émanés du ministère de l'intérieur sur toutes les questions qui depuis 1817 se sont élevées sur cette matière. On peut le considérer comme l'exposé le plus exact et le plus complet de cette partie importante de la législation.

*CODE FORESTIER, avec l'exposé des motifs, la discussion des deux chambres, des observations sur les articles et l'ordonnance d'exécution ; publié par M. Brousse, sous la direction de M. le baron Favard de Langlade. 1 vol. in-8°. 2ᵉ édition. Paris, 1828. Prix...................   6 f.

*ŒUVRES COMPLÈTES DE J. DOMAT,

Nouvelle édition, revue, corrigée, et précédée d'une notice historique sur Domat ; augmentée de l'indication des articles de nos codes qui se rapportent aux différentes questions traitées par cet auteur, des lois, arrêtés, sénatus-consultes, décrets, ordonnances du roi, avis du conseil d'état, décisions des ministres, et des arrêts de la cour de cassation, rendus sur ces matières jusqu'en 1827. Une table alphabétique très-détaillée est jointe à la fin de chaque volume; par J. Remy, jurisconsulte, etc. 4 forts volumes in-8°. Prix . . . . 32 fr.

. . . . . *Domat* avait compris sous quatre grandes divisions *toutes les matières du droit public*, a dit le célèbre M. Devaux, député du Cher : les gouvernements, les fonctions publiques, les crimes et délits, et l'ordre judiciaire. *On y trouve tous les grands principes que les gouvernements libres ont érigés en maximes constitutionnelles, et que nos assemblées nationales ont proclamés.* A cet égard, le rapprochement que fait le savant éditeur, M. J. Remy, *entre la doctrine de Domat et les divers monuments de notre nouveau droit public est des plus instructifs.* Quand *Domat* caractérise les institutions diverses de la monarchie ou de la république, le jurisconsulte éditeur cite immédiatement la loi nouvelle qui les supprime ou les remplace par d'autres institutions analogues. Le laconique commentateur a donné une immense extension à ses recherches, en indiquant les textes correspondants de tous les publicistes les plus accrédités dans l'Europe civilisée, des lois romaines et des innombrables ordonnances et édits de l'ancienne monarchie. (Extrait du Journal du Commerce du 22 février 1830.)

ŒUVRES COMPLÈTES ET INÉDITES
DE MICHEL L'HOSPITAL,

Précédées d'un Essai sur sa vie et ses ouvrages, par Dufey, jurisconsulte.

(Paris 1826). 5 vol. in-8°, ornés de 20 gravures.

Prix, papier fin satiné . . . . 30 fr
— Grand papier vélin . . . . 50 fr.

Cette édition des œuvres de l'Hospital est la seule qui existe de cet homme célèbre comme magistrat, comme législateur, et qui occupa le premier rang dans l'histoire politique et littéraire du XVIe siècle. Ses œuvres méritent à tous égards d'être placées dans la bibliothèque du jurisconsulte, de l'homme d'état, du littérateur, du poète, de l'historien et de tous ceux qui se laissent émouvoir par le charme de la vertu : car partout ses ouvrages sont empreints de la noble passion qui dominait toutes ses pensées, *l'horreur de tous les vices, l'amour de toutes les vertus.*

Ses harangues se distinguent par une connaissance approfondie de notre droit public et par une sage tolérance : elles respirent toute la majesté d'un grand talent et d'une grande vertu.

On retrouve les mêmes qualités dans son RECUEIL DE TRAITÉS SUR DIVERS SUJETS. C'est de plus un mémorial précieux des principaux événements du temps, et qui jette un grand jour sur plusieurs points importants de mœurs, d'usages et de législation.

Son testament est l'expression dernière des vœux et des conseils d'un grand homme d'état, et il a souvent été cité par nos plus savants publicistes.

Dans ses poésies gracieuses et sévères, adressées aux plus célèbres personnages du temps, on le voit célébrer la beauté et la vertu, et déplorer les malheurs de la guerre civile, en traçant avec une énergique impartialité, au roi François II, les devoirs que lui imposent les intérêts du trône et ceux de l'état.

Pour compléter les ouvrages, devenus très-rares, de cet homme dont l'austérité de mœurs sut honorer la France dans un siècle de crimes, l'éditeur, au moyen de recherches laborieuses, a retrouvé LE TRAITÉ DE LA RÉFORMATION DE LA JUSTICE, ouvrage entièrement inédit et le plus important de tous ceux de l'Hospital. C'est même le seul qu'il paraît avoir destiné à être publié. Nous l'avons imprimé d'après le manuscrit qui a appartenu à M. Seguier, et qui est maintenant à la Bibliothèque du Roi.

Enfin rien n'a été négligé pour que cette édition fût digne du grand nom auquel elle est consacrée.

HARANGUES ET ŒUVRES POLITIQUES
DU CHANCELIER L'HOSPITAL,

2 vol. in-8°, avec 10 portraits. Prix : 12 fr.

On a réuni dans ces deux volumes toutes ses harangues au parlement de Paris, de Rouen, de Bordeaux, aux assemblées de Fontainebleau, aux états-généraux d'Orléans, au colloque de Poissy, etc., ses mémoires à Charles IX, à la reine-mère etc., ses mémoires d'état et son testament, avec la traduction de Brantôme

FERRIÈRE MODERNE,

ou NOUVEAU DICTIONNAIRE

DES TERMES DE DROIT ET DE PRATIQUE,

Dans lequel la définition de chaque mot est accompagnée de la citation des articles des Codes qui y ont rapport.

Deux volumes in-8°. Paris 1824. Prix, 10 f.

Le langage des lois, comme tout autre langage, a besoin d'un dictionnaire qui l'explique a ceux qui font les premiers pas dans la science. L'ouvrage de FERRIÈRE, utile pour le temps où il parut, est devenu, par la révolution opérée dans la jurisprudence, à la fois incomplet et surabondant. Un FERRIÈRE MODERNE devenait chaque jour d'une nécessité pressante. Les auteurs ont cru qu'en citant, après la définition de chaque mot, les articles des divers Codes, ainsi que les lois et décrets en vigueur, ils feraient de cet ouvrage une espèce de manuel de jurisprudence, qui, dans l'usage ordinaire, peut dispenser de recourir à de volumineux ouvrages, vrais dédales pour qui n'a pas encore l'habitude de s'en servir.

L'exactitude, la précision, la clarté des définitions, sont le seul mérite que puisse réclamer un livre de cette espèce; les auteurs y ont donné leurs soins.

'LOIS DES FRANCS,

contenant la Loi Salique et la Loi Ripuaire, suivant le texte de Dutillet, revu avec soin, et éclairci par la ponctuation, avec la traduction en regard et des notes, par M. J.-F.-A. PEYRÉ; précédé d'une préface par M. ISAMBERT, avocat aux Conseils du Roi et à la Cour de cassation.

1 vol. in-8°. Prix : 6 fr.

Mathématiques, Marine, Physique, Chimie, Arts et Métiers.

ÉLÉMENTS D'ARITHMÉTIQUE,

par M. BARDEL, 1 vol. in-8°. 1827. Prix : 4 fr

Le rapport de l'Institut fait par MM. Legendre et Poinsot sur cet ouvrage en fait connaître tout le mérite et doit lui assurer un grand succès. Ils ont reconnu dans la rédaction de cet ouvrage une plus grande netteté que dans la plupart des livres élémentaires.

Le premier livre contient la numération et les quatre règles fondamentales, avec l'extraction des racines carrées, le calcul des fractions ordinaires, celui des fractions décimales, et enfin les opérations relatives aux nombres complexes. Cette dernière partie, observent MM. les rapporteurs de l'Institut, entièrement écartée depuis quelque temps de nos livres et depuis l'établissement du nouveau système des poids et mesures, est cependant utile dans beaucoup de circonstances, puisqu'elle est encore appliquée dans le commerce et dans les arts mécaniques. Et comme d'ailleurs elle est assez propre a exercer l'esprit des élèves et à les fortifier dans le calcul, MM. les rapporteurs ont approuvé l'auteur de l'avoir développée dans son ouvrage.

Dans le deuxième livre, l'auteur considère les rapports, les proportions et progressions arithmétiques ou géométriques; on y trouve quelques théorèmes relatifs aux progressions géométriques, qui peuvent servir aux règles d'intérêt, d'escompte, etc.. dont tout le monde a besoin, et MM. les rapporteurs approuvent l'auteur de les avoir démontrés dans ses Éléments d'arithmétique.

Dans le troisième livre, qui a pour titre : Problèmes, M. Bardel présente une série de questions nombreuses et variées qui font voir l'application des principes contenus dans les deux livres précédents. Il y traite de toutes les règles de trois, etc., de la règle d'alliage et de fausses positions. Ces deux dernières règles, que l'on renvoie ordinairement à l'algèbre, sont d'un usage si fréquent et si commode, qu'on les voit avec plaisir démontrées ici par des nombres.

Cet ouvrage a paru à MM. Legendre et Poinsot composé avec beaucoup de soin, de méthode et de clarté. Les raisonnements s'appuient sur des exemples très-simples qui rendent les démonstrations claires et sensibles ; et cet ouvrage, disent-ils, doit être utile surtout à cette classe nombreuse de personnes dont les études mathématiques ne vont pas jusqu'à l'algèbre, et pour qui une arithmétique aussi développée est d'un grand avantage.

L'Université a fait également un rapport extrêmement avantageux sur cet ouvrage et en fait connaître tout le mérite et surtout la clarté.

COURS THÉORIQUE ET PRATIQUE
DE STÉNOGRAPHIE,

Précédé d'un Essai sur l'Histoire de l'Art, par A. FOSSÉ.

1 vol in-8°. fig. Prix. . . . .   4 fr.

La Sténographie est un art dont les diverses théories se résolvent en procédés mécaniques. Pour juger un système il faut le soumettre à des applications, et ne tenir aucun compte des calculs souvent erronés et toujours suspects de l'auteur. Or, parmi les nombreux ouvrages de ce genre publiés depuis la fin du XVI° siècle, à peine quatre ou cinq sont devenus classiques; les autres restent enfouis dans les bibliothèques d'amateurs. Au lieu de puiser à cette source quelque projet d'abréviations, qu'à la faveur d'un long oubli il pût donner comme sien, M. A. Fossé a jugé préférable de choisir entre les bonnes méthodes celle que recommandent le plus de suffrages et dont une pratique plus générale a favorisé les progrès.

Son cours est une reproduction de la *Sténographie de Taylor*, sous une forme nouvelle, avec les améliorations de détail successivement introduites par les professeurs de Paris et de Londres. Un tel travail, exécuté consciencieusement, doit faciliter l'étude d'un art précieux et jusqu'ici trop négligé. Les recherches de M. A. Fossé sur l'histoire de la Sténographie et sa coopération au *Moniteur* sont une double garantie de savoir et d'expérience de l'auteur.

TRAITÉ DE CHIMIE
MINÉRALE, VÉGÉTALE ET ANIMALE,
Par J.-J. BERZELIUS;

Traduit par MM. Esslinger et Jourdan, sur les manuscrits inédits de l'auteur, et en partie sur la dernière édition allemande.

8 forts vol. in-8", avec planches.

L'auteur de cet ouvrage, bien qu'étranger, est trop connu de ceux même qui débutent en chimie, pour que nous ayons besoin d'insister sur son mérite. Les nombreuses découvertes dont il a enrichi la science ont répandu son nom partout, et l'ont placé au-dessus de tout éloge.

Cette édition, attendue depuis si long-temps, et que l'auteur n'a cessé de perfectionner, ne ressemblera en rien à celles qui ont été publiées antérieurement en Suède et en Allemagne. M. Berzelius, en se décidant enfin à faire paraître en France son Traité complet de Chimie, l'a enrichi d'une foule de choses entièrement inconnues, consignées dans de volumineux manuscrits dont il a fait cession à MM. Didot. Aussi cet ouvrage ne doit plus être considéré comme une traduction, mais comme une édition toute nouvelle, où l'on trouvera, non-seulement les dernières opinions de l'auteur, mais encore tout ce qui a été découvert d'essentiel jusqu'à ce jour.

Considéré sous ce seul point de vue, le Traité de M. Berzelius intéresse tous ceux qui sont déjà initiés aux mystères de la chimie. Mais l'auteur a eu un autre but encore en l'écrivant : il s'est proposé de le rendre utile surtout aux commençants. C'est cette idée qui l'a dominé sans cesse dans la rédaction, et qui lui a fait sacrifier l'ordre systématique toutes les fois qu'il a jugé nécessaire d'y renoncer pour faciliter l'étude.

On peut dire sans exagération qu'il n'existe point d'ouvrage sur la chimie, dans lequel, avec tant d'attention à être complet et à descendre jusqu'aux moindres détails, l'auteur se soit plus attaché à réunir ce qui, soit dans l'arrangement, soit dans l'exposition des matières, peut contribuer à épargner des difficultés aux élèves.

Ce Traité complet de chimie formera huit forts volumes. Les quatre premiers comprendront la chimie minérale, les deux suivants la chimie végétale, et les deux derniers la chimie animale, avec un manuel alphabétique des instruments, appareils et opérations, dans lequel l'auteur a consigné tous les fruits de sa longue pratique.

PRIX DE CHAQUE VOLUME ET PLANCHES : 7 fr.

L'ouvrage entier aurait été publié aussi promptement qu'il avait été annoncé, si l'auteur par un excès de scrupule n'eût tenu à ce que toutes les épreuves lui fussent envoyées à Stockolm. Aussi l'ouvrage s'est-il enrichi de toutes les nouvelles découvertes faites par l'auteur dans le courant même de l'impression.

Les deux premiers volumes sont en vente. Le 3ᵉ paraîtra avant la fin de 1830.

NOUVELLES
TABLES ASTRONOMIQUES
ET HYDROGRAPHIQUES,

PRÉCÉDÉES

1° D'un Traité abrégé des cercles de la sphère ;

2° De la Description des instruments à réflexion, tels que l'octant, le sextant, le cercle de Borda, etc. ;

3° Des quatre principes fondamentaux de la résolution des routes et des problèmes par les latitudes croissantes;

4° Des diverses méthodes pour obtenir les longitudes et les latitudes en mer, etc.

SUIVIES

d'une nouvelle Table sexagésimale, contenant les logarithmes des sinus, cosinus, tangentes et cotangentes, de seconde en seconde, pour tous les degrés du quart de cercle,

PAR V. BAGAY, PROFESSEUR D'HYDROGRAPHIE,

1 vol. in-4° (édition stéréotype). — Prix : 25 fr.

Cet ouvrage contient trente-trois tables de navigation, dont six, entièrement nouvelles, étaient devenues depuis long-temps d'une nécessité indispensable pour les navigateurs : les autres ont reçu pour la plupart d'importantes modifications. L'ouvrage renferme en outre un grand nombre de problèmes nouveaux sur l'astronomie nautique, présentés sur des tableaux séparés, afin de faciliter les calculs.

Ces tables, qui ne pourront manquer de jouir d'une grande faveur dans la marine française, ont déjà été honorées des souscriptions de S. A. R. Monseigneur le Dauphin, de Son Exc. le ministre de la marine et des colonies ; d'un grand nombre d'amiraux; capitaines de vaisseaux, de frégates; lieutenants et enseignes de vaisseaux, etc.; enfin de l'examinateur de la marine royale, et de plusieurs professeurs d'hydrographie dans les différents ports de France.

THÉORIE DES NOMBRES,
2 vol. in-4°, 3ᵉ édition. Prix : 30 fr.

PAR ADRIEN-MARIE LEGENDRE,

Cette édition est augmentée d'une sixième partie, qui contient les nouvelles démonstrations sur les théorèmes de Fermat, formant la partie principale des deux suppléments que l'auteur avait ajoutés successivement à la seconde édition.

Quelques autres additions propres à améliorer l'ouvrage se font remarquer dans cette nouvelle édition, et notamment dans la Vᵉ partie, où l'on trouve de nouveaux développements très-étendus sur les méthodes proposées par Gauss pour la résolution des équations à deux termes.

L'ouvrage ayant ainsi reçu toutes les améliorations que l'auteur a pu lui procurer, tant par ses propres travaux que par ceux des autres géomètres dont il a pu profiter, a reçu de son auteur le titre de *Théorie des Nombres,* au lieu de celui d'Essai sur cette théorie qu'il avait porté jusqu'ici.

Il est terminé par une méthode d'approximation pour la résolution des équations numériques, à la suite de laquelle on a donné une idée d'une nouvelle méthode, découverte par M. Abel, pour la résolution générale des équations.

LEGENDRE. Éléments de Géométrie et de Trigonométrie (12e édition). In-8°. Prix.................... 6 f.

THÉORIE COMPLÈTE DE L'ARITHMÉTIQUE,

à l'usage des personnes qui se préparent à subir des examens. 1 vol. in-8°. 2e édition. Paris, 1829. Prix br...... 3 f. 50 c.

FOURIER, Membre de l'Institut. THÉORIE ANALYTIQUE DE LA CHALEUR. 1 vol. in-4° avec planches............. 25 fr.

Cet ouvrage contient une Introduction. — Équation du mouvement de la chaleur. — Propagation de la chaleur dans un solide rectangulaire infini. — Du mouvement linéaire et varié de la chaleur dans une armille. — De la propagation de la chaleur dans une sphère solide. — Du mouvement de la chaleur dans un cylindre solide. — Propagation de la chaleur dans un prisme rectangulaire. — Du mouvement de la chaleur dans un cube solide. — De la diffusion de la chaleur.

ANALYSE DES ÉQUATIONS DÉTERMINÉES,

Par M. le Baron FOURIER, secrétaire perpétuel de l'Académie des Sciences; 2 vol. in-4°. Prix de chaque vol........... 20 fr. Le 1er volume est sous presse et paraîtra en 1830.

BÉLIDOR.

ARCHITECTURE HYDRAULIQUE, ou l'ART de conduire, d'élever et de ménager les eaux pour les besoins de la vie, nouvelle édition, avec des notes et additions par M. NAVIER, Ingénieur des Ponts-et-Chaussées.

Malgré les progrès des sciences et de l'art de bâtir, l'Architecture hydraulique de BÉLIDOR est toujours recherchée avec empressement. Elle avait été réimprimée plusieurs fois sans aucun changement, et les planches étaient entièrement usées. Firmin Didot a fait, il y a quelques années, graver de nouveau ces planches sur des cuivres neufs, sous la direction de M. Martin, qui en a retouché ou refait les dessins. Il vient de mettre en vente le tome 1er d'une nouvelle édition du texte, qui est dirigée par M. Navier. Ce texte est fidèlement reproduit dans son entier, sans autre changement que ceux nécessaires pour faire disparaître les fautes de langage, et il est plus correct que celui même de la première édition, ayant été revu avec le plus grand soin, et les calculs analytiques vérifiés et écrits de nouveau conformément à l'usage adopté aujourd'hui. Les erreurs assez nombreuses que l'ouvrage présente sont indiquées et rectifiées dans des notes et additions, où l'on a fait entrer en outre les théories et développements qui étaient à désirer. Ces additions contiennent l'indication des diverses machines hydrauliques inventées depuis la rédaction de l'ouvrage, dont plusieurs sont peu connues en France, ainsi que les théories de ces machines et d'un grand nombre d'autres, qui n'avaient point été publiées, ou qu'on ne trouve que dans les collections académiques. Enfin cet ouvrage, dont l'étendue est considérablement augmentée, et auquel on a ajouté beaucoup de nouvelles planches, peut remplacer présentement, quant à la théorie, les traités de mécanique les plus récents, et offre des renseignements plus exacts et plus complets qu'aucun autre livre, pour le calcul et l'établissement des machines en général, et en particulier des machines hydrauliques.

LE TOME PREMIER CONTIENT:

Les principes de la mécanique et l'établissement des diverses espèces de moulins et des machines à élever l'eau. Prix.......................... 45 fr.

Le tome II est sous presse.

Il reste encore quelques exemplaires des tomes 2, 3, 4 de la précédente édition, auxquels on a joint les nouvelles gravures, qui avec le tome premier nouvellement publié complètent l'ouvrage. Prix des 4 vol. in-4° reliés :   162 fr.

'NAVIER, de l'Académie des Sciences. -- RÉSUMÉ des leçons données à l'école des ponts-et-chaussées sur l'application de la mécanique à l'établissement des constructions et des machines.

Première partie, contenant les leçons sur la résistance des matériaux et sur l'établissement des constructions en terre, en maçonnerie et en charpente. 1 vol. in-8°. Prix br.................... 8 fr.

Le tome 2, qui traitera du mouvement, de la résistance des fluides, et des applications de l'hydrodynamique, est sous presse.

'DUPIN (CHARLES). -- Rapport fait à l'Académie des Sciences sur un essai général de navigation intérieure de la France, par M. BUISSON. 1 vol. in-18. Prix broché.......... 1 fr. 50 c

'VICAT, ingénieur en chef des ponts-et-chaussées. -- Résumé des connaissances positives actuelles sur les qualités, le choix et la convenance réciproque des matériaux propres à la fabrication des mortiers et ciments calcaires. Paris, 1828. in-4°, avec 3 planches. Prix...................... 12 fr.

Cet ouvrage, entièrement neuf, est le fruit des longues recherches et des expériences multipliées de l'auteur. Il contient toutes les théories d'un art important duquel dépendent à la fois la solidité et l'économie des constructions en tout genre, publiques ou particulières. Les méthodes exposées par M. Vicat le sont avec une clarté qui le met à la portée de tout le monde.

'GIRARD DE CAUDEMBERG, notice sur de nouveaux mortiers hydrauliques qu'on obtient avec les arènes ou sables fossiles argileux. Brochure in-8° avec une planche (Paris, 1827). Prix 2 f.

DE PRONY, Membre de l'Institut. DESCRIPTION HYDROGRAPHIQUE ET HISTORIQUE DES MARAIS PONTINS, relief du sol, cadastre, détails intérieurs, etc. ; analyse raisonnée des principaux projets proposés pour leur desséchement ; histoire critique des travaux exécutés d'après ces projets ; état actuel (au mois de septembre 1811) du sol pontin ; projets ultérieurs pour son desséchement général et complet, avec l'exposition des principes, fondés sur la théorie et l'expérience, qui ont servi de base à ces projets, rédigés d'après les renseignements recueillis sur les lieux par l'auteur ; l'examen détaillé des marais où il a séjourné, et qu'il a visités et parcourus plusieurs fois, et les opérations de jaugeage, nivellement, etc., qu'il y a faites pendant les années 1811 et 1812.

1 volume in-4° de texte, plus un atlas in-folio, composé de 39 planches. Prix, broché... 40 fr.

Cet ouvrage donne tous les détails des procédés employés pour le desséchement de ces marais, et un recueil de doctrines applicables à tous les desséchements.

-- NOUVELLE MÉTHODE DE NIVELLEMENT TRIGONOMÉTRIQUE, 1822 ; in-4°. Prix.......................... 4 f.

—NOTE sur un moyen de mesurer l'effet dynamique des machines de rotation. In-4° broché.................... 1 f. 50 c.

MÉMOIRES SUR LES ÉCLUSES, LES CANAUX, ET SUR UN NOUVEAU MOYEN D'EMPLIR ET DE VIDER LES ÉCLUSES, etc.; par GIRAULT, Ingénieur des Ponts-et-Chaussées, 1 vol. in-4°, prix...   13 fr.

Le 1ᵉʳ mémoire contient la description d'un nouveau moyen d'emplir et de vider les écluses. L'auteur y expose d'abord tous les procédés connus et en fait voir les nombreux défauts; il décrit ensuite son nouveau procédé, en démontre les avantages et prouve qu'il n'a aucun inconvénient. Ce mémoire contient beaucoup d'autres observations sur la construction et le perfectionnement des écluses; il est suivi de 5 notes qui traitent du temps de la manœuvre des nouvelles écluses, de l'écoulement des liquides, de la pression négative, de ses applications et d'une nouvelle théorie du bélier hydraulique.

Le 2ᵉ mémoire décrit un autre moyen, également nouveau, de remplir et de vider les écluses.

Le 3ᵉ établit des formules générales d'où l'on tire le moindre développement qu'on puisse donner aux courbes des canaux pour que les bateaux puissent s'y croiser dans toutes les parties.

*— Du même auteur, une brochure contenant: 1° MÉMOIRE SUR UN NIVEAU A BULLE D'AIR ET A LUNETTES, *de nouvelle construction*; 2° Mémoire sur les perfectionnements à apporter au cercle répétiteur, et sur deux méthodes de niveler à l'aide de cet instrument avec une extrême précision, et sans employer aucune mesure exacte de longueur; 3° Notes sur la trigonométrie. in-8°, Paris 1824. br.................   2 fr. 50 c.

EYTELWEIN. Observations sur les effets et l'application avantageuse du Bélier hydraulique, suivies d'une série d'expériences sur cette nouvelle machine.

Traduit de l'allemand. Avec deux planches. In-4°, br. Prix...........   10 f.

M. EYTELWEIN, célèbre depuis long-temps par ses connaissances en hydraulique, est le premier qui ait publié, dans l'ouvrage que nous annonçons, l'essai d'une théorie suffisamment développée du Bélier de M. Montgolfier. Cette théorie est appuyée d'une longue suite d'expériences faites avec beaucoup de soin.

L'édition a été donnée par M. GIRARD, Membre de l'Institut.

HISTOIRE DES TRAVAUX ET DE L'AMÉNAGEMENT
DES EAUX DU CANAL CALÉDONIEN.

D'après les rapports annuels adressés au Parlement, par les commissaires de la chambre des Communes, et par MM. Dessip et Telford, ingénieurs-directeurs; et accompagnée de cartes, de profils en travers et d'un profil en long, levés sur les lieux, avec les ingénieurs résidants; par M. Stéphane FLACHAT, ancien élève à l'école royale des mines de Paris. 1 vol. in-4°. avec atlas. Prix.....................   15 f.

Les dangers ou les difficultés de la navigation de plusieurs des grands fleuves d'Europe, et particulièrement des trois principaux fleuves de France, ont rendu nécessaire l'exécution des canaux latéraux maritimes sur lesquels s'établirait une navigation aussi prompte que sûre; dans de telles circonstances, l'histoire complète, et d'après des documents officiels, des travaux du canal Calédonien, et surtout de l'aménagement de ses eaux sur cinq mètres et demi de profondeur, de ses filtrations, et des moyens pris pour les étancher, ne peut manquer d'inspirer un grand intérêt.

PERRONET. Description des projets et de la construction des ponts de Neuilly, de Mantes, d'Orléans, et autres; des projets du canal de Bourgogne, pour la communication des deux mers par Dijon; et de celui de la conduite des eaux de l'Yvette et de Bièvre à Paris. Nouv. édition (1820), corrigée, augmentée des ponts de Château-Thierry, de Brunoi, des Nonnettes, de Bicheret, de la Newa à St-Pétersbourg, et de plusieurs Mémoires intéressants sur les éboulements, les pilots et pieux, les cintrements, etc., in-4°, gr. papier, relié, avec un volume de planches, forme d'atlas, broché en carton. Prix........ 110 f.

Toutes les Planches de cet important ouvrage, qui ont coûté plus de 300,000 fr. de gravure, ont été retouchées avec le plus grand soin. Nous venons de réimprimer le texte.

Les additions qui ont été faites dans cette nouvelle édition ont été imprimées séparément pour les personnes qui voudraient compléter la première édition in-f°. Prix: cartonné................................... 36 f.

'GAUTHEY. Traité de la construction des ponts, suivi de divers Mémoires concernant les canaux de navigation, 3 vol. in-4°, grand pap., avec des pl. très-bien gravées (rare). Prix. 72 fr.

Les volumes de cet ouvrage ayant paru successivement, les tomes 2—3 se vendent ensemble.. 48 fr.
Et le tome 3 seul. 24

Cette édition est donnée par M. NAVIER, Ingénieur des Ponts-et-Chaussées, neveu de l'auteur ; les planches ont été gravées par M. Adam.

Les deux premiers volumes sont divisés en quatre parties. La première donne la description de tous les ponts anciens et modernes qui présentent quelque intérêt sous le rapport de leur hardiesse, de leur magnificence, ou des procédés curieux dont on s'est servi pour les construire. On y a joint un état général des ponts construits en France dont la longueur de l'ouverture est au-dessus de vingt mètres ; il contient la nature de leur construction, leur ancienneté plus ou moins grande, la surface et la longueur de leurs débouchés, leur largeur, etc.

La seconde partie comprend les principes généraux de l'établissement des ponts.

La troisième partie a pour objet les cintres des ponts en pierre, les ponts en bois, les ponts en fer, et les ponts mobiles. Ces matières y sont traitées avec le soin que leur importance exige, et avec la perfection que l'état actuel de nos connaissances comporte.

La quatrième partie traite des connaissances qui tiennent à la pratique des constructions ; elle contient les principes de la fondation des ponts, les opérations qui se succèdent dans le cours de la construction, toutes les machines dont le secours est nécessaire, etc.

Les mémoires concernant les *canaux de navigation*, composant le troisième volume, contiennent, 1° un Mémoire très-détaillé sur le canal du Centre ; 2° un Mémoire sur les rivières et canaux navigables de la France ; 3° un Mémoire sur l'établissement des canaux de navigation ; 4° un du Centre ; 5° un Mémoire sur les écluses des canaux de navigation, 6° divers autres Mémoires sur le canal du Centre.

DUBUAT. Principes d'hydraulique et de pyrodynamique, 3 vol. in-8°, avec 11 planches................................. 20 fr.

Les deux premiers volumes sont proprement une nouvelle édition des principes d'hydraulique publiés en 1785 sous le privilége de l'Académie, par M. DUBUAT, revus, corrigés, et augmentés de plusieurs notes et de renvois à des développements plus exacts contenus dans le troisième volume, qui forme la quatrième partie, et qui renferme les principes de Pyrodynamique. Il a été tiré quelques exemplaires à part du tome III, qui complètent les anciennes éditions. Prix de ce vol. br. 7 fr.

'MÉMOIRES SUR LA MÉCANIQUE. Par Dubuat. Tome I, in-4°. Paris (1821). Prix, broché.................... 10 f.

'TRAITÉ DES QUESTIONS MATHÉMATIQUES ET DES SCIENCES PHYSIQUES pour les grades de Bachelier ès-lettres et ès-sciences ; par M. Tisserand, professeur de mathématiques

L'ouvrage formera trois volumes in-8. Le premier, contenant toutes les questions d'Arithmétique et d'Algèbre exigées pour le baccalauréat ès-sciences et ès-lettres, est en vente. Le prix est de . . . . 5 fr.
La suite est sous presse.

DE CLINCHAMP, Peintre, professeur de dessin des élèves de la Marine au port de Toulon. **ÉLÉMENTS DE PERSPECTIVE LINÉAIRE ET AÉRIENNE**, à l'usage des personnes qui s'occupent du paysage. 1 vol. in-8°, gr. pap. avec six planches. Prix . . . . 5 fr.

Les jeunes artistes trouveront dans cet ouvrage un exposé aussi clair que précis des éléments de la perspective.

L'auteur s'est particulièrement appliqué à rendre cette étude facile à ceux qui, n'ayant que des connaissances superficielles en géométrie, ne peuvent entendre les ouvrages écrits sur cette science.

JANVIER. (Antide). Manuel chronométrique, ou Précis de ce qui concerne le temps, ses divisions, ses mesures, etc., 1 vol. in-12. Prix, br. . . . . 4 fr.

*THÉORIE DU NAVIRE**, par M. le Marquis DE POTERAT (Paris 1826.) 2 vol. in-4°, avec planches. Prix . . . .   30 fr.

*TRAITÉ PRATIQUE A L'USAGE DES MARINS,

Contenant la description des opérations, mouvements et manœuvres qui ont lieu journellement à bord des vaisseaux, ainsi que l'exposition des principes, déduits de la théorie, qui peuvent en faciliter et en assurer l'exécution ; par M. le marquis de POTERAT.
Un vol. in-8°, prix : 4 fr.

Cet ouvrage est extrait du grand traité de la Théorie du navire par le même auteur.

INSTRUCTION DU PEUPLE FRANÇAIS,

Ouvrages format in-18, publiés sous la direction de M. le Cte DE LASTEYRIE, et vendus à très-bas prix.

On fera une remise de 20 p. %, par douzaine,
de 30 p. % par cinquante exemp.
de 40 p. % par cent exemplaires.

LA SCIENCE DU BONHOMME RICHARD, par FRANKLIN . . . Prix :	10 cent.
MORCEAUX CHOISIS DE FRANKLIN	10
LE PREMIER LIVRE DE LECTURE, par M. le Cte de LASTEYRIE	25
ÉLÉMENTS D'ARITHMÉTIQUE, de BEZOUT abrégée	25
EXTRAITS DE VAUVENARGUES	10
LES ŒUFS DE PAQUES	25
HISTOIRE NATURELLE DU CHIEN	10
HISTOIRE DE JACK	15
CHOIX DES FABLES DE LAFONTAINE	40

Sous presse, ROBINSON CRUSOÉ.
ABRÉGÉ DE LA VIE DES PLUS ILLUSTRES PHILOSOPHES.
FABLES D'ÉSOPE.
INSTRUCTION DU PEUPLE.
MANIÈRE DE CONSERVER SA SANTÉ.
IDYLLES DE GESSNER.
CHANTS PATRIOTIQUES 10
SENTENCES DES SAGES DE LA GRÈCE.
INSTRUCTION MORALE ÉLÉMENTAIRE.

Sous presse

HISTOIRE DE FRANCE, PAR MÉZERAI,

D'après l'édition de Paris 1646 (de Mathieu et Pierre Guillemot),
25 volumes in-8°.

LES VOYAGES DE LA NOUVELLE FRANCE OCCIDENTALE DITE LE CANADA,

Faits par le sieur de CHAMPLAIN (nouvelle édition) imprimée
sur celle de 1633. 2 vol. in-8°.

LES VOYAGES ADVENTUREUX DE FERNAND MENDEZ PINTO,

Fidèlement traduits de portugais en français, par le sieur
Bernard FIGUIER, 3 vol. in-8°.

BULLETIN DES SCIENCES HISTORIQUES; ANTIQUITÉS, PHILOLOGIE.

SEPTIÈME SECTION

DU BULLETIN UNIVERSEL DES SCIENCES ET DE L'INDUSTRIE,

PUBLIÉ PAR LA SOCIÉTÉ ANONYME

Pour la propagation des connaissances scientifiques et industrielles,

SOUS LA DIRECTION DE M. LE BARON DE FÉRUSSAC.

Ce *Bulletin*, qui a paru de janvier 1824 jusqu'à la fin de 1828, par cahiers mensuels de 5 feuilles, formant 2 vol. pour l'année, reçoit aujourd'hui l'extension prévue qui lui était nécessaire; il se compose maintenant de 8 feuilles par mois, formant 3 vol. par an, dont le prix d'abonnement est de 34 fr. pour Paris, 39 fr. pour les départements, et 44 fr. pour les pays étrangers.

Cette section offre l'indication et l'analyse rapide de tous les ouvrages essentiellement relatifs à la science de l'histoire et des antiquités: elle comprend quatre parties distinctes : la *Philologie comparative*, la *Mythologie*, l'*Archæologie* et l'*Histoire*.

La *Philologie comparative*, que les Allemands nomment aussi *Linguistique*, et qu'ils appliquent à l'*Ethnologie*, a pour but de comparer les principes fondamentaux des langues, leurs origines, leurs progrès, leurs rapports, leurs variations et leur décadence. L'Ethnologie applique les données de la Philologie comparative à la distinction et à la classification des peuples en grandes familles, d'après les rapports réels ou les différences qui existent entre les langues parlées, soit anciennes, soit modernes.

La *Mythologie* offre le tableau comparatif des opinions cosmographiques, psychologiques et religieuses des peuples de l'antiquité et des peuplades du Nouveau-Monde. Des notices exactes sur ces opinions ne sont pas moins utiles que celles qui se rapportent aux langues et idiomes, pour retrouver les anciennes relations des peuples entre eux, pour reconnaître leurs origines primitives ou distinctives, les migrations des idées avec les individus ou les familles : la véritable science trouve dans ces notions de véritables lumières.

L'*Archæologie* est la science des monuments en tout genre, depuis la plus haute antiquité jusques et y compris le moyen âge. Chaque monument étant un témoignage historique, de sa nature irrécusable, on fait connaître soigneusement tous ceux qui offrent un intérêt réel, et qui sont décrits ou annoncés, soit dans des ouvrages spéciaux, soit dans les collections académiques, ou même dans les journaux littéraires, étrangers ou nationaux.

Histoire. Cette partie contient l'annonce ou l'analyse des ouvrages sur la théorie de l'histoire, sur l'histoire générale ou l'histoire particulière d'une époque, d'une contrée, d'un fait même, quand il est d'un intérêt majeur. Toutes les parties de l'histoire, ses rudiments comme ses généralités, y sont méthodiquement envisagées dans un ordre à la fois géographique et chronologique. Sous le titre de *Mélanges*, on termine cette partie par des notices sur les travaux des Sociétés savantes, en ce qui concerne l'histoire; sur les prix proposés ou décernés par elles; enfin par des annonces biographiques et bibliographiques.

Rédacteurs principaux : MM. CHAMPOLLION-FIGEAC et CHAMPOLLION JEUNE.

Collaborateurs : MM. J. Agoub, l'abbé Allard, Al. Barbié du Bocage, Michel Berr, Berthevin, Bianchi, Bottin, de Chézy, E. Choppin d'Arnouville, Baron Coquebert de Montbret, Depping, Dubois, l'abbé Dubois, Dugas-Montbel, Gail fils, Garcin de Tassy, Gence, l'abbé Gley, P. de Golbéry, Grangeret de la Grange, Hase, E. Héreau, A. Jaubert, Landresse, Langlois, Lenoble, Letronne, Métral, Mionnet, Pellat, Abel Rémusat, Reinaud, Riva, Rosellini, Baron Silvestre de Sacy, Stahl, Troyer, etc.

PLAN DU BULLETIN UNIVERSEL DES SCIENCES ET DE L'INDUSTRIE,

divisé en huit sections, qu'on peut se procurer ensemble ou séparément.

Le but de ce Recueil, qu'une *Société* formée *pour la propagation des connaissances scientifiques et industrielles*, et placée sous la protection de Mgr le Dauphin, a choisi pour principal mode d'action, est de présenter aux mathématiciens, aux physiciens, aux chimistes, aux géologues, aux naturalistes, aux médecins, aux agriculteurs, aux manufacturiers, aux ingénieurs, aux historiens, aux philologues', aux militaires, à tous les savants en un mot, l'analyse substantielle de tous les ouvrages, le dépouillement complet de tous les mémoires académiques, de tous les recueils périodiques qui se publient dans le monde civilisé ; de former un *Répertoire méthodique* de tous les faits qui concernent les parties dont ils s'occupent, et un tableau mensuel des efforts successifs de l'esprit humain chez tous les peuples.

Le *Bulletin* établit ainsi entre tous les hommes qui cultivent les sciences ou les arts utiles une *correspondance* active et régulière ; il leur crée un moyen prompt et peu dispendieux de faire connaître leurs travaux, et ouvre à leurs découvertes, quelles que soient leurs opinions, un enregistrement fidèle et irrécusable. Il répand partout et rapidement la connaissance des faits, des procédés, des machines qui intéressent les savants et le plus grand nombre des professions sociales, et contribue par là aux progrès des sciences, en facilitant en même temps leurs nombreuses et importantes applications.

Toutes les personnes qui ont quelques notions sur l'état actuel de la culture des sciences et des arts utiles dans les diverses contrées du globe ; celles qui connaissent l'isolement où les savants, les agronomes, les manufacturiers, sont entre eux ; toutes celles enfin qui peuvent apprécier l'utilité d'un lien qui les puisse rapprocher et les fasse mutuellement profiter des succès qu'ils obtiennent, ont applaudi à une entreprise placée sous la protection spéciale des savants de tous les pays, et dont l'exécution peut influer de tant de manières sur les progrès des sciences et la prospérité des diverses branches d'industrie chez toutes les nations.

Cette sorte de *Télégraphie* universelle produit déja des résultats certains. Elle oblige à lire, par le seul fait qu'elle les signale au moment même de leur naissance, les productions diverses publiées dans tous les pays, et dont, à son défaut, il était permis d'ignorer l'existence ; elle évite par là des travaux inutiles ou incomplets : le temps, les dépenses perdues en essais, en tâtonnements pour arriver à des résultats déja trouvés par d'autres, peuvent être désormais employés à faire faire aux sciences, aux arts utiles, de nouveaux pas, de nouveaux progrès.

Plusieurs années d'expérience ont prouvé qu'il était possible de parvenir à ce but que l'on s'était proposé en fondant le *Bulletin*. La société qui a choisi ce recueil pour son principal mode d'action et son interprète auprès de tous les peuples, s'est empressée de mettre à la disposition de son fondateur et de ses rédac-

tous les moyens d'accroissement et de développement que n'aurait pu leur donner une entreprise particulière, et qui étaient cependant indispensables pour imprimer au *Bulletin* le caractère d'une belle et durable institution. Désormais, ce recueil ne peut plus tendre qu'à se perfectionner pour justifier la faveur avec laquelle il est accueilli dans tous les pays et par tous les savants.

NUMÉROS des sections.	DÉSIGNATION des SUJETS DE CHAQUE SECTION.	Nombre de feuilles par N°.	Nombre de volumes par an.	PRIX D'ABONNEMENT.		
				Paris.	Les départements, port franc.	L'étranger, port fr.
				fr.	fr. c.	fr.
1	Sciences mathématiques, physiques et chimiques............	5	2	22	25	28
2	Sciences naturelles et géologie....	10	4	42	48	64
3	Sciences médicales, etc...........	10	4	42	48	54
4	Sciences agricoles, économiques, etc.	6	3	25	29	33
5	Sciences technologiques..........	6 et 1 pl.	3	30	34 50	39
6	Sciences géographiques, économie publique, voyages...........	11	4	46	53	60
7	Sciences historiques, antiquités, philologie............	8	3	34	39	44
8	Sciences militaires...............	4	2	17	19 50	22
	Totaux............	60	25	258	296 »	334
	Prix des 7 premières sections prises ensemble...........	....	....	213	249 »	284
	Prix du Bulletin complet.........	....	....	230	268 »	306

INSTITUT ROYAL DE FRANCE.

Les Mémoires de l'Institut, publiés avant 1810, forment 25 vol. in-4°, contenant les collections suivantes :

*5 vol. Littérature et Beaux-Arts. Prix.................... 90 fr.
*5 — Sciences morales et politiques..................... 100
*2 — Savants étrangers........................ 56
*3 - Base du Système métrique (rare)................. 100
*10 - Sciences physiques et mathématiques................ 200

MÉMOIRES DE LA CLASSE DES SCIENCES
MATHÉMATIQUES ET PHYSIQUES.

Année 1810 (Tome XI), 2 parties, in-4°, fig.... 22 f.

Première partie, in-4°, fig................. 12 f.

Elle contient : 1° Mémoire sur la géographie minéralogique des environs de Paris, par MM. CUVIER et BRONGNIART ; 2° Mémoire sur les intégrales définies et leur application aux probabilités, et spécialement à la recherche du milieu qu'il faut choisir entre les résultats des observations, par M. LAPLACE.

Seconde partie, in-4°, fig................. 10 fr.

Elle contient : 1° Considérations sur la Graine et la Germination, par M. MALUS, contenant le résumé de différents Mémoires que l'auteur a lus à la Classe, depuis 1808 jusqu'en 1812 ; 2° Nouveau genre dans la Classe des vers intestinaux, par M. BOSC (avec une planche) ; 3° Description *du Dipodion*, genre nouveau dans la Classe des vers intestinaux, par *le même* ; 4° Notice sur un Gisement de Corindon, par M. LELIÈVRE ; 5° Rapport fait au nom d'une commission, par M. BERTHOLLET, sur des Recherches Physico-Chimiques ; 6° Mémoire sur de nouveaux Phénomènes d'Optique, par M. MALUS ; 7° Mémoire sur les phénomènes qui accompagnent la réflexion et la réfraction de la Lumière, par *le même*; 8° Considérations sur l'analyse Végétale, et l'analyse Animale, par M. Berthollet; 9° Mémoire sur l'axe de réfraction des Crystaux et des Substances organisées, par M. Malus; 10° Méthode des moindres quarrés, pour trouver le milieu le plus probable entre les résultats de différentes observations, par M. Legendre; 11° Mémoire sur l'attraction des Ellipsoïdes homogènes, par *le même*; 12° Histoire de la Classe des Sciences Mathématiques et Physiques, par MM. Delambre et Cuvier.

Année 1811 (Tome XII), 2 parties, in-4°, fig... 25 f.

Première partie, in-4°, fig................... 10

Contenant : 1° Mémoire sur la distribution de l'Électricité à la surface des corps conducteurs, par M. Poisson; 2° Mémoire sur une modification remarquable qu'éprouvent les rayons lumineux dans leur passage à travers certains corps diaphanes, et sur quelques autres nouveaux phénomènes d'optique, par M. Arago; 3° Mémoire sur de nouveaux rapports qui existent entre la réflexion et la polarisation de la lumière par les corps crystallisés, par M. Biot.

Seconde partie, in-4°. Prix br............... 15 fr.

Contenant : 1° Mémoire sur les Hydrocharydées, par M. Richard; 2° Suite de l'essai de Pyrométrie, par M. Guyton-Morveau; 3° Premier Mémoire, et Observations sur la moëlle des Végétaux ligneux, etc., par M. Palisot de Beauvois, avec 3 planches; 4° Second Mémoire sur la distribution de l'Électricité à la surface des corps conducteurs, par M. Poisson; 5° L'Analyse des travaux de la Classe, pendant l'année 1811, par MM. Delambre et Cuvier; 6° Notice sur M. de Bougainville, par M. Delambre; 7° Notice sur M. Maskeline, par *le même*; 8° Éloge de M. Desessart, par M. Cuvier; 9° Éloge de M. Cavendish, par *le même*.

Année 1812 (Tome XIII), 2 parties, in-4°, fig... 22 f.

Première partie, in-4°, fig................... 10

Elle contient : un Mémoire sur un nouveau genre d'oscillation qu'éprouvent les molécules de la lumière, en traversant certains crystaux, par M. Biot.

Seconde partie, in-4°, fig. Prix.............. 12 fr.

Contenant : 1° Mémoire sur une nouvelle application de la théorie des oscillations de la lumière, par M. Biot, avec 1 planche; 2° Résultat des observations météorologiques, faites à Clermont-Ferrand, depuis le mois de juin 1806 jusqu'à la fin de 1813, par M. le baron Ramond; 3° Mémoire et Observations sur les plantes de la famille des Cypérées, par M. Palisot de Beauvois; 4° Mémoire sur l'Iode, par M. Gay-Lussac; 5° Mémoire sur les surfaces élastiques, par M. Poisson; 6° Exposition des faits recueillis jusqu'à présent concernant les effets de la Vaccination, et examen des objections qu'on a faites en différents temps, et que quelques personnes font encore contre cette pratique, par MM. Berthollet, Percy et Hallé; 7° L'Analyse des travaux de la Classe, pendant l'année 1812, par MM. Delambre et Cuvier; 8° Notice sur M. Malus, par M. Delambre; 9° Notice sur M. Lagrange, par *le même*.

Années 1813—1814—1815. (Tome XIV). 1 vol. in-4°. 18 f.

Contenant : 1° Mémoire sur le nivellement barométrique des monts-dores et des monts-domes, disposé par ordre de terrains, par M. le baron Ramond; 2° Application des nivellements exécutés dans le département du Puy-de-Dôme, à la géographie physique de cette partie de la France, par *le même*; 3° Démonstration du théorème général de Fermat sur les nombres polygones, par M. A. L. Cauchy; 4° Observations sur la nature des forces qui partagent les rayons lumineux dans les crystaux doués de la double réfraction, par M. Biot; 5° Démonstration d'un théorème d'où l'on peut déduire toutes les lois de la réfraction ordinaire et extraordinaire, par M. Ampère; 6° Mémoire sur le mouvement des fluides dans les tubes capillaires, et l'influence de la température sur ce mouvement (avec trois planches), par M. Girard; 7° Extrait de quelques recherches nouvelles sur l'algèbre et sur la théorie des nombres, par M. Poinsot.

Nota. Ce vol. est le XIV° et *dernier* des Mémoires de la Classe des Sciences mathématiques et physiques de l'Institut.

MÉMOIRES DE L'ACADÉMIE ROYALE,
DES SCIENCES DE L'INSTITUT DE FRANCE

Tome I (1816), in-4°. Prix.................. 18 f.

Contenant : 1° Mémoire sur la variation des constantes arbitraires dans les questions de mécanique, par M. Poisson ; 2° Mémoire sur la théorie des ondes, par *le même*; 3° Mémoire sur l'écoulement linéaire de diverses substances liquides par des tubes capillaires de verre, par M. Girard; 4° Mémoire sur l'écoulement de l'éther et de quelques autres fluides par des tubes capillaires de verre, par *le même*; 5° Mémoire sur l'utilité des lois sur la polarisation de la lumière, pour connaître l'état de crystallisation et de combinaison, dans grand nombre de cas où le système crystallin n'est pas immédiatement observable, par M. Biot ; 6° Mémoire sur le sucre de betterave, par M. Chaptal.

L'Histoire de l'Académie, qui accompagne ce volume, comprend l'Analyse des travaux de l'Académie royale des Sciences pendant l'année 1816. — Partie mathématique, par M. Delambre ; partie physique, par M. Cuvier.

Notices sur MM. le comte de Fleurieu, Charles Bossut, Lévêque, Tenon, par M. Delambre.

Tome II (1817), in-4°. Prix.................. 20 f.

Contenant : 1° Recherches sur la durée de la gestation et de l'incubation dans les femelles de plusieurs quadrupèdes et oiseaux domestiques, par M. Tessier ; 2° Mémoire sur les rotations que certaines substances impriment aux axes de polarisation des rayons lumineux, par M. Biot: avec 4 planches; 3° Mémoire sur la figure de la terre, par M. Laplace : 4° Observations sur la vallée d'Égypte et sur l'exhaussement séculaire du sol qui la recouvre, par M. Girard; avec une planche; 5° Mémoire sur le mouvement des fluides élastiques dans les tuyaux cylindriques, et sur la théorie des instruments à vent, par M. Poisson ; 6° Mémoire sur le moyen employé par les Ramettes pour s'élever le long des corps même les plus lisses, par M. Labillardière, avec une planche; 7° Mémoire sur le rapport de la mesure appelée *pouce du fontenier* avec l'*once d'eau* romaine moderne, et le *quinaire* antique ; et sur la détermination d'une nouvelle unité de mesure pour la distribution des eaux, adaptée au système métrique français, par M. Prony ; avec une planche et un supplément à ce Mémoire.

L'Histoire de l'Académie, qui accompagne ce volume, comprend l'Analyse des travaux de l'Académie royale des sciences pendant l'année 1817. — Partie mathématique, par M. Delambre ; partie physique, par M. Cuvier.

Notices sur la vie et les ouvrages de MM. Rochon et Messier, par M. Delambre.

Tome III (1818), in-4°. Prix.................. 25 f.

Contenant : 1° Mémoire sur le flux et le reflux de la mer, par M. le marquis de Laplace : 2° Mémoire sur les inondations souterraines auxquelles sont exposés périodiquement plusieurs quartiers de Paris, par M. Girard; 3° Description d'une aggrégation de pierres observées dans la Caroline du Nord (États-Unis d'Amérique), et connues, dans ce pays, sous la dénomination de *mur naturel* (natural wal), par M. de Beauvois; avec une planche; 4° Mémoire sur l'intégration de quelques équations linéaires aux différences partielles, et particulièrement de l'équation générale du mouvement des fluides élastiques, par M. Poisson ; 5° Mémoire sur les lois de la double réfraction et de la polarisation dans les corps régulièrement cristallisés, par M. Biot ; avec six planches ; 6° Mémoire sur la combinaison de l'oxigène avec l'eau, et sur les propriétés extraordinaires que possède l'eau oxigénée, par M. Thénard ; 7° Addition au mémoire sur la figure de la terre, inséré dans le volume précédent, par M. le marquis de Laplace.

L'Histoire de l'Académie, qui accompagne ce volume, comprend l'Analyse des travaux de l'Académie royale des Sciences, pendant l'année 1818.— Partie mathématique, par M. Delambre : partie physique, par M. Cuvier.

Notices sur la vie et les travaux de M. Périer, par M. Delambre.

Notice sur les voyages entrepris pour mesurer la courbure de la terre et la variation de la pesanteur terrestre, sur l'arc du méridien compris entre les îles Pythiuses et les îles Shetland, par M. Biot.

Rapport fait à l'Académie royale des sciences sur un ouvrage de M. Vicat, ingénieur des ponts-et-chaussées, intitulé : *Recherches expérimentales sur les chaux de construction*, etc. ; commissaires MM. de Prony, Gay-Lussac, et Girard, rapporteur.

Tome IV (1819-1820), in-4°. Prix . . . . . 30 fr.

Contenant : Mémoire sur les atmosphères liquides, et leur influence sur l'action mutuelle des molécules solides qu'elles enveloppent, par M. GIRARD. — Mémoire sur l'application de l'algèbre à la théorie des nombres, par M. POINSOT. — Théorie du mouvement de la chaleur dans les corps solides, par M. FOURIER.

L'HISTOIRE DE L'ACADÉMIE, qui accompagne ce volume, comprend l'Analyse des travaux de l'Académie royale des Sciences pendant l'année 1819, partie mathématique, par M. DELAMBRE; partie physique, par M. Cuvier. — L'Analyse des travaux pendant l'année 1820, partie mathématique, par M. DELAMBRE. — Éloge de M. Delambre, par M. FOURIER. — Analyse des travaux pendant l'année 1820, partie physique, par M. CUVIER. — Éloge de M. de Beauvois, par le même.

Tome V (1821-1822), in-4°. Prix . . . . 20 fr.

Contenant : Mémoire sur l'écoulement de l'air atmosphérique et du gaz hydrogène carboné dans des tuyaux de conduite, par M. Girard. — Recherches sur les canaux de navigation, considérés sous le rapport de la chute et de la distribution de leurs écluses, par le même. — Mémoires sur les inflammations des intestins, ou les entérites, qui surviennent dans les maladies du foie, par M. Portal. — Mémoire sur quelques nouvelles propriétés des axes permanents de rotation des corps et des plans directeurs de ces axes; par M. Ampère. — Suite du mémoire intitulé : Théorie du mouvement de la chaleur dans les corps solides, par M. Fourier. — Mémoire sur la théorie du magnétisme; par M. Poisson. — Mémoire sur la diffraction de la lumière; par M. Fresnel. — Note sur la propriété que possèdent quelques métaux, de faciliter la combinaison des fluides élastiques, par MM. Dulong et Thénard. — Nouvelles observations sur la propriété dont jouissent certains corps, de favoriser la combinaison des fluides élastiques; par les mêmes. — Second mémoire sur la théorie du magnétisme; par M. Poisson.

L'Histoire de l'Académie, qui accompagne ce volume, comprend l'Analyse des travaux pendant les années 1821 et 1822, partie mathématique par MM. Delambre et Fourier, partie physique par M. Cuvier; et l'Éloge de M. Banks, par le même.

Tome VI (Année 1823), in-4°. Prix . . . . 20 fr.

Contenant : Recherches sur quelques objets d'analyse indéterminée, et particulièrement sur le théorème de Fermat, par M. Legendre. — Mémoires sur le développement de l'anomalie vraie et du rayon vecteur elliptique, en séries ordonnées suivant les puissances de l'excentricité, par M. de Laplace. — Mémoires sur l'état de la végétation au sommet du Pic du Midi de Bagnères, par M. L. Ramond. — Mémoire sur la théorie mathématique des phénomènes électro-dynamiques, uniquement déduite de l'expérience, dans lequel se trouvent réunis les Mémoires que M. Ampère a communiqués à l'Académie royale des sciences, dans les séances des 4 et 26 décembre 1820, 10 juin 1822, 22 décembre 1823, 12 septembre et 23 novembre 1825. — Mémoire sur les lois du mouvement des fluides, par M. Navier. — Mémoire sur la théorie du magnétisme en mouvement, par M. Poisson. — Mémoire sur le calcul numérique des intégrales définies, par M. Poisson — Mémoire sur les développements des fonctions en séries périodiques, par M. Augustin Cauchy.

L'Histoire de l'Académie qui accompagne ce volume comprend : l'Analyse des travaux pendant l'année 1823, partie mathématique par M. Fourier, et partie physique par M. Cuvier. — Éloge historique de sir William Herschel, par M. Fourier. — Éloge historique de M. Duhamel, par M. Cuvier.

Tome VII (Année 1824). Prix . . . . 20 fr.

Contenant : Second Mémoire sur les canaux de navigation, considérés sous le rapport de la chute et de la distribution de leurs écluses, par M. GIRARD. — Mémoire sur la double réfraction, par M. FRESNEL. — Essai sur le tir des projectiles creux, par M. ANDRÉOSSY. — Mémoire sur le mouvement de la terre autour de son centre de gravité, par M. POISSON. — Mémoires sur les observations météorologiques faites à l'Observatoire de Paris, par M. BOUVARD — Recherches sur les pouvoirs réfringents des fluides élastiques, par M. DULONG. — Mémoire sur les lois de l'équilibre et du mouvement des corps élastiques, par M. NAVIER. — Nouvelle Description du Benincasa cerifera de Savi, plante de la famille des cucurbitacées, par M. DELILLE. — Rapport fait à l'Académie des Sciences, par M. Girard, au nom d'une Commission composée de MM. de Prony, Girard et Dupin, sur un mémoire de M. Cachin, intitulé : *Mémoire sur la digue de Cherbourg, comparée au Break-water ou jetée de Plymouth.* — Rapport sur une nouvelle machine à feu, présentée à l'Académie et exécutée aux abattoirs de Grenelle, par M. de Manoury-d'Ectot, par M. Girard. — Application des principes de la dynamique à l'évaluation des avantages respectifs des divers moyens de transport, par le même. — Mémoire sur le Nivellement général de la France et les moyens de l'exécuter, par M. Girard. — Second mémoire sur l'application du calcul des résidus aux questions de physique mathématique, par M. Augustin Cauchy. — Essai sur la température de l'intérieur de la terre, par M. Cordier. — Mémoire sur la composition des moments en mécanique, par M. Petsxot. — Mémoire sur les températures du globe terrestre et des espaces planétaires, par M. Fourier. — Mémoire sur la distinction des racines imaginaires, et sur l'application des théorèmes d'analyses algébriques aux équations transcendantes qui dépendent de la théorie de la chaleur, par M. Fourier.

L'Histoire de l'Académie, qui accompagne ce volume, comprend l'Analyse des travaux pendant l'année 1824, partie mathématique par M. Fourier, et partie physique par M. Cuvier — Éloge historique de M. Bréguet, par M. Fourier. — Éloges historiques de MM. Richard et Thouin, par M. Cuvier.

Tome VIII. Prix . . . . 20 fr.

Contenant : Mémoire sur la figure de la Terre, par M. Biot. — Rapport sur un mémoire de M. Jacobson, MM. Duméril et de Blainville commissaires. — Mémoire sur divers points d'analyse, par M. A. L. Cauchy. — Mémoire sur le développement de $F(z)$ suivant les puissances ascendantes de h, z étant une racine de l'équation $z - x - h \, \varpi(z) = 0$; par M. A. L. Cauchy. — Mémoire sur l'origine, le développement et l'organisation du Liber et du Bois par M. Mirbel. — Troisième mémoire sur les Canaux de Navigation considérés sous le rapport de la chute et de la distribution de leurs écluses, par M. Girard. — Mémoire sur la Comète périodique de 6 ans 3/4, par M. de Damoiseau. — Recherches sur la manière de discuter les analyses chimiques pour parvenir à déterminer exactement la composition des minéraux par M. Beudant. — Mémoire sur l'Équilibre et le Mouvement des corps élastiques, par M. Poisson. — Note sur le problème des Ondes par le même. — Mémoire sur la Théorie analytique de la chaleur, par M. Fourier. — Additions au mémoire sur l'Équilibre et le Mouvement des corps élastiques inséré dans ce volume, par M. Poisson.

L'histoire de l'Académie qui accompagne ce volume comprend l'analyse des travaux pendant l'année 1825, partie mathématique par M. Fourier, et partie physique par M. Cuvier, ainsi que les Éloges de M. Charles par M. Fourier, et de MM. Hauy, Berthollet et Lacépède par M. Cuvier.

Tome IX. Prix . . . . 20 fr.

Contenant : Mémoire sur l'Équilibre des fluides, par M. Poisson. — Note sur les racines des équations transcendantes, par le même. — Extrait du mémoire sur l'intégration des équations aux différences partielles, par M. Cauchy. — Extrait du mémoire sur quelques séries analogues à la série de Lagrange, sur les fonctions symétriques, et sur la formation directe des équations que produit l'élimination des inconnues entre des équations algébriques données, par le même. — Mémoire sur l'équation qui a pour racines les moments d'inertie principaux d'un corps solide, et sur diverses équations du même genre, par le même. — Mémoire sur le mouvement d'un système de molécules qui s'attirent ou se repoussent à de très-petites distances, et sur la théorie de la lumière, par le même. — Démonstration analytique d'une loi découverte par M. Savart et relative aux vibrations des corps solides ou fluides, par le même. — Mémoire sur la torsion et les vibrations tournantes d'une verge rectangulaire, par le même. — Recherches statistiques sur l'état actuel des usines à fer de la France en l'année 1825, par M. Héron de Villefosse. — Recherches statistiques sur les métaux en France, par le même. — Mémoire sur la mesure et le calcul des azimuts propres à la détermination des longitudes terrestres, par M. Puissant. — Mémoire sur la proportion des naissances des filles et des garçons, par M. Poisson. — Note relative au mémoire de M. Poisson sur le mouvement de la terre autour de son centre de gravité, inséré dans le tome 7 de cette collection. — Mémoire sur l'écoulement des fluides élastiques dans les vases et les tuyaux de conduite, par M. Navier. — Quelques considérations sur les fièvres putrides devenues malignes, par M. Portal. — Recherches sur l'élasticité des corps qui cristallisent régulièrement, par M. Savart. — Expériences sur les canaux semi-circulaires de l'oreille dans les oiseaux par M. Florens. — Expériences sur les canaux semi-circulaires de l'oreille dans les mammifères, par le même. — Nouvelles expériences sur le système nerveux, par le même. — Observations et remarques sur la nature et le traitement de l'hydropisie avec des palpitations du cœur, et particulièrement sur le ramollissement de cet organe, par M. Portal. — Mémoire sur l'électro-chimie et l'emploi de l'électricité pour opérer des combinaisons, par M. Becquerel. — Mémoire sur la coudée septennaire des anciens Égyptiens et les différents étalons qui en ont été retrouvés jusqu'à présent, par M. Girard. — Nouvelles recherches sur la Structure et les développements de l'Ovule Végétal, par M. Mirbel. — L'histoire de l'Académie qui accompagne ce volume comprend l'analyse des travaux pendant l'année 1826, partie mathématique par M. Fourrier, et la partie physique par M. Cuvier, ainsi que les Éloges historiques de MM. Ramond, Hallé, Corvisart et Pinel par M. Cuvier.

***MÉMOIRES** présentés par divers Savans a l'Académie des Sciences et imprimés par son ordre. Tome 1er. In-4º.   20 fr.

Contenant: Mémoire sur la Théorie de la propagation des ondes à la surface d'un fluide pesant d'une profondeur indéfinie, par M. A. L. Cauchy. — Notes du précédent Mémoire. — Mémoire sur la théorie de la Lune, par M. Damoiseau. — Table des objets principaux contenus dans le précédent Mémoire. — Mémoire sur les intégrales indéfinies, par M. A. L. Cauchy. — Rapport fait a l'Académie des Sciences. — Introduction. — Première partie. — Seconde partie. — Premier supplément. — Second supplément.

Tome II. Savans étrangers, in-4º. Prix... 20 f.

Contenant : Essai sur les myodaires, par le docteur J.-B. Robineau-Desvoidy, de Saint-Sauveur (Yonne).

MÉMOIRES DE L'ACADÉMIE ROYALE
DES INSCRIPTIONS ET BELLES-LETTRES.
Tome I (1815), in-4º, avec une planche. Prix.... 21 f.

Contenant: Recherches sur la géographie ancienne. — Mémoire sur deux inscriptions grecques, trouvées à Athènes. — Mémoire sur un monument consacré, par Philippianus, à la gloire de Septime-Sévère. — Mémoire sur le consul d'Occident Calipius. — Épitaphe de Paternianus. — Mémoire sur les masques des anciens. — Inscriptions et médailles, composées ou adoptées par la Classe.

Notices historiques sur la vie et les ouvrages des membres de la Classe morts depuis sa création jusqu'à la fin de 1811, par M. Dacier, secrétaire perpétuel.

Premier Mémoire sur la nature et les révolutions du droit de propriété territoriale de l'Égypte, depuis la conquête de ce pays par les Musulmans, jusqu'à l'expédition des Français ; par M. Silvestre-de-Sacy, etc. — Mémoire sur le Phœnix, ou recherches sur les périodes astronomiques et chronologiques des Égyptiens, par M. Larcher.

Tome II (1815), avec 11 planch. Prix......... 21 f.

Contenant : Mémoire sur l'origine grecque du fondateur d'Argos; par M. Petit-Radel. — Mémoire sur l'art oratoire de Corax, par M. Garnier. — Observations sur quelques ouvrages du stoïcien Panétius, idem. — Mémoire sur différentes inscriptions grecques, par M. d'Ansse-de-Villoison. — Mémoire sur les monuments et les inscriptions de Kirmanschah et de Bisutoun, et sur différents autres monuments Sassanides, par M. Silvestre-de-Sacy. — Mémoire où l'on cherche a prouver que la harangue en réponse à la lettre de Philippe n'est pas de Démosthène, par M. Larcher. — Mémoire sur la restitution du temple de Jupiter Olympien à Agrigente, d'après la description de Diodore de Sicile et les fragments qui y subsistent encore, etc., par M. Quatremère-de-Quincy. — Doutes, conjectures et discussions sur différents points de l'Histoire Romaine, par M. Ch. Lévêque. — Rome sous les rois, Rome sous les consuls. Observations sur l'authenticité de l'origine de Rome telle qu'elle est rapportée par Varron, et par les écrivains grecs et romains, par M. Larcher. — Recherches sur l'origine du Bosphore de Thrace, par M. Choiseul-Gouffier. — Mémoire sur la chronologie des dynasties ou princes de Carie, et sur le tombeau de Mausole, par M. de SAINTE-CROIX. — Éclaircissement sur le mot *Mausolée* et sur les divers mots employés par les Grecs pour désigner les sépultures et les monuments funèbres. — Mémoire sur quelques inscriptions arabes existantes en Portugal, et rapportées dans le voyage de J. Murphy, et dans les Mémoires de littérature portugaise publiés par l'Académie des sciences de Lisbonne, par M. SILVESTRE-DE-SACY. — Mémoire sur les instruments d'agriculture des anciens, par M. MONGIS. — Premier Mémoire sur les charrues.

Tome III (1817), in-4°, avec 10 planch. Prix.. 21 f.

Contenant : 1° Mémoire sur les instruments d'agriculture des anciens, par M. MONGIS; 2° Mémoire sur l'origine du culte que les Druzes rendent à la figure d'un veau, par M. SILVESTRE-DE-SACY; 3° Mémoire sur la famille de Callias, par M. CLAVIER; 4° Mémoire sur la manière dont étaient éclairés les temples des Grecs et des Romains, par M. QUATREMÈRE-DE-QUINCY; 5° Recherches et Observations sur le commerce et le luxe des Romains, et sur leurs lois commerciales et somptuaires, premier Mémoire; six premiers siècles de Rome, par M. PASTORET; 6° Deuxième Mémoire, septième siècle de Rome et premières années du huitième, par *le même*; 7° Mémoire sur les meules de moulin employées par les anciens et les modernes, et sur les meules à bras antiques trouvées près d'Abbeville, par M. MONGIS.

Tome IV (1817), in-4°, avec cinq planches. Prix.. 21 f.

Contenant : 1° Mémoire sur la dynastie des Assassins, et sur l'étymologie de leur nom, par M. SILVESTRE-DE-SACY; 2° Dissertation sur Apollodore, tyran de Cassandrie, par M. CLAVIER; 3° Mémoire sur la description du bouclier d'Achille par Homère, par M. QUATREMÈRE-DE-QUINCY; 4° Mémoire sur la course armée et les Oplitodromes, et sur la statue vulgairement appelée le gladiateur combattant, par *le même*; 5° et 6° Recherches sur les habillements des anciens, par M. MONGIS; 7° Mémoire sur le char funéraire qui transporta de Babylone en Égypte le corps d'Alexandre, ou projet de restitution de ce monument, d'après la description de Diodore de Sicile, par M. QUATREMÈRE-DE-QUINCY.

Tome V (1822), in-4°, avec huit planches... 24 f.

CONTENANT : Travaux de l'Académie depuis le commencement de l'année 1812, jusqu'à la fin de l'année 1817.—Ordonnance du Roi concernant la nouvelle organisation de l'Institut - Ordonnance du Roi relative à la continuation et à l'achèvement des deux recueils des historiens de France et des Ordonnances des Rois de France de la troisième race.—Ordonnance du Roi qui approuve deux réglements arrêtés par l'Académie. — Articles de réglements arrêtés par l'Académie dans ses séances des 26 avril, 3 et 10 mai 1816.—Articles supplémentaires au réglement de l'Académie concernant la répartition de l'indemnité.— Extrait de l'ordonnance du roi relative à l'organisation et aux attributions de la monnaie des médailles. — Sujets de prix pour les années 1812—1813—1814—1815—1816—1817.—Changements arrivés dans la liste des membres, depuis le commencement de l'année 1812, jusqu'à la fin de l'année 1817. — Liste des membres qui composaient l'académie à la fin de l'année 1817.

HISTOIRE DES OUVRAGES DE L'ACADÉMIE. — Mémoire sur l'épi-thrace, par M. Gail — Mémoire sur la signification du mot *hieron* et autres analogues dans les écrits des anciens, par *le même*. —Mémoire sur Olympie, par *le même*.— Mémoire sur deux inscriptions romaines, par M. Mongez.—Mémoire sur quelques antiquités trouvées près d'Aurillac, département du Cantal, par *le même*. — Rapport sur une tunique égyptienne, par *le même*, avec une planche. — Mémoire sur les signaux des anciens, par *le même*. — Mémoire sur les pierres tranchantes, trouvées dans les sépultures anciennes, par *le même*, avec une planche. — Mémoire sur la véritable situation de Noviomagus Lexoviorum, ville de la seconde lyonnaise, par *le même*. — Mémoire sur les graines de quelques végétaux qui ont été prises pour étalons de poids par les anciens, par *le même*. — Mémoire sur la psychostasie, et sur Thèbes d'Égypte, par *le même*, avec une planche. — Mémoire sur la manière de naviguer des Normands, et sur un bateau déterré à Paris, près du Champ-de-Mars en 1806, par *le même*. — Recherches sur la légitimité ou non-légitimité d'une fille de Louis-le-Gros, dont la mère est inconnue, par M. Brial.—Éclaircissement sur un arrêt du parlement de Paris qui ordonne la suppression de quelques vers d'un poème du Tasse, par M. Bernardi.—Inscriptions et médailles composées ou adoptées par l'Académie.— Notices historiques sur la vie et les ouvrages de messieurs Dupuis

— Ameilhon — Lévesque — De Toulongeon — Champagne — Du Theil — Heyne et Larcher, par monsieur Dacier, secrétaire perpétuel.—Second mémoire sur la nature et les révolutions du droit de propriété territoriale en Égypte, depuis la conquête de ce pays par les Musulmans jusqu'à l'expédition des Français, par M. Silvestre-de-Sacy.—Recherches et observations sur le commerce et le luxe des Romains, et sur leurs lois commerciales et somptuaires, par M. de Pastoret. — Troisième mémoire, règne d'Auguste.—Examen de la véracité de Denys d'Halicarnasse; de l'authenticité des sources de son récit concernant l'établissement des colonies pélasgiques en Italie, et les causes physiques qui leur firent déserter cette contrée, par M. L. Petit-Radel.— Quelques éclaircissements sur l'époque de l'émigration d'Enotrus, par M. Raoul-Rochette.—Défense de l'autorité de Denys d'Halicarnasse sur l'époque de la colonie d'Enotrus, qu'il fixe à la dix-septième génération avant la prise de Troie, par M. L. Petit-Radel, avec un tableau. — Recherches sur l'improvisation poétique chez les Romains, par M. Raoul-Rochette. — Mémoire sur le défi d'Apelles et de Protogènes, ou éclaircissements sur le passage dans lequel Pline rend compte du combat de dessin qui eut lieu entre ces deux peintres, par M. Quatremère-de-Quincy, avec 2 planches.—Mémoire sur une inscription grecque trouvée près de Calamo en Béotie, par M. Raoul-Rochette. — Mémoire sur l'étendue et les limites du territoire des Gabali, et sur la position de leur capitale Anderitum, par C. A. Walckenaer, avec 2 planches.

Tome VI (1822), in-4°, avec 4 planches... 24 fr.

Contenant : Mémoire sur l'Optique de Ptolomée, et les deux manuscrits qui existent à la Bibliothèque du roi, par M. Caussin.—Recherches sur le principe, les bases, et l'évaluation des différents systèmes métriques linéaires de l'antiquité, par M. Gosselin.— Mémoire sur la population de l'Attique, par M. Letronne. — Éclaircissements sur les fonctions des magistrats appelés Mnémons, Hiéromnémons, Promnémons, et sur la composition de l'assemblée amphictyonique, par le même. — Mémoire sur cette question : Les anciens ont-ils exécuté une mesure de la terre postérieurement à l'établissement de l'école d'Alexandrie? par le même. — Mémoire sur les origines des plus anciennes villes de l'Espagne, par M. L. Petit-Radel. — Mémoire sur la situation des Randii Campi, où Marius défit les Cimbres, et sur la route suivie par ces peuples pour se rendre en Italie, par M. Walckenaer. — Mémoire sur les changements qui se sont opérés dans le cours de la Loire entre Tours et Angers, et sur la position du lieu nommé Murus, par le même; avec 2 planches.—Mémoires sur les relations politiques des princes chrétiens, et particulièrement des rois de France, avec les empereurs mongols, par M. Abel Rémusat.— Premier Mémoire. Rapports des princes chrétiens avec le grand empire des Mongols, depuis sa fondation sous Tchinggis-Khan, jusqu'à sa division sous Khoubilai. Mémoire sur une correspondance inédite de Tamerlan avec Charles VI, par M. le baron Silvestre-de-Sacy. — Mémoire sur les médailles de Marinus, frappées à Philippo-polis, par M. Tochon d'Annecy; avec une planche. — Notice sur une médaille de l'empereur Jotapianus, par le même : avec une planche. — Examen critique des historiens qui ont parlé du différend survenu, l'an 1141, entre le roi Louis-le-Jeune et le pape Innocent II, par M. Brial. — Mémoire sur le procès de Gui-chard, évêque de Troyes, en 1304 et années suivantes, par M. le comte Boissy-d'Anglas. — Essai historique et statistique sur les accroissements et les pertes qu'a successivement éprouvés la Maison d'Autriche, depuis l'avènement de Rodolphe de Hapsbourg à l'empire, jusques y compris les traités de Presbourg et d'Austerlitz, par M. Mentelle.

Tome VII (1824), avec six planches. 25 fr.

Contenant : Travaux de l'Académie depuis le commencement de l'année 1818 jusqu'à la fin de l'année 1822. — Rapport de la commission chargée de l'examen des Mémoires relatifs aux antiquités de la France, envoyés à l'Académie par le ministre de l'intérieur. — Instruction jointe au rapport de la commission établie pour l'examen des Mémoires sur les antiquités de la France. — Sujets de prix pour les années 1818 à 1822. — Changements arrivés dans la liste des membres depuis le commencement de l'année 1818 jusqu'à la fin de l'année 1822. --Liste des membres qui composaient l'Académie à la fin de 1822.

Histoire des ouvrages de l'Académie : Examen de la traduction française d'un passage d'Hérodote, par M. Caussin. — Recherches sur la position des lieux de la Béotie, nommés Hermaion et Mycalesse, dans Thucydide, par le même. — Mémoire sur la chasse aux petits quadrupèdes, par M. Mongez. — Mémoire sur la lecture du sixième livre de l'Énéide, faite par Virgile devant Auguste et Octavie, par le même. Mémoire sur des mesures romaines gravées sur un rocher près de Terracine. — —Supplément à un Mémoire sur les masques des anciens, par le même. — Notice sur quelques inscriptions au-dessus desquelles sont gravées des mains levées, par le même. — Mémoire sur les vases appelés lacrymatoires, par le même. — Mémoire sur la nature allégorique des trois centimanes Briarée, Cottus, Gygès, en général, et de Briarée en particulier, par M. le vicomte Le Prévost d'Iray. — Recherches sur Galérius Trachalus, orateur et consul romain, par M. Bernardi. — Éclaircissements d'un passage de l'abbé Suger, relatif à l'histoire de Berry, par D. Brial.— Inscriptions et médailles composées ou adoptées par l'Académie.

Ce volume ne sera mis en vente qu'avec le huitième de la même collection, dont l'impression n'est pas encore terminée.

Tome VIII (1825)................ 25 fr.

Contenant: Notices historiques sur la vie et les ouvrages de MM. Visconti, Dupont de Nemours, Millin, le marquis Garnier et Tochon d'Annecy.

Mémoires : Recherches sur l'origine et la formation de l'écriture chinoise, par M. Abel Rémusat. — Premier mémoire sur les signes figuratifs qui ont formé la base des caractères les plus anciens. — Remarques sur quelques écritures syllabiques tirées des caractères chinois, et sur le passage de l'écriture figurative à l'écriture alphabétique, par le même. — Remarques sur l'extension de l'empire chinois du côté de l'Occident, par le même. — Examen du texte de Diodore de Sicile, relatif au monument d'Osymandyas; par M. Gail.—Mémoire sur la forme et l'administration de l'état fédératif des Béotiens par M. Raoul Rochette. — Mémoire sur l'origine des jeux scéniques chez les Romains, et sur les lois qui les établirent et en réglèrent la discipline, par M. Bernardi. — Observations sur les fables récemment publiées à Naples, et attribuées à Phèdre, par M. Vanderbourg.—Troisième mémoire sur le bronze des anciens et sur la trempe, par M. Mongez. — Mémoire sur les trois plus grands camées antiques, par le même. — De l'état des personnes en France sous les rois de la première race, par M. Naudet.

HISTOIRE LITTÉRAIRE DE LA FRANCE. Tome XII, qui comprend la suite du XIIe siècle jusqu'à l'an 1167. Pr. br. 21 f.

Ce volume, qui manquait depuis long-temps dans le commerce, pour compléter des collections de cet important ouvrage, vient d'être réimprimé.

*—Tom. XIII, suite du XIIe siècle, de 84 feuilles (1814). Pr. 21 fr.

*— Tome XIV (1817). .... 21 fr.

*— Tome XV (1820)................... 21 fr.

*— Tome XVI (1824). .... 21 fr.

Cet ouvrage, commencé par des Bénédictins de la Congrégation de Saint-Maur, est continué par des Membres de l'Académie des Inscriptions et Belles-Lettres. Le tome XVII est sous presse.

OUVRAGES DE FONDS
OU EN NOMBRE.

THÉOLOGIE.

Sciences morales et politiques.

ACTES (les) des apôtres, latin et français, 1 vol. in-8°, gr. pap., avec 28 belles gravures de Moreau, demi-reliure, dos de veau. 30 f.

ARISTOTE (la Morale), traduite du grec par Thurot, 2 volumes in-8°, avec portrait. (Voy. page 14). Prix . . . . 10 f.

— La Politique, traduite par le même. 2 vol. in-8°. Prix : . . . . 10 f.

AUBERNON. Considérations historiques et politiques sur la Russie, l'Autriche, la Prusse et l'Angleterre, et sur les rapports de ces puissances avec la France. In-8°. Pr. 4 f.

*BARBÉ-MARBOIS. Rapport sur l'état actuel des prisons dans les départements du Calvados, de l'Eure, de la Manche et de la Seine-Inférieure, et sur la maison de correction de Gaillon, in-4°. Paris, 1824. 2 f. 50 c

BARD. Considérations pour servir à l'histoire du développement moral et littéraire des nations. 1 vol. in-8°, gr. pap. Paris, 1826. Prix . . . . 6 f.

BARTHÉLEMY (l'abbé). Traité de Morale, à l'usage de la jeunesse, extrait de ses œuvres diverses. Brochure in-12. Prix 1 f.

BATTUR. De l'Ordre et de la Liberté (V. p. 18)

*BEAUJOUR. Théorie des gouvernements. 2 vol. in-8°. (Voyez p. 17). Prix : 15 f.

*BIBLIA SACRA, 1 vol. in-8°, imprimé en petits caract. à 2 colonnes. (V. p. 13). 30 f.

— La même, 6 vol. in-32. . . . . 30 f.

*BRIDEL. LE LIVRE DE JOB, nouvellement traduit d'après le texte original non ponctué et les anciennes versions, notamment l'arabe et la syriaque, avec un Commentaire imprimé à part. In-8°, gr. pap. (1818) 5 f.

BURNOUF. Vendidad sadé, traduction nouvelle (V. p. 11).

CABANIS. (Œuvres complètes). (V. p. 15). 5 vol. in-8°. Prix : . . . . 30 f.

— Rapports du physique et du moral de l'homme. 2 vol. in-8°. (V. p. 15). 12 f.

CARDAILLAC. Études élémentaires de philosophie. 2 vol. in-8°. (V. p. 16.) Prix : 14 f.

CHAILLOU DES BARRES. Essai historique et critique sur la législation des grains jusqu'à ce jour. In-8°. Paris, 1820. 2 f. 50 c.

CHAMOUSSET (Œuvres complètes de, contenant des projets d'humanité, de bienfaisance et de patriotisme. 2 vol. in-8°. Paris, 1783. Prix br. . . . . 10 f.

CONSIDÉRATIONS (nouvelles sur St.-Domingue. 1 vol. in-8°. Paris, 1780. . . 5 f

DAMIRON. Essai sur l'Histoire de la philo-sophie en France au 18e siècle. 2 volumes in-8°. (V. p. 17).

*DÉAL. Essai sur la théorie de l'audition, et vues nouvelles sur la composition de l'atmosphère. in-8°. Prix br. . . . . . 1 f. 25 c.

*— Étude de physiologie universelle, pour servir de prolégomènes à celle des facultés intellectuelles de l'homme et à celle de toute science physique. Prix br. . . . . 2 f. 50 c.

DE IMITATIONE CHRISTI. In-48 (V. p. 13).

*DESTUT-TRACY. Éléments d'Idéologie. 5 vol. in-8°. Prix : . . . . 22 f.

DIDEROT. Œuvres. 22 vol. in-8° (V. p. 17).

ÉPICTÈTE (Nouveau manuel d'). Extrait des commentaires d'Arrien, trad. du grec. 2 vol. in-18. Prix br. . . . . 5 f.

GARCIN DE TASSY. Exposition de la foi musulmane. In-8°. Prix : . . . . 3 fr.

*GENOUDE. (Eugène de). Imitation de J.-C. (V. p. 14), ornée d'une gravure d'après le dessin de M. Gérard. Prix : . . . . . 24 f. Il a été tiré quelques exemplaires format in-4°. Prix . . . . 50 f.

— Sainte Bible, trad. par le même. (V. p. 14).

GIROU DE BUZAREINGUES. Philosophie physiologique. In-8° (V. p. 17).

*GODARD. Mémoire et proposition sur la comptabilité générale des finances du royaume; suivis d'un modèle de compte général. 1 vol. in-4°, décembre 1821. Pr. br. 6 f.

HERDER. Idées sur la philosophie de l'histoire de l'humanité, trad. de l'allemand, 3 vol. in-8°, 1827. Prix : . . . . 21 f.

HEEREN. Politique et Commerce des peuples de l'antiquité (V. p. 28).

HELLO. Essais sur le régime constitutionnel, ou Introduction à l'étude de la Charte. 1 vol. in-8°. Paris, 1827. Prix : . . . . 6 fr

HELVÉTIUS (Œuvres complètes d'), 14 vol. in-18, pap. vél. Prix br. . . . . 30 fr. Cette édition, donnée par M. Laroche, légataire des manuscrits de l'auteur, est la seule qui leur soit conforme; et l'avertissement de l'auteur fait connaître les différences essentielles qui la distinguent des autres.

JULLIEN. Essai sur l'emploi du temps (2e édit.) 1810. 1 vol. in-8°. Prix br. . . . 5 f.

LETTRES critiques et politiques sur les colonies et le commerce des villes maritimes de France, adressées à Raynal, 1 vol. in-8°. Genève, 1785. Prix . . . . 4 f.

L'HOSPITAL. Harangue sur un budget du 16e siècle (V. p. 20).

LOCKE. DE L'ÉDUCATION DES ENFANTS. 2 vol. in-12. (Voyez page 15.) . . . . 6 f.

— Œuvres complètes, 7 vol. in-8°. (Voy. p. 15). Prix br. . . . . 42 f.

MALTHUS. Principes d'économie politique considérés sous le rapport de leur application pratique. 2 vol. in-8°. Paris (1820) 15 f.

MARTIN. Grammaire des sciences philosophiques, ou Analyse abrégée de la philosophie moderne, appuyée sur les expériences, 1 vol. in-8°. Prix... 6 f.

*MASSIAS. Rapport de la nature à l'homme et de l'homme à la nature, ou Essai sur l'instinct, l'intelligence et la vie. 4 vol. in-8°, (1821 à 1823)... 22 f.

* - Napoléon jugé par lui-même, ses amis et ses ennemis. 1 vol. in-8°. Prix... 5 f.

* Théorie du Beau et du Sublime, ou Loi de la reproduction par les arts, etc., faisant suite au Rapport de la nature à l'homme. 1 vol. in-8°. Prix br... 6 f.

* —Problème de l'esprit humain, ou Origine, développement et certitude de nos connaissances, 1 vol. in-8°. br... 7 f.

* —Maximes de Larochefoucauld, avec leurs paronymes, 1 vol. in-18, gr. raisin, br. 2 f.

* -Principes de Littérature, de Philosophie, de Morale et de Politique. 4 vol. in-18. Prix... 12 f.

* - Lettre à M. Stapfer, sur le système de Kant, in-8°. Prix... 1 f.

* Rapport de l'homme au sacerdoce, ou Lettres à M. le baron d'Eckstein sur les révélations et les traditions primitives; 1 vol. in-8°. Prix... 3 f.

* - Lettre à M. le directeur du Globe sur l'existence des jésuites en France, in-8°. 1 f.

* Lettre à M. Ph. Damiron sur un article de son Essai sur l'histoire de la philosophie en France au XIX° siècle, in-8°. Pr... 1 f.

* —Influence de l'écriture sur la pensée et sur le langage; ouvrage qui a partagé le prix fondé par Volney et décerné par l'Institut dans la séance du 24 avril 1828. 1 vol. in-8°. Prix... 3 f.

* -Examen des fragments de M. Royer-Collard et des principes de l'école écossaise. Brochure in-8°. Paris, 1829. Prix... 2 f.

* --Principe de la philosophie psycho-physiologique sur lequel repose la science de l'homme. Broch. in-8°. Paris, 1829. 1 f. 50 c.

* - Observations sur les attaques dirigées contre le spiritualisme, par M. le docteur Broussais, dans son livre de l'Irritation et de la Folie. In-8°. Prix... 2 f.

* - Lettre à M. le docteur Broussais, sur la réponse aux observations du baron Massias, relatives à son livre de l'Irritation et de la Folie. In-8°. Prix... 1 f. 50 c.

* Lettre à M. Isaac K....st de Berlin, sur de nouvelles objections qu'il élève contre le spiritualisme. In-8°. Prix... 1 f.

* Lettre à M. de Bourienne sur quelques passages de ses Mémoires relatifs à la mort du duc d'Enghien; in-8°. Prix... 1 f.

--- Traité de philosophie psycho-physiologique. 1 vol. in-8°. (sous presse.)

*NOUVEAU TESTAMENT de N. S. J. C. traduit sur la Vulgate, par Le Maistre-de-Sacy (édit. stéréotype), publié par les soins de M. Frédéric Léo. Paris (1816) 1 vol. in-8° de 37 feuilles. Prix, br. 3 f. 50 c.

*NOVUM TESTAMENTUM. 1 vol. in-32. 4 f.

* — Le même, gr. pap. (Voyez p. 13). 6 f.

* --- Le même en grec. (Voyez p. 14.). 6 f.

PARA. Tableau historique et philosophique de la Religion primitive depuis la création du monde jusqu'à Moïse (1784.) 1 vol. in-8°. Prix, br... 6 f.

— Institutiones philosophicæ ad usum collegiorum, in-8°. Prix br... 6 f.

*PESCE, su i negri e su la natura primitiva dell'uomo saggio ideologico e fisiologico di Gaetano. Tome 1er in-8°. Naples, 1826. 4 f.

RAYNOUARD. Histoire du droit municipal (V. p. 18).

RICHARD. Dictionnaire universel des Sciences ecclésiastiques, contenant l'Histoire générale de la Religion, de son établissement et de ses dogmes, de la discipline de l'Église, de ses rites, de ses cérémonies, de ses sacrements, etc. 6 vol. in-f°. br. 90 f.

RIVAROL. Économie de la vie civile. (V. p. 18.) 1 vol. in-12... 2 f. 50 c.

SAINT FRANÇOIS DE SALES. Introduction à la vie dévote. (V. p. 14.)

SALVADOR. Histoire des Institutions de Moyse (V. p. 18).

*SCOTT. La Sainte Bible (V. p. 13.) L'Évangile selon St.-Mathieu est en vente.
Prix sur papier carré... 7 f.
— sur grand raisin fin... 10 f.
— sur grand raisin vélin... 14 f.

*THOMAS A KEMPIS. De Imitatione Christi, interprete J. Mayr, S. J. edente Brosset. Édition grecque et latine, format in-18, papier fin. (V. p. 14.)... 4 f.
Sur coquille, vélin superfin... 8 f.
L'édition grecque seule, sur pap. fin. 3 f.
Sur très-beau papier vélin... 6 f.

THUROT. De l'Entendement et de la Raison; introduction à l'étude de la philosophie. 2 vol. in-8°. Prix... 14 f.

THUROT. Discours sur cette question: Qu'est-ce que la philosophie? prononcé le 5 décembre 1818, pour l'ouverture du cours de philosophie de la faculté des lettres de l'Académie. (Paris, 1819). Brochure in-8°. 1 f. 50 c.

UNIVERSEL (l'), Journal quotidien, politique et littéraire (V. p. 77).

VAUBLANC (le comte). — Du gouvernement représentatif en France. Broch. in-8°. (Paris, 1820). Prix... 1 f.

VOLNEY (œuvres complètes de). 8 vol. in-8°. (Voyez page 49). Prix... 64 f.

—Les Ruines. 1 vol. in-8°. (V. p. 49.) Prix: 8 f.

Jurisprudence.

BACON. Essai sur la Justice universelle, ou les Sources du Droit; extrait du Traité sur la dignité et les accroissements des sciences;

traduit par M. Gillet (de Seine et Oise), membre du Tribunat. 1 v. in-18. Prix, br. 2 f.

BLACKSTONE. Commentaires sur les lois anglaises, avec des notes de M. Ed. Christian; traduit de l'anglais sur la 15eme édition, par N. M. Chompré. 6 vol. in-8°. Prix : 48 f.

CODE CIVIL, in-12, suivi des Motifs, Rapports, Opinions et Discours; suivi du Supplément au Code Civil, 12 vol. in-12. (V. p. 65.) Prix br. 33 f.

CONFÉRENCE du Code Civil, avec la Discussion particulière du Conseil d'État et du tribunat. 8 vol. in-12. (Voyez p. 65.) Prix br. 22 f.

CODE DE PROCÉDURE CIVILE, avec le Tarif des frais, suivi des Motifs et Rapports, 2 vol. in-12. (Voy. p. 65.) Prix 6 f.

CODE DE COMMERCE, avec le rapprochement du texte des articles du Code civil et du Code de Procédure civile qui y ont un rapport direct, suivi d'une Table analytique et raisonnée des matières, et des Motifs et Rapports. 1 v. in-12. Pr., br. 2 f. 75 c. (V. p. 65.)

CODE D'INSTRUCTION CRIMINELLE, avec l'Exposé des Motifs et les Rapports, et une Table alphabétique et raisonnée des matières. 1 vol. in-12. Prix, br. 2 f. 75 c. (V. p. 65.)

CODE PÉNAL, contenant la loi sur la nouvelle Organisation judiciaire, avec l'Exposé des Motifs et les Rapports faits sur chaque projet de loi. 2 vol. in-12. (V. p. 65.) Prix br. 3 f. 50 c.

***CODE FORESTIER,** avec l'exposé des motifs, publié par MM. Brousse et le baron Favard de Langlade. 1 vol. in-8° br. 6 f. (Voyez page 68).

CODE CIVIL, 1 vol. in-32, sur papier vélin satiné. Prix. 2 f.

CODE DE PROCÉDURE CIVILE, 1 v. in-32, pap. vél. satiné. Prix. 2 f.

CODE DE COMMERCE, 1 vol. in-32, pap. vél. satiné. Prix. 2 f.

CODES D'INSTRUCT. CRIMIN. ET PÉNAL, 1 vol. in-32. pap. vél. satiné. Prix : 2 f.

CODE civil, in-18. Prix br. 1 f. 80 c.
— de procédure, in-18. 1 f. 40 c.
— de commerce, in-18. 1 f. 20 c.
— d'inst. criminelle, in-18. 1 f.
— pénal, 1 vol. in-18. 1 f. 20 c.

CORBAUX. Dictionnaire des arbitrages simples, considérés par rapport à la France, dans les changes entre les villes commerçantes, etc. 2 vol. in-4°, grand papier. Paris, 1802. Prix. 24 fr.

DEPODENAS. Le Régulateur judiciaire des maires et adjoints, d'après la nouvelle législation criminelle. 1 vol. in-8°, br. Agen (1811). Prix. 6 f.

DESQUIRON. Traité de la preuve par témoins en matière criminelle. 1 vol. in-8°. Paris, 1811. Prix. 7 f.

DOMAT. OEuvres. 4 vol. in-8° (V. p. 68).

FAVARD. Répertoire de la Législation du Notariat. 2 vol. in-4°. 2° édition. (V. p. 68). Prix : 36 f.

*— Manuel pour l'ouverture et le partage des Successions, avec l'Analyse des principes sur les Donations entre vifs, les Testaments et les Contrats de mariage. 1 vol. in-8°. Prix br. 7 f.

— Traité des Priviléges et Hypothèques, avec le rapprochement des Lois, des Décrets, des Avis du Conseil d'État et des Arrêts de la Cour de Cassation, rendus en cette matière depuis la publication du Code Civil, jusqu'au mois de mai 1812. 1 vol. in-8°. Prix br. 7 f.

— Répertoire de la nouvelle législation civile, commerciale et administrative, ou Analyse raisonnée des principes consacrés par le Code Civil, le Code de Commerce et le Code de Procédure; par les lois qui s'y rattachent; par la législation sur le contentieux de l'administration, et par la jurisprudence. 5 volumes in-4° d'environ 800 pages chacun, sur deux colonnes. Prix, br. 90 f. (V. p. 67.)

— Législation électorale. 1 vol. in-8° (V. p. 68.)

FERRIERE MODERNE, ou Nouveau Dictionnaire de droit et de pratique, 2 vol. in-8°. Paris, 1824. (V. p. 70.) Prix br. 10 f.

GAGNERAUX. Code forestier, conféré avec la législation et la jurisprudence relatives aux forêts. 2 volumes in-8°. Paris, 1827. Prix : 10 f.

***GOUX.** Manuel du notaire, par demandes et réponses, quatrième édit., in-8°. Pr. 6 f.

***LALOUETTE.** Éléments de l'Administration pratique. 1 vol. in-4°, br. Prix. 15 f.

L'HOSPITAL (OEuvres complètes de). (Voy. p. 69.) 5 vol. in-8°. Prix br. 30 f.
Grand papier vélin. 50 f.

— Harangues et œuvres politiques. 2 vol. in-8°. (V. p. 69). Prix. 12 f.

PAILLIET. Des successions selon le droit ancien, intermédiaire et nouveau. 3 vol. in-8°. Paris, 1823. Prix. 21 f.

***PERSIN** (Jules). Code du Jury et des Élections. 1 fort vol. in-8°. (Paris, 1828.) 7 f. (Voyez p. 67).

***PEYRÉ.** Lois des Francs, 1 vol. in-8°. 6 f. (Voyez p. 70).

RECUEIL des Ordonnances et Réglements de Louis XVIII, sur la Charte constitutionnelle, sur l'Organisation et les Attributions du Conseil d'État, et sur la nature des affaires qui doivent être portées à chacun de ses comités. On y a joint des décisions rendues, par le Conseil d'État, tant sur la compétence des préfets et des conseils de préfecture, que sur le contentieux de l'administration. 1 vol. in-12. Prix br. 3 f.

RECUEIL des lois constitutives des colonies anglaises confédérées sous la dénomination d'États-Unis de l'Amérique septentrionale. Paris, 1778. Prix br. 3 f.

RENAULT. Traité des Conventions et des Engagements qui se forment sans conventions; ou Commentaire sur les lois des 17 et 19 pluviôse an XII, formant les titres III et IV du IIIe livre du Code Civil. 1 vol. in-12. Prix br.............. 3 f.

SUPPLÉMENT AUX CINQ CODES, contenant les Lois et Ordonnances du royaume, rendues depuis le mois d'avril 1814, avec la Conférence des Discussions qui ont préparé, dans les deux chambres, l'adoption de chaque loi. 5 vol. in-12, divisés en 8 parties. (Voyez page 65.) Prix, br. 22 f.

TARIF des frais et dépens en matière de procédure civile. in-12. Prix br...... 75 c.

VERDIÈRE. Dictionnaire raisonné, et par ordre alphabétique, des matières du Code Civil. 1 vol. in-12. Prix br......... 3 f.

TISSANDIER. Traité méthodique et complet sur la transmission des biens. 8 vol. in-8°. 1806. Prix br............. 24 f.

Histoire naturelle, Botanique, Agriculture, Médecine.

***BRISSEAU-MIRBEL**. Éléments de physiologie végétale et de Botanique. 3 vol. in-8°, dont un composé de 72 planches, gravées avec le plus grand soin. Paris. Prix 25 f.

***BRISSET**. Réflexions sur la vaccine et la variole, ayant pour but d'obtenir par la vaccination l'extinction complète de la petite-vérole; in-8°. Paris, 1828. Prix 4 f.

BUFFON. HISTOIRE NATURELLE; nouvelle édition, revue et continuée par M. Lacépède, 76 vol. in-18, avec 900 estampes gravées par Pauquet. Prix, papier fin. 172 f.
- Avec figures coloriées........ 3 40
- Papier vélin.............. 387
- Idem, fig. coloriées......... 516

Chaque partie se vend séparément:
- Matières générales.... 24 vol. 54 f. 00 c.
- Quadrupèdes ...... 14 vol. 31 50
- Oiseaux .... 18 vol. 40 50
- Ovipares et Serpents. 4 vol. 9 »
- Poissons........... 14 vol. 31 50
- Cétacés.......... 2 vol. 5 »

— Théorie de la terre et époques de la nature. 3 vol. in-8°. br.......... 15 f.

***BUFFON**, œuvres complètes, avec les Descriptions anatomiques de Daubenton, son collaborateur: nouvelle édition, commencée par feu M. Lamouroux, et continuée par M. Desmarest, professeur à l'École royale d'Alfort, etc.

Cette édition aura 40 volumes in-8° de texte, et 36 livraisons de figures, chacune de 20 planches. Elle sera publiée par livraisons d'un volume et d'un cahier de planches, qui paraîtront de mois en mois.

Prix de chaque vol. papier fin des Vosges. 5 f. 50 c.
- Même papier, satiné ...... 6 f.

- de chaque liv. de planches, fig. noires. 3 f.
- figures coloriées............... 8 f.

Les 37 premières livraisons sont en vente.

BUFFON. OEuvres complètes mises en ordre par Richard. 32 vol. in-8°. (V. p. 54).

***BULLETIN** des sciences agricoles, économiques, etc.   (V. p. 80.)

***BULLETIN** des sciences médicales, etc. (V. p. 80.)

***BULLETIN** des sciences naturelles et géologie. (V. p. 80.)

CHAPONNIER. La physiologie des gens du monde. 1 vol. in-8°. Prix :........ 7 f. Cet ouvrage est destiné à servir de complément à l'éducation.   (V. p. 16).

CHEVALIER. Histoire générale des Hypoxylons (V. p. 54).

***CORDIER**, ingénieur en chef des ponts et chaussées. Mémoire sur l'Agriculture de la Flandre française et sur l'Économie rurale; 1 vol. in-8°, gr. papier, avec un atlas in-4°. composé de 20 pl. Paris, 1823. Pr. br. 20 f

CUVIER. Histoire des poissons. (V. p. 54)

***DARDONVILLE**. Mémoire sur les fièvres, en opposition à la nouvelle doctrine, 1 vol. in-8° (1821). Prix.............. 4 f.

***—** Recherches pratiques sur la phthisie pulmonaire. in-8°. Prix............. 3 f

FÉE. Essai sur la cryptogamie. (V. p. 53). Méthode lichénographique (V. p. 53).

GALL. Introduction au cours de physiologie du cerveau, ou Discours prononcé à la séance d'ouverture de son cours public, le 15 janvier 1808. Brochure in-8°. Pr. 1 f. 50 c.

HOFFMANN, consultationum et responsorum medicinalium, complectens morbos capitis et pectoris, abdominis et artuum externorum. 2 vol. in-4°. Francfort, 1735. Prix .... 20 f.

***JAUME St.-HILAIRE**. Plantes de la France. 10 vol. in-8°. Prix. (V. p. 55).....

***** Id. 10 vol. in-4°. pap. vélin..... (V. p. 55).

***—LA FLORE ET LA POMONE** françaises, etc. (V. p. 55).

— Traité des arbres et des arbustes, etc. (V. p. 55)

***LALOUETTE**. Réflexions sur la nature de la goutte, sur ses causes, ses effets, et sur la manière de la combattre. In-8° (1815). Prix br. .... 1 f. 80 c.

LASALLE (de) DE L'ÉTANG. Manuel d'agriculture pour le laboureur, le propriétaire et le gouvernement, etc. 1 vol. in-8°. Paris, 1764. Prix br.................. 5 f.

***LAURENT**. Tableaux synoptiques d'anatomie physiologique, dressés d'après une nouvelle nomenclature et accompagnés de mémoires explicatifs; l'ouvrage sera composé de 20 tableaux et d'autant de mémoires explicatifs, et paraîtra en vingt livraisons. Les deux premières sont en vente. Prix de chacune.................... 2 f.

***LEFORT**. Mémoire sur la non-contagion de

la fièvre jaune. 1 vol. in-8°. St.-Pierre de la
Martinique. 1823. Pr. br.......... 3 f.
LEVAILLANT. Histoire naturelle des perro-
quets. (V. p. 54.)
LIEUTAUD. Précis de la matière médicale.
2 vol. in-8°. Paris, 1781. Prix:.... 10 f.
LINNÉ. Systema naturæ. 9 vol. in-8". 60 f.
MARSAND. Mémoire sur le sucre d'Oleus-
cafer, et sur l'origine, les progrès et l'état
actuel de cette découverte, par M. Arduino
de Padoue, br. in-4". Paris, 1813. 1 f. 50 c.
MÉMOIRES du Muséum d'histoire naturelle,
Tom. 1-2, in-4". Prix:...... . 60 fr.
PARMENTIER. Traité théorique et pratique
sur la culture des grains, suivi de l'art de
faire le pain ; 2 vol. in-8°. Prix. 12 f.
TEMMINCK. Manuel d'ornithologie, ou Tableau systématique des oiseaux qui se trouvent en Europe, précédé du système général d'ornithologie. 2 vol. in-8°. Prix : 15 fr.
TISSOT. Avis au peuple sur sa santé. 2 vol.
in-12. Prix .... 3 f. 50 c.
VIEILLOT. Histoire naturelle des plus beaux
oiseaux chanteurs de la zone torride. 1 vol.
in-fol. grand papier vélin, contenant 72 pl.
gravées et imprimées en couleur... 360 f.
THÉORIE (la) et la pratique du jardinage.
1 vol. in-4". Prix............... 12 f.

Mathématiques.

ANTONY (d'). Institutions physico-mécani-
ques. 2 vol. in-8°. Prix br...... 12 f.
ARITHMÉTIQUE (Théorie complète de l')
è l'usage des personnes qui se préparent a
subir des examens. 1 vol. in-8°. Paris, 1826.
(V. p. 73). Prix br...... 3 f. 50 c.
BARDEL. Éléments d'Arithmétique. 1 vol.
in-8°, 1827. (V. p. 70.) Prix...... 4 f.
BAUDUSSON. Le Rapporteur exact, ou Tables des cordes de chaque angle, suivi de
tables pour la nouvelle division du cercle en
parties centésimales; nouvelle édit. 1 vol.
in-18. Prix br.......... 2 f.
BAZAINE. Cours élémentaire de Géométrie
pratique, dans lequel sont exposées les
Instructions sur le Calcul décimal, la nouvelle Quadrature et Cubature, qui remplace
le toisé des surfaces et des solides, etc.,
etc. 1 vol. in-8°. Prix br.......... 6 f.
REDOS (dom). La Gnomonique pratique, in-
8°, avec 39 pl. Prix, rel........ 9 f. 25 c.
BÉLIDOR. Cours de Mathématiques, a l'usage
de l'Artillerie et du Génie. 1 vol. in-4°, avec
34 planches. Prix br.......... 15 f.
BÉRARD. Applications du calcul différentiel
à la discussion et à la construction des
lignes courbes et surfaces courbes du second degré, avec plusieurs théorèmes nouveaux (1814). in-4". Prix br...... 5 f.
Opuscules mathématiques, contenant plusieurs méthodes nouvelles de construire
l'équation aux sections coniques; la décou-

verte d'une propriété nouvelle de la lumière,
une balance algébrique propre a trouver les
racines des équations numériques de tous
les degrés; enfin plusieurs problèmes nouveaux ou résolus par des méthodes nouvelles
1 vol. in-8°. Prix............... 3 f.
BERTHEVIN. Éléments d'arithmétique com-
plémentaire, ou méthode nouvelle par laquelle a l'aide des compléments arithmétiques on exécute toutes les opérations de
calcul. 1 vol. in-8°, Paris, 1826. Pr. 5 f.
BERTHOUD. Essai sur l'Horlogerie, dans lequel on traite de cet art relativement à l'u-
sage civil, à l'astronomie et à la navigation.
2 vol. in-4". 38 pl. Prix, br. (rare). 70 f.
*— Histoire de la mesure du temps. 2 vol. in-4",
23 pl. Prix br.......... 36 f.
*— Traité des Horloges marines, contenant la
théorie, la construction, la main-d'œuvre
de ces machines, etc. 1 gros vol. in-4°, avec
27 planches. Prix br.......... 24 f.
* —De la mesure du temps, ou Supplément au
Traité des horloges marines et a l'Essai sur
l'Horlogerie, etc. 1 vol. in-4", avec 11 pl.
Prix br. .... 18 f.
* — Les Longitudes par la mesure du temps,
ou Méthode pour déterminer les Longitudes
en mer, avec le secours des Horloges marines. 1 v. in-4" (1775). Prix....... 9 f.
BEZOUT. Cours complet de Mathématiques
a l'usage des élèves de la marine. 6 vol. in-
8", fig. Prix.......... 23 f. 25 c.
Chaque partie se rend séparément, sav.
— L'ARITHMÉTIQUE, suivie d'un Traité des
nouvelles mesures, et de tables très-utiles
pour la navigation. 1 vol. in-8". (1822)
Prix.............. 2 f. 75 c.
— La GÉOMÉTRIE et la TRIGONOMÉTRIE, nouvelle édit., revue par Plauzoles, et augmentée de notes par Plessis. 1 vol. in-8", avec
9 planches. Prix............ 5 f.
— L'ALGÈBRE, suivie de l'application de l'Algèbre a la Géométrie. 1 vol. in-8", avec 5
pl. Prix............ 4 f.
— La MÉCANIQUE. 2 vol. in-8", avec 16 pl.
Prix.............. 8 f.
— La NAVIGATION. 1 vol. in-8", avec 10 pl.
Prix............ 4 f. 50 c.
— Cours complet de Mathématiques a l'usage
des élèves de l'Artillerie. 4 vol. in-8", gr.
pap. fig. Prix br.......... 20 f.
— Théorie générale des équations algébriques. 1 vol. in-4". Prix............ 16 f.
BIOT. Recherches expérimentales et mathématiques sur les mouvements des molécules
de la lumière autour de leur centre de gravité. 1 fort vol. in-4° (1814), rare. 21 f.
BIOT. Traité de Physique expérimentale et
mathématique. 4 vol. in-8°. (rare). 60 f.
BIOT et ARAGO. Recueil d'observations
géodésiques, astronomiques et physiques,
exécutées par ordre du Bureau des Longitudes, en Espagne, en France, en Angleterre et en Écosse, etc., faisant suite au tome

3ᵉ de la Base du système métrique ; 1 vol. in-4°, avec figures, 1821. Prix... 21 f.

BOIS-AYMÉ (De). De la courbe que décrit un chien, en courant après son maître. Broch. in-4°. Prix... 3 f.

BOIS-BERTRAND. Leçons sur les Équations algébriques, à l'usage des élèves de l'école polytechnique et des écoles militaires. 2ᵉ édit.), 1811. 2 vol. in-8°. Prix 10 f. 50 c.

— Démonstration du Principe fondamental de la théorie des Parallèles ; in-8°. 50 cent.

*BORGNIS. Traité complet de mécanique appliquée aux arts, contenant l'exposition méthodique des théories et des expériences les plus utiles pour diriger le choix, l'invention, la construction et l'emploi de toutes les espèces de machines ; ouvrage divisé en dix Traités, format in-4°, avec 240 planches, dessinées par Girard, 1818 à 1823. Prix... 206 f.

Chaque Traité se vend séparément ainsi qu'il suit :

I. De la composition des Machines, volume de plus de 450 pages, avec tableaux synoptiques et 43 planches donnant les figures de plus de 1200 organes de machines, 1818. Prix... 25 f.

II. Du mouvement des Fardeaux, volume de 334 pages, et 20 planches gravées, 1818. Prix... 20 f.

III. Des Machines que l'on emploie dans les constructions diverses ; vol. de 336 pages, avec 26 planches, 1818. Prix... 20 f.

IV. Des Machines hydrauliques ; vol. in-4°, avec 27 pl., 1819. Prix... 20 f.

V. Des Machines d'agriculture ; vol. in-4, avec 28 pl., 1819. Prix... 21 f.

VI. Des Machines employées dans diverses fabrications ; vol. in-4°, avec 27 planches, 1819. Prix... 21 f.

VII. Des Machines qui servent à confectionner les étoffes ; vol. in-4°, avec 44 planches, 1820. Prix... 30 f.

VIII. Des Machines qui imitent ou facilitent les fonctions vitales des corps animés ; vol. in-4°, avec 27 planches ; 1820. Pr. 21 f.

IX. Théorie de la Mécanique usuelle, ou Introduction à l'étude de la Mécanique appliquée aux arts ; vol. in-4°, 1821. 15 f.

X. Dictionnaire de Mécanique appliquée aux arts, in-4°, 1823. Prix... 15 f.

BOUGUER. Justification des Mémoires de l'Académie des Sciences de 1744 et du livre de la figure de la terre, in-4°. Prix. 3 f.

— De la méthode d'observer exactement sur mer la hauteur des astres. Prix. .. 5 f.

BOSSUT. Cours complet de Mathématiques, à l'usage du Génie. 7 vol. in-8°. fig.

Chaque partie se vend séparément ; sav. :

— L'Arithmétique et l'Algèbre, nouvelle édit., rev. et augm. 1 vol. in-8°. Pr. 5 f.

La Géométrie et l'application de l'Algèbre à la Géométrie ; suivie d'une lettre de Carnot, contenant quelques vues nouvelles sur la Trigonométrie. 1 vol. in-8°, avec 16 planches. Prix... 5 f.

— La Mécanique, nouv. édit., revue, et à laquelle l'auteur a ajouté un ouvrage intitulé : Recherches sur l'équilibre des voûtes. 1 vol. in-8°, avec 13 pl. Prix... 5 f.

*—L'Hydrodynamique, 2 vol. in-8°, avec 21 planches (rare). Prix... 20 f.

*—Le Calcul différentiel et intég. 2 vol. in-8° (rare). Prix... 20 f.

— Mémoires de Mathématiques, concernant la Navigation, l'Astronomie physique, l'Histoire, etc. ; 1 vol. in-8°, fig. br.. 5 f.

*BOURDON. Éléments d'Algèbre, cinquième édition, 1 fort vol. in-8°. Prix. 7 f. 50 c.

*—Éléments d'Arithmétique, 5ᵉ édit. 1 vol. in-8°. Prix... 5 f.

*BOUCHARLAT. Éléments de Mécanique, in-8°, avec pl. Prix... 7 f.

*—Éléments de calculs différentiel et intégral, 2ᵉ édition, revue et augmentée, in-8°, avec planches. Prix... 6 f.

*—Théorie des courbes et des surfaces du second ordre, 2ᵉ édit., in-8°. Prix... 6 f.

*BULLETIN des sciences mathématiques, physiques et chimiques (V. p. 80).

BULLETIN des sciences militaires. (V. p. 80.)

BUSSON D'ESCARS. Essai sur la cubature des terrasses. 1 vol. in-8°. Prix... 5 f.

*—Essai sur le Nivellement. 1 vol. in-8°, avec 9 pl. Prix, br... 7 f. 50 c.

CALLET. Supplément à la Trigonométrie sphérique et à la navigation de Bezout, in-4°, avec 1 fig. Prix... 3 f. 50 c.

CASSINI. Relations de deux voyages faits en Allemagne, concernant la figure de la terre et la géographie. Prix... 10 f.

CHAPPE D'AUTEROCHE. Voyage en Californie pour l'observation du passage de Vénus sur le disque du soleil, le 3 juin 1769, in-4°. Prix... 10 f.

CARNOT. De la Corrélation des fig. de Géométrie, 1 vol. in-8°, gr. pap. Paris, an XI. Prix br... 3 f.

*CHRISTIAN. Traité de Mécanique industrielle, ou Exposé de la Science de la Mécanique, déduite de l'expérience et de l'observation, principalement à l'usage des manufactures et des artistes ; 3 vol. in-4°, et atlas de 60 planches doubles. Prix... 75 f.

CLINCHAMP. Éléments de perspective linéaire et aérienne, in-8°. (V. p. 77).. 5 f.

D'ABREU. Principes mathématiques de feu Joseph-Anastase do Cunha. Traduits du portugais. 1 vol. in-8°. Prix... 6 f.

DAGUIN. Tablettes commerciales, contenant des Comptes faits, des Tables de Multiplication et de Division, suivies de Tables de réduction des mesures et poids anciens en mesures nouvelles et poids nouveaux, et *vice versa*. 1 vol. in-8°, gr. pap. (1811). Prix br... 3 f. 50 c.

Ces tablettes sont d'un usage habituel pour MM. les employés du cadastre.

—CALENDRIER vérificateur exact des comptes d'intérêt ou d'escompte, et de décomptes de rentes, pensions, loyers, fermages, traitements, appointements d'employés, gages de domestiques, salaires d'ouvriers, etc., etc., d'après leur montant par année, par mois, et même par quinzaine, en espèces ou en nature, soit selon la division ordinaire de l'année en 365 jours, soit selon la division commerciale en 360 jours; brochure in-8°, gr. pap. Prix......... 1 f. 80 c.

—CONCORDANCE de l'Annuaire et du Calendrier pour cinquante années; br. 40 c.

Cette concordance est d'un usage journalier dans le commerce, où l'on a toujours besoin de convertir des dates de l'Annuaire en dates du Calendrier.

*DELAMBRE. Astronomie théorique et pratique; 3 vol. in-4°. Prix.......... 60 f.

*—Abrégé du même ouvrage; 1 vol. in-8°, Prix br............. 12 f.

*—Histoire de l'Astronomie ancienne; 2 vol. in-4°, avec 17 pl., 1817. Prix..... 40 f.

*—Histoire de l'Astronomie du moyen âge; 1 vol. in-4°, avec 17 pl., 1819. Prix. 25 f.

*—Histoire de l'astronomie moderne; 2 forts vol. in-4°, avec 17 pl. 1821. Prix.. 50 f.

DIÉTRICH. Description des gîtes des minerais. 4 vol. in-4°. Prix br....... 72 f.

DESAGNEAUX. Mémoire sur l'arpentage, in-8°. Meaux, 1803. Prix br....... 2 f.

DUBOURGUET. Traités élémentaires de Calcul différentiel et de Calcul intégral, indépendants de toutes notions de quantités infinitésimales et de limites, ouvrage mis à la portée des commençants, et où se trouvent plusieurs nouvelles Théories et Méthodes fort simplifiées d'Intégrations, avec des applications utiles aux progrès des sciences exactes. 2 vol. in-8°, Paris (1801). Prix br.................. 16 f.

*DUBUAT. Mémoires sur la Mécanique, tom. 1er, in-4°. (Paris, 1821.) (V.p.76). 10 f.

DUFOUR. Géométrie perspective avec ses applications à la recherche des ombres. 1 vol. in-8°, avec atlas. Paris, 1827. Prix.. 5 fr.

DUPAIN DE MONTESSON. Abrégé du toisé des ouvrages rustiques, ou nouvelle méthode géométrique pour avoir le contenu solide des travaux de terre, de maçonnerie, etc., in-8°. Prix.................. 2 f.

EULER. Éléments d'Algèbre. 2 volumes in-8°. Lyon, 1795. Prix..... 10 f.

FLEURET. L'art de composer des pierres aussi dures que le caillou, et recherches sur la manière de bâtir des anciens, sur la préparation, l'emploi et les causes du durcissement de leurs mortiers. 1 vol. in-4° et atlas. Prix................ 25 f.

FISCHER. Physique mécanique avec des notes de M. Biot (3e édit.). 1 vol. in-8°. Pr. 6 f.

*FORTIA D'URBAN. Traduction du traité d'Aristarque de Samos, sur les grandeurs et les distances du soleil et de la lune; 1 vol. in-8°, avec 3 pl. Paris, 1823. br. 5 f.

*—Mémoire sur une question proposée par l'Académie des Inscriptions et Belles-lettres, suivi d'un Opuscule de Héron de Byzance, sur les mesures, et de quelques observations sur les mesures itinéraires des anciens, brochure in-8°. Paris, 1823. Prix..... 3 f.

Les deux ouvrages ci-dessus réunis en un vol in-8°, br.................. 7 f

FORMALAGUÈS. Nouvelle méthode de calculer l'intérêt et l'escompte des lettres de change, in-8°. Prix.......... 2 f

FOURIER. Théorie analytique de la chaleur. 1 vol. in-4°. (V. p. 73). Prix.. 25 f.

—Analyse des équations déterminées. (V.p.73)

—Recherches expérimentales sur la faculté conductrice des corps minces soumis à l'action de la chaleur; et Description d'un nouveau thermomètre de contact. br. in-8° Prix.................. 1 f. 25 c.

*FRANCOEUR. Uranographie, ou Traité élémentaire d'astronomie, à l'usage des personnes peu versées dans les Mathématiques, etc. 1 vol. in-8°. Prix br.......... 9 f.

*—Éléments de Statique, in-8°, br... 3 f

*—Traité élémentaire de Mécanique, in-8°, Prix.......... 7 f. 50 c

*—Cours complet de Mathématiques pures. 2 vol. in-8°. Prix br.......... 15 f.

GARDINER. Tables de Logarithmes. 1 vol. in-4°, grand pap. cartonné. Avignon, 1770 Prix.......... 36 f.

GIRARD. Traité analytique de la résistance des solides. 1 vol. in-4°, fig. Prix br. 15 f

*GIRAULT. Mémoires sur un niveau à bulle d'air et à lunettes, etc., in-8°.. 2 f. 50 c (Voyez p. 75).

GOY. Art d'économiser le bois, ou dix procédés de feux économiques, avec 14 pl. 1 vol. in-8°. Prix br............. 3 f

HACHETTE. Éléments de Géométrie à trois dimensions, divisés en deux parties, in-8°, (1817). Prix.................. 5 f

—Programmes d'un cours de Physique, ou précis de leçons sur le Calorique, etc. un vol. in-8°. Prix.......... 5 f. 50 c.

—Second supplément à la Géométrie descriptive de Monge. 1 vol. in-4°. br. 7 f. 50 c.

*—TRAITÉ DES MACHINES. 1 vol. in-4°. 30 f.

—Application de l'algèbre à la géométrie, et Traité des surfaces du second degré. 1 vol in-8°. Prix.......... 5 f.

HALMA. Composition mathématique de Claude Ptolomée, traduite pour la première fois du grec en français sur les manuscrits originaux de la Bibliothèque; suivie de notes de M. Delambre. 2 vol. in-4° (1813). 100 f

HAROS. Instruction abrégée sur les nouvelles mesures, avec des Tables de Rapports et de Réductions. (3e édit.). 1 vol. in-12 Prix br.......... 1 f. 50 c

HASSENFRATZ. La Sidérotechnie, ou l'Art de traiter les minerais de fer pour en obtenir de la fonte, du fer, ou de l'acier, ou vrage approuvé et adopté par la première Classe de l'Institut. 4 vol. in-4°, avec 66 pl. (1811). Prix.............. 80 f.

Cet ouvrage, imprimé par ordre du ministre de l'intérieur, est indispensable aux maîtres de Forges.

*HAUY. Traité élémentaire de physique, 3° édit., considérablement augmentée; 2 vol. in-8°, avec 10 planches (1821). Prix 15 f.

JANVIER (Antide). Manuel Chronométrique, ou Précis de ce qui concerne le temps, ses divisions, ses mesures, etc. 1 vol. in-12. 4 f. (V. p. 77.)

*JUVIGNY. Application de l'arithmétique au commerce et à la banque. Ouvrage élémentaire, théorique et pratique : 3° *édition*; 1 vol. in-8°. Prix.............. 7 f.

* — Petit traité théorique et pratique sur les monnaies et sur les calculs relatifs, broch. in-8°, 1824. Prix........... 2 f. 50 c.

*LACROIX. Cours de Mathématiques, 9 vol. in-8°. Prix br............. 39 f.

* — Traité élémentaire d'Arithmétique, 1 vol. in-8°. Prix br............. 2 f.

* — Éléments d'Algèbre, 1 vol in-8°, br. 4 f.

* — Éléments de Géométrie, 1 vol. in-8°. 4 f.

* — Traité élémentaire de Trigonométrie rectiligne et sphérique, et d'application de l'Algèbre à la Géométrie, 1 vol. in-8°. 4 f.

* — Complément des Éléments de Géométrie, ou Éléments de Géométrie descriptive. 1 vol. in-8°. Prix br............. 3 f.

* — Complément des éléments d'algèbre, in-8°. Prix.................... 4 f.

* — Traité élémentaire du Calcul différentiel et du Calcul intégral, 1 vol. in-8°. br. 8 f.

* — Essai sur l'Enseignement en général, et sur celui des Mathématiques en particulier, ou Manière d'étudier et d'enseigner les Mathématiques. 1 vol. in-8°, br...... 5 f.

* — Traité élémentaire du Calcul des probabilités; in-8°, 2° édition, 1822, avec une planche. Prix................... 5 f.

* — Traité complet du Calcul différentiel et intégral; 3 vol. in-4°. Prix...... 66 f.

*LAGRANGE. Leçons sur le Calcul des fonctions, nouvelle édition, revue, corrigée et augmentée, in-8°. Paris. Prix 6 f. 50 c.

* — De la résolution des équations numériques de tous les degrés, avec des Notes sur plusieurs points de la Théorie des équations algébriques. in-4°, 3° édit., revue, corrigée, et considérablement augmentée. in-4. 15 f.

* — Théorie des fonctions analytiques, nouv. édition, revue, corrigée et augmentée par l'auteur; in-4°, 1813. br.......... 15 f.

— Mécanique analytique, nouvelle édition, revue et augmentée par l'auteur; 2 vol. in-4°, 1811 et 1815. Prix............. 36 f.

LANCELIN. Introduction à l'analyse des Sciences, 1803. 3 vol. in-8°. br... 15 f.

*LANZ et BETANCOURT. Essai sur la composition des Machines, 2° édition, revue, corrigée et considérablement augmentée;

vol. in-4°, avec 13 grandes pl., 1819. 15 f.

*LAPLACE. Traité de Mécanique céleste. 5 vol. in-4°, 1798 à 1825.

Le 4° volume de cet ouvrage, qui contient de plus la théorie de l'action capillaire, et un supplément faisant suite au 2° livre de la Mécanique céleste, se vend séparément. 21 f. Chaque supplément séparément... 3 f. 50 c.

* — Tome 5, in-4°, (1825). Prix..... 29 f.

* — Exposition du Système du monde, 5° édit., revue et augmentée par l'auteur, in-4°, 1824, avec portrait. Prix.................... 15 f.

* — Le même ouvrage, 2 vol. in-8°, sans portrait, 1824. Prix.................... 12 f.

* — Théorie analytique des Probabilités; 1 vol. in-4°, 3° édition, 1820. br.... 27 f. 50 c.

* — Essai philosophique sur les Probabilités, 5° édition, revue et augmentée, in-8°. 4 f.

* — Précis de l'Histoire de l'Astronomie; 1 vol. in-8°, 1821. br.................... 3 f.

*LARCANGER. Concordance des Poids décimaux avec le poids de marc; in-8°. 2 f. 50 c.

LAVIT. Traité de Perspective. 2 vol. in-4°, avec 110 planch. (1804). br....... 32 f.

LEGENDRE. Éléments de Géométrie et de Trigonométrie, avec des notes (12° édit.), corrigée et augmentée, 1 vol. in-8°, avec 14 pl. (V. p. 73). Prix.............. 6 f.

* — Exercices de Calcul intégral sur divers ordres de Transcendantes et sur les Quadratures, avec Suppléments; 3 vol. in-4°, 1811-1819. Prix................... 72 f.

— Théorie des nombres, 3° édit., 2 vol. in-4°. br. (V. p. 72.) Prix...... 36 f.

— Traité des fonctions elliptiques et des intégrales eulériennes, avec des tables pour en faciliter le calcul numérique. 2 vol. in-4°. 52 f.

LEQUIEN. Éléments d'arithmétique. 1 vol. in-8°. Paris, 1815. Prix............. 3 f.

MARIOTTE. OEuvres de mathématiques. 2 vol. in-4°., fig. La Haye, 1740. Pr.. 20 f.

MENIL DURAND. Collection de diverses pièces et mémoires nécessaires pour achever d'instruire la grande affaire de tactique, et donner les derniers éclaircissements sur l'ordre français proposé par l'auteur. 2 vol. in-8°. Paris, 1780. Prix..... 10 f.

MIDY. Table de logarithmes des nombres à l'usage du commerce, à l'aide desquels on trouve sur-le-champ et sans feuilleter la table, le logarithme d'un nombre quelconque de un à cent mille et réciproquement. Brochure in-8°. Paris, 1828. Prix.. 1 f.

*MONGE. Géométrie descriptive, nouv. édit.; suivie d'une Théorie des Ombres, par M. Brisson. 1 vol. in-4°, br........ 12 f.

* — Traité élémentaire de Statique. 1 vol. in-8°. Prix.................... 3 f. 50 c.

MÉMOIRES de l'Académie des Sciences de l'Institut de France. (Voy. page 80).

*MONTUCLA. Histoire des Mathématiques. 4 vol. in-4°, br................ 60 f.

Cet ouvrage est ce qui existe de plus complet sur cette partie.

*NAVIER. Leçons de mécanique (V. p. 74).
— Tome II sous presse.
OZANAM. Méthode de lever les plans et les cartes de terre et de mer, nouv. édit., revue et augmentée sur celle d'Audierne. (1803.) 1 volume in-12, fig. Prix..... 4 f. 50 c.
— Traité de l'Arpentage et du Toisé, ou Méthode facile pour arpenter ou mesurer toutes sortes de superficies, avec un nouveau tarif pour les bois de charpente; nouvelle édit., corrigée et augmentée sur celle d'Audierne (1805). vol. in-12, avec 12 pl. Prix.............. 4 f. 50 c.
—Usage du Compas de Proportion, suivi d'un Traité de la division des champs, ouvrage revu, corrigé et entièrement refondu par Garnier. 1 vol. in-12, avec 15 pl. et 3 tables relatives au nouveau système des poids et mesures. Prix................. 4 f.
- La Trigonométrie rectiligne et sphérique, suivie de tables des sinus, tangentes et sécantes, et des logarithmes, par Adrien Vlacq, in-8", avec 6 pl. Prix...... 6 f.
—La Mécanique, etc., in-8", avec 28 pl. 6 f.
- La Gnomonique. 1 vol. in-8", avec 30 pl. 6 f.
-Les Éléments d'Euclide, revus par Audierne. 1 vol. in-12. Prix br............. 5 f.
- La perspective théorique et pratique, nouv. édit., corrigée, in-8°, avec 36 pl... 6 f.
- Géométrie. 1 vol. in-12. Prix. .... 4 f.
—Récréations mathématiques. 4 vol. in-8°. (rare.) Prix.................. 30 f.
PARA. Principes de Calcul et de Géométrie, ou Cours complet de Mathématiques; 1 fort vol. in-8°, fig. Prix br......... 7 f. 50 c.
*POISSON. Traité de Mécanique, 2 vol. in-8, avec fig. Prix................. 12 f.
*POINSOT. Traité élémentaire de Statique, nouv. édit., 1821; 1 vol. in-8°, avec pl. 5 f.
PONCELET. Traité des propriétés projectives des figures, ouvrage utile a ceux qui s'occupent des applications de la géométrie descriptive, et d'opérations géométriques sur le terrain. In-4°. Prix...... 16 f.
POTIER. Traité de Géométrie descriptive, in-8", (1817). Prix br............. 3 f.
PERRAULT. Œuvres diverses de physique et de mécanique. 2 vol. in-4°. br.. 25 f.
PHILIPS. Essais sur les lois physiques et la construction de l'univers, trad. de l'anglais, 1 vol. in-8'. Prix.............. 3 f.
PRONY. Exposition d'une méthode pour construire les équations indéterminées qui se rapportent aux sections coniques, a l'usage des ponts-et-chaussées, in-4°, grand pap., avec 2 planches. broché. 3 f. 60 c.
*—Mécanique philosophique, ou Analyse raisonnée des diverses parties de la science de l'équilibre et du mouvement. An VIII. 12 f.
— Leçons de Mécanique analytique; 2 vol. in-4°. Prix................ 30 f.
— Note sur un moyen de mesurer l'effet dynamique des machines de rotation, in-4°. (V. p. 74.) Prix.............. 1 f. 50 c.

— Nouvelle méthode de nivellement trigonométrique, in-4". 1822. (V. p. 74). Pr. 4 f.
— Description des moyens employés pour mesurer la base de Hounslow-Heat, suivie des opérations faites en Angleterre pour déterminer les positions respectives des Observatoires de Greenwich et de Paris, in-4", gr. pap. avec de belles fig. Prix, br. 27 f.
—Instructions pratiques sur une méthode pour déterminer les dimensions des murs de revêtement, en se servant de la formule graphique, in-4°. Paris, 1809. Pr. 3 f. 50 c.
*PUISSANT. Traité de Géodésie, ou Exposition des Méthodes astronomiques et trigonométriques, appliquées soit a la mesure de la Terre, soit a la confection du canevas des cartes et des plans, nouvelle édition, considérablement augmentée; 2 vol. in-4°, avec 13 pl., 1819. avec suppl. 37 f. 50 c.
*—Méthode générale pour obtenir le résultat moyen d'une série d'observations astronomiques faites avec le cercle répétiteur de Borda: in-4°, 1823. Prix........ 6 f.
*—Traité de Topographie, d'Arpentage et de Nivellement, 2e édition considérablement augmentée; un vol. in-4", 1820, avec planches. Prix................. 20 f.
RECHERCHES statistiques sur la ville de Paris et le département de la Seine; Recueil de tableaux dressés et réunis d'après les ordres de M. le comte de Chabrol, préfet de la Seine. In-4". Paris, 1823.... 30 f.
— Les mêmes. Paris, 1826.......... 30 f.
— Les mêmes. Paris, 1829......... 30 f.
REISHAMMER. Instructions élémentaires sur l'usage des logarithmes, ou méthode pour faire avec facilité et promptitude les calculs nécessaires chez les banquiers et commerçants en général, par le moyen d'une table de logarithmes, appropriée exclusivement aux besoins du commerce. 1 vol in-8", gr. pap. Prix.................. 4 fr. 50 c.
REYNAUD. Analyse démontrée, ou la Méthode de résoudre les problèmes des mathématiques, et d'apprendre facilement cette science. 2 vol. in-4°. Prix br...... 18 f.
RIVARD. Traité de la Sphère. 1 vol. in-8°. Prix.............................. 4 f.
ROGER-MARTIN. Éléments de Mathématiques. 1 vol. in-8°, fig. Prix......... 6 f.
RUMFORT. Mémoire sur la Chaleur, in-8". Prix br....................... 4 f. 50 c.
*SGANZIN. Programmes ou Résumés des leçons d'un Cours de Construction, 3e édit., revue, corrigée et augmentée; 1 vol. in-4°, avec 10 planches, 1821. Prix..... 15 f.
SURREMAIN-MISSERY. Théorie acoustico-musicale, ou de la Doctrine des sons, rapportée aux principes de leur combinaison, in-8°. Prix br....................... 5 f.
—Théorie purement algébrique des quantités imaginaires et des fonctions qui en résultent, in-8°. Prix br.............. 3 f.
TABLES DE LOGARITHMES. Voy. p. 100.

TABLES du Soleil, par M. Delambre, et Tables de la lune par M. Burg. In-4°. 1826. Prix . . . . 18 f.

TABLES écliptiques des satellites de Jupiter, d'après la théorie de M. de Laplace, et la totalité des observations faites depuis 1662 jusqu'à l'an 1802, par M. Delambre. In-4°. 1817. Prix. . . . . 10 f.

TABLES de Jupiter, de Saturne et d'Uranus, construites d'après la théorie de la mécanique céleste, par M. Bouvard. In-4°. 1821. Prix. . . . . 12 f.

TISSERAND. Traité des questions mathématiques (V. p. 76).

VIGNOLE. Règles des cinq ordres d'architecture, in-8°. Prix. . . . . 3 f.

VOISIN. Tables de Multiplication ou Logarithmes des nombres entiers depuis 1 jusqu'à 20,000. 1 vol. in-12, br. (1817) 4 f.

WOLF. Abrégé du cours de Mathématiques. 3 vol. in-8° avec 69 planches, br.. 18 f.

COMPENDIUM elementorum Matheseos universæ in usum studiosæ juventutis adornatum. 2 vol. in-8°. fig. Prix. . . . . 10 f.

VUILLIER. L'arithmétique découverte par un enfant de dix ans, ou manière d'enseigner l'arithmétique aux enfants. Pr.. 4 f.

ZACH (De). Tables abrégées et portatives du Soleil, calculées pour le méridien de Paris, sur les observations les plus récentes, d'après la théorie de M. le comte Laplace, in-8°. Prix br. . . . . 4 f. 50 c.

— Tables abrégées et portatives de la Lune, calculées, pour le méridien de Paris, d'après la théorie de M. le comte Laplace, et d'après les constantes et les coëfficients de M. Burg. in-8°. Prix broché. . . . 4 f. 50 c.

Marine et Navigation intérieure.

ALLEMAND. Traité des péages, dans lequel, après avoir démontré les avantages qui résulteraient de la suppression de ce droit, on donne un plan de liquidation et d'indemnité, et plan d'administration de la navigation intérieure. In-4°. Paris, 1779. 3 f.

— Mémoire sur la navigation intérieure; observations sur l'opération particulière ordonnée pour préparer l'opération générale présentée ici sous tous les rapports. In-4°. Paris, 1785. Prix. . . . . 3 f.

— Vœu d'un citoyen sur la navigation intérieure, d'où dépendent uniquement les grands progrès de l'agriculture et du commerce. In-4°. Paris, 1787. Prix. . . . . 3 f.

AUDIBERT-RAMATUELLE. Cours élémentaire de Tactique navale. 1 vol. in-4°, avec 68 planch. Prix, br. . . . . 30 f.

BAGAY. Tables astronomiques et hydrographiques; in-4°. (V. p. 72).

BAJOT. Répertoire de l'administrateur de Marine, ou Tables par ordre de dates et de matières des principales lois relatives à la Marine et aux Colonies, depuis leur origine jusqu'à ce jour. On y a joint l'indication des principaux traités de paix depuis 1356. Paris, (1814.) 1 vol. in-8°. Prix br. . . . 6 f.

BAZAINE. Cours de Stéréométrie appliquée au jaugeage, contenant les moyens de construire les nouvelles jauges, un Traité sur la contenance des futailles, une Instruction sur le jaugeage des bateaux et des navires, etc. Prix br. . . . . 4 f. 50 c.

BÉTANCOURT. Mémoire sur un nouveau Système de navigation intérieure. Brochure in-4°, avec 4 fig. parfaitement gravées. Prix br. . . . . 7 f.

BEZOUT. Cours complet de Mathématiques à l'usage des élèves de la marine. 6 vol. in-8°, fig. (Voyez p. 93). Prix br. 23 f. 25 c.

BORDA. Description et usage du Cercle de Réflexion, avec la manière de calculer les Observations nautiques. Nouvelle édition, (1816), in-4°, avec 3 planches. Prix 5 f.

BOUGUER. Nouveau Traité de Navigation, contenant la théorie et la pratique du pilotage, revu par Lacaille; 3° édition avec les additions de Lalande, in-8°. br. 7 f.

— Traité de la manœuvre des Vaisseaux, ou Traité de Mécanique et de Dynamique, in-4°. (1757). br. . . . . 15 f.

***BOURDÉ DE VILLEHUET** (Manœuvrier de), ou Essai sur la théorie et la pratique des mouvements du navire et des évolutions navales. Nouv. édit. augmentée d'un appendice contenant les principes fondamentaux de l'Arrimage, par le même auteur; suivi des exercices du canon à bord des vaisseaux du roi, etc. (1814). 1 vol. in-8°, Prix. . . . . 6 f.

***BOURDÉ**. Manuel des marins ou explication des termes de marine, 2 parties in-8° reliées en un volume. Prix. . . . . 8 f.

CALLET. Supplément à la Trigonométrie sphérique et à la navigation de Bezout, in-4°, avec 1 fig. Prix. . . . . 3 f. 50 c.

— Tables de Logarithmes, 1 vol. in-8°, cart. (Voy. p. 100) Prix . . . . 15 f.

***CONNAISSANCE DES TEMPS**, à l'usage des Astronomes et des Navigateurs, publiée par le Bureau des Longitudes de France, pour l'an 1830. 1 vol. in-8°, sans additions. Prix br. . . . . 4 f.

***—** *Id.* pour 1831, sans additions. . . . 4 f.

***—** *Les mêmes années, avec additions,* chaque . . . . 6 f.

***CORDIER**. Histoire de la navigation intérieure, et particulièrement de celle de l'Angleterre, jusqu'en 1803, traduit de l'ouvrage de Phillipps; *Suivie d'un Recueil des actes, lois et ordonnances de concession rendus dans les deux royaumes.* 2 vol. in-8°. 15 f.

***—** De la navigation intérieure du département du Nord, et particulièrement du canal de la Sensée. Lille 1822. 1 vol. in-4°, demi-reliure, avec 8 planch. Prix. . . . . . 12 f.

D'ENTRECASTEAUX. Voyage à la recherche de LA PÉYROUSE, publié par ordre du Gouvernement, rédigé par M. Rossel, Paris, 1808. 2 vol. in-4°. grand pap., avec 32 pl. et atlas de 39 cartes, par Beautemps-Beaupré. Prix.................... 80 f.

DUBOURGUET. L'art du Calcul astronomique des navigateurs, in-4°, avec 1 fig. Prix.................... 3 f. 50 c.

— Traité de Navigation ; ouvrage approuvé par l'Institut, et mis à la portée de tous les Navigateurs. 1 vol. in-4°. br...... 20 f.

'DUPIN. Voyages dans la Grande-Bretagne, entrepris relativement aux services publics de la guerre, de la marine et des ponts et chaussées, en 1816, 1817, 1818, 1819, 1820 et 1821, présentant le tableau des institutions et des établissements qui se rapportent à

'I. La force militaire ; 2 vol. in-4° et atlas in-folio. Prix.................... 25 f.

'II. La force navale ; 2 vol. in-4° et atlas in-folio. Prix.................... 25 f.

'III. Travaux civils des ports de commerce, des routes, des ponts et des canaux ; 2 vol. in-4 et atlas in-folio. Prix... 27 f.

'IV. La force commerciale paraîtra dans le courant de 1830.

'DUPIN. Applications de Géométrie et de Mécanique à la marine et aux ponts et chaussées, où l'on traite de la stabilité des vaisseaux, du tracé des routes civiles et militaires, du déblai et du remblai, des routes suivies par la lumière dans les phénomènes de la réflexion et de la réfraction, etc.; 1 vol. in-4°, avec planch., 1822. 15 f.

— Progrès des sciences et des arts de la marine française depuis la paix. Discours lu à l'Académie des Sciences, le 27 mars 1820. Prix.................... 1 f. 25 c.

'— Rapport sur un Essai de navigation intérieure de la France, par Brisson, in-18. (V. p. 74.) Prix.............. 1 f. 50 c.

DURAND MOLARD. Code de la Martinique. 5 vol. in-8°. St-Pierre de la Martinique, 1807. Prix.................... 48 fr.

ÉDIT DU ROI, concernant les invalides de la marine, donné à Paris au mois de juillet 1720 (1814). Prix............. 1 f. 50 c.

'ÉTAT-GÉNÉRAL de la Marine, pour 1830. Prix.................... 3 f.

EULER. Théorie complète de la Construction et de la Manœuvre des Vaisseaux, mise à la portée de ceux qui s'appliquent à la Navigation, in-8°. Prix........... 6 f.

FAUBERT. Nouvelle théorie du jaugeage des bateaux de mer, d'après le système métrique. 1 vol. in-4°, avec 5 planches, 1814. Prix br.................... 6 f.

'FLACHAT. Histoire des travaux et de l'aménagement des eaux du canal Calédonien ; V. p. 75. in-4° et atlas. Prix...... 15 f.

FLOTTE-D'ARGENSON (le comte de). Nouveau Portulan de la Méditerranée, ou Guide complet du pilote sur toutes les côtes, îles, bancs et ports, compris depuis Cadix jusqu'à la mer Noire. 2 forts volumes in-8, avec places et vues de côtes. Toulon, 1829. 20 f.

'FORFAIT. Traité de la Mâture des vaisseaux, à l'usage des élèves de la marine, 1 vol. in-4°, avec 25 planches (1815). br.... 18 f.

FRÉVILLE (de). Hydrographie de la mer du Sud. 2 vol. in-8. Prix :...... 12 f.

GRANDPRÉ. Dictionnaire de Géographie maritime. 2 vol. in-4°. Prix br... 24 f.

GRENIER. Tactique navale, ou Art de la guerre sur mer, in-4°. br.......... 6 f.

HISTOIRE des combats d'Aboukir, d'Algésiras, de Trafalgar, de Lissa, du cap Finistère, et de plusieurs autres batailles navales, depuis 1798 jusqu'en 1813, suivie de la relation du combat de Navarin, ou Notions de tactique pour les combats sur mer, par un capitaine de vaisseau. 1 vol. in-8, avec cartes. Toulon, 1829. Prix............. 8 f.

'LABEY. Traité de Statique à l'usage de la Marine, in-8°. br........... 3 f. 50 c.

LECREULX. Mémoire sur les avantages de la navigation des canaux et rivières qui traversent les départements de la Meurthe, des Vosges, de la Meuse et de la Moselle ; sur les travaux qu'il conviendrait d'y faire pour le bien de l'état, et sur les obstacles qui se sont opposés à l'exécution de ces ouvrages jusqu'à ce moment, et les moyens de les lever. Prix br............. 6 f.

— Recherches sur la formation et l'existence des Ruisseaux, Rivières et Torrents qui circulent sur le globe terrestre, in-4°. 12 f.

LEROY. Mémoire sur les travaux qui ont rapport à l'exploitation de la mâture dans les Pyrénées. In-4°. Prix............. 12 f.

LESCALLIER. Vocabulaire des Termes de Marine, français et anglais, 3 vol. in-4°, fig., br.................... 42 f.

—Abrégé en 1 vol. in-8°, sans fig., br. 6 f.

— Gréement des Vaisseaux, 2 vol. in-4°, fig., broché.................... 24 f.

LÉVÊQUE. Traité de Mécanique, appliqué à la Construction et à la Manœuvre des Vaisseaux et autres bâtiments; traduit de l'espagnol. 2 vol. in-4°, fig. Prix, br. 30 f.

Cet ouvrage est le plus profond et le plus complet qu'on ait publié dans aucune langue sur cet important objet.

'MONGE. Traité élémentaire de Statique à l'usage des Écoles de la Marine, in-8°, 5° édit. revue par M. Hachette. Prix.... 3 f. 50 c.

'NORIE. Recueil de Tables utiles à la navigation, traduit de l'anglais par Violaine. 1 vol. in-8°. Prix.................... 9 f.

'ORDONNANCE DE LA MARINE, du mois d'août 1681, commentée et conférée sur les anciennes Ordonnances, le droit Romain, et les nouveaux Règlements, in-4°. Prix, rel.. .... 10 f.

'— Commentée par Valin. 2 vol. in-4°, rel (rare.)

Commentée par M***, avocat en parlement, 3 vol. in-12. br............ 15 f.

ORDONNANCE du 15 avril 1689. Pour les armées navales et arsenaux de Marine. On y a joint un *Règlement pour la table des officiers et passagers à bord des vaisseaux de guerre, du 4 déc. 1782*, in-12. br. 4 f.

ORDONNANCE DU ROI, du 25 mars 1765, en 16 livres. Des pouvoirs, fonctions et devoirs des officiers de marine.—Des gardes du pavillon et de la marine. Des brigades d'artillerie et des troupes d'infanterie attachées au service de la marine, in-4°. Prix, br............ 10 f.

Id. in-12. Prix br........... 3 f. 50 c.

ORDONNANCE DU ROI, du 27 sept. 1776, concernant les ports et arsenaux de marine. On y a joint le *Règlement du 24 déc. 1787, qui détermine le service des troupes à bord des vaisseaux;* (1814) in-4°. br.... 8 f.

ORDONNANCE DU ROI, du 1er janvier 1786, pour diviser les forces navales en neuf escadres; in-12. Prix br........... 3 f.

Id. In-8°. Prix, rel............ 6 f.

ORDONNANCES DE LA MARINE, contenant 1° l'Ordonnance des équipages de ligne. 1829. 2° Le service des ports et le rétablissement des préfectures maritimes. 3° L'augmentation des cadres de la marine. 4° La composition des États-majors et des équipages à bord des bâtiments, etc., etc. 1 vol. in-12. Toulon, 1829. Prix................. 4 f.

*POTERAT. Journal d'un voyage au cap Horn, aux îles Philippines, et à la côte de la Nouvelle-Espagne, avec des renseignements nautiques sur les différents pays où l'on a abordé, particulièrement sur l'île de Luçon et sur les mers de Chine (1815). Un vol. in-4°. br................. 9 f.

*— Théorie du navire, 2 vol. in-4°, Paris, 1826. (V. p. 77.) Prix br........... 30 f.

*—Traité pratique à l'usage des marins, 1 vol. in-8°, Paris 1826. (V. p. 77.) Prix. 4 f.

*QUARTIER DE RÉDUCTION, sur une feuille. Prix................. 60 cent.

Id. collé sur carton. Prix..... 1 f. 50 c.

*RELATION du combat de la frégate française la *Surveillante*, contre la frégate anglaise le *Québec*, in-8°. Paris, 1817. br.. 3 f.

ROMME. Dictionnaire de la Marine anglaise. 2 vol. in-8°, fig., br......... 10 f. 50 c.

On trouve dans cet ouvrage la traduction des termes de la marine anglaise en français, et de la marine française en anglais. Les notes sont relatives à la marine anglaise et à ses règlements civils et militaires.

*— La Science de l'homme de mer. 1 vol. in-8°. Prix................. 7 f.

*SAVERIEN. L'art de mesurer sur mer le sillage du vaisseau. 1 vol. in-8°. br... 5 f.

*— Nouvelle théorie de la manœuvre des vaisseaux à la portée des pilotes. 1 vol. in-8°. Prix................. 5 f.

*SHIP-MASTER'S assistant and owner's manuel relative to the mercantile and maritime laws and customs, by David Steel (13e édition), 1814, London. 1 vol. in-8°. 25 f.

TABLES DE LOGARITHMES de Lalande, stéréotypes, in-18, br............ 2 f.

Ces tables donnent les logarithmes des nombres jusqu'à 10,000, des sinus et tangentes, de minute en minute; elles sont à cinq fig.

TABLES DE LOGARITHMES de Platzols, stéréot., in-12, br.............. 6 f.

Ces tables donnent les logarithmes des nombres jusqu'à 21,750, des sinus et tangentes, de minute en minute, et de plus les sinus et tangentes pour la division centésimale; elles sont à six fig.

TABLES DE LOGARITHMES de Callet, stéréot., in-8°, gr. pap. Prix br..... 15 f.

Le même ouvrage, avec le précis élémentaire sur l'explication des Logarithmes, traduit en langue anglaise. Même prix.

Elles donnent les logarithmes des nombres jusqu'à 108,000, des sinus et tangentes, de seconde en seconde, pour les cinq premiers degrés, et de dix en dix secondes pour tous les degrés, avec la division centésimale, etc.; elles sont à sept fig.

Ces trois éditions de Tables de Logarithmes sont les plus correctes qui existent.

TABLES TRIGONOMÉTRIQUES décimales de Borda, in-4°, br................. 15 f.

TABLES ASTRONOMIQUES et hydrographiques, par Bagay. 1 fort vol. in-4°. 25 fr.

*VIAL DE CLAIRBOIS. Traité élémentaire de la construction des bâtiments de mer, à l'usage des élèves du génie maritime, et propre aux marins, armateurs, etc. 2 vol. in-4°. avec beaucoup de planches.. 30 f.

— Essai géométrique et pratique sur l'architecture navale. 2 vol. in-8°. Prix.. 15 f.

Physique, Chimie, Arts et Métiers.

BERTHOLLET. Essai de statique chimique. 2 vol. in-8°. Prix br............ 12 f.

— Éléments de l'art de la Teinture, avec une description de l'art du Blanchiment par l'acide muriatique oxigéné (2e édit.)... 12 f.

BEUDANT. Voyage minéralogique et géologique en Hongrie. 3 vol. in-4°, avec atlas. Prix................. 80 f.

— Traité élémentaire de physique, 1 fort volume in-8. 4e édit. Paris, 1829. Pr. 10 f.

— Traité élémentaire de minéralogie. 1 fort volume in-8. Prix............ 12 f.

BERZELIUS. Traité de Chimie. 8 vol. in-8°. (V. p. 71.)

BLACHETTE. Traité théorique et pratique du Blanchiment. 1 vol. in-8°. avec fig. 7 f.

BRUN. Manuel typographique. V. p. 53).

*BULLETIN des sciences technologiques. V. p. 80.

BULLETIN des sciences médicales. (V. p. 80.

*CABANIS. Essai sur les principes de la greffe, et sur les moyens de la faciliter et de la perfectionner. Paris, 1781. br.   1 f. 25 c.

*CARÊME. Le Maître-d'Hôtel français, ou parallèle de la Cuisine ancienne et moderne considérée sous le rapport de l'ordonnance des menus, selon les quatre saisons, avec 9 planches gravées; 2 vol. in-8°. Paris, 1823. Prix.   18 f.

*— Le Pâtissier Royal Parisien, ou Traité pratique de la Pâtisserie ancienne et moderne. 2° édit. 2 vol. in-8. Paris, 1829.   18 f.

*— Le Pâtissier Pittoresque, 1 vol. in-8, grand papier, orné de 128 pl. 3° édit.   12 f.

*— Le Cuisinier Parisien, ou l'Art de la cuisine franç. au XIX° siècle. 1 vol. in-8. Prix.   10 f.

CHAPTAL. Sur la culture de la vigne. 2 vol. in-8°, br.   12 f.

— Art de faire les eaux-de-vie, in-8°, br. 3 f.

COSTAZ. Lois et Instructions ministérielles sur les manufactures, les ateliers, les ouvriers et la propriété des auteurs de découvertes dans les arts, brevets d'invention, précédées d'un Mémoire sur les moyens qui ont amené le grand essor pris par l'industrie française depuis 1793 jusqu'en 1816. 1 vol. in-8°. Prix.   5 f.

DAZILLE. Observations générales sur les maladies des climats chauds, leurs causes, leur traitement, et les moyens de les prévenir. 1 vol in-8°. Paris, 1785. Prix.   5 f.

*DÉAL. Nouvel essai sur la lumière et les couleurs, renfermant la vraie théorie de ces grands phénomènes, fondée sur les résultats évidents et incontestables d'expériences infiniment simples; 2° édit. Paris, 1827. 3 f.

DESPRETS. Traité élémentaire de Physique. 1 vol. in-8°. Prix.   11 f. 50 c.

DUPATY DE CLAM. La science et l'art de l'équitation, démontrés d'après la nature, etc.; in-4°. Prix.   24 f.

FOSSE. Sténographie. 1 vol. in-8°. (V. p. 71.)

GARSAULT. Le nouveau parfait maréchal, ou Connaissance générale et universelle du cheval. 1 vol. in-4°. Paris, 1805. Pr.   15 f.

LALMAND. Traité de Géodésie, ou l'art de partager les champs. 1 vol. in-8°, avec 4 pl. Prix br.   3 f. 50 c.

MOREL. Traité pratique des Feux d'artifice. 1 vol. in-8°. Prix br.   4 f. 50 c.

MONNET. Mémoire historique et politique sur les mines de France, in-8°, br.   2 f

PARA DU PHANJAS. Théorie des Êtres sensibles, ou Cours complet de Physique. 5 vol. in-8°, fig. Prix.   30 f.

— Théorie des modernes découvertes, ou cinquième volume du cours de Physique : se vend séparément, broché.   6 f.

PARIS DE BOISROUVRAY. Un mot sur l'Électricité; broch. in-8°. Paris, 1823.   2 fr.

RECHERCHES et Considérations sur l'enlèvement et l'emploi des chevaux morts. In-4° 1827. fig. coloriées   10 f.

SILBERMANN. Manuel métallotechnique, ou Recueil de secrets et de curiosités sur les métaux et les minéraux appliqués aux arts et métiers, traduit de l'allem. 1 vol. in-12. Prix, br.   2 f. 50 c.

THOMPSON. Système de Chimie. 9 vol. in-8°. Prix.   60 f.

*VALENCIENNES. Éléments de perspective pratique à l'usage des artistes, etc. (2° édit. Paris (1820.) Prix br.   20 f.

VILLAIN. Analyse chimique de la Lumière, et nouvelle Théorie des Phénomènes magnétiques, électriques et galvaniques. 1 vol. in-8°. Prix broché.   2 f. 40 c.

WIEDMAN. Essai d'une nouvelle minéralogie, trad. du suédois et de l'allemand, par Dreux. 1 vol. in-8°. Prix.   4 f.

Architecture hydraulique.

AUBRI. Mémoires sur différentes questions de la Science des constructions publiques et économiques. 1 vol. in-4°, de 192 pages, avec 4 planches. Prix broché.   7 f.
Cet ouvrage contient deux Mémoires qui ont remporté des prix proposés par l'académie de Toulouse et par la société d'émulation de Bourg en Bresse. Le premier a pour objet la construction d'une travée de 450 pieds d'ouverture en bois ou en fer; le second les moyens de garantir les prairies traversées par la rivière de Reissouze, des inondations auxquelles elle est sujette, sans nuire au travail des moulins établis sur cette rivière. On y trouve des expériences curieuses et des vues nouvelles, tant sur la résistance des bois et des fers que sur la théorie des voûtes et la force des systèmes de charpente, et sur les mouvements des eaux courantes.

*BÉLIDOR. Architecture hydraulique, ou l'Art de conduire, d'élever et de ménager les eaux pour les besoins de la vie, nouvelle édition, avec des notes et additions par M. Navier, ingénieur des ponts-et-chaussées. 4 vol. in-4° reliés. (rare.) 162 f.
Le tome I°° contient les principes de la mécanique et l'établissement des diverses espèces de moulins et des machines à élever l'eau. In-4°. (V. p. 73). br.   15 f.
Le tome II est sous presse.

— La Science des Ingénieurs, 1 vol. in-4°, gr. pap. Nouvelle édit., avec un gr. nombre de notes, par M. Navier, 1813. br.   36 f.

BERNARD. Nouveaux principes d'hydraulique appliqués à tous les objets d'utilité, et particulièrement aux rivières, 1 vol. in-4°, fig. Prix br.   15 f.

BIDONE (Georges). Expériences sur la forme et sur la direction des veines et des courants d'eau lancés par diverses ouvertures. In-4°. Turin, 1829. Prix.   10 f.

BOSSUT et VIALLET. Recherches sur la construction la plus avantageuse des digues.

in-4°, gr. pap., 7 gr. planches, nouv. édit., revue et corrigée. br.............. 7 f.

BRÉMONTIER. Recherches sur le mouvement des ondes. 1 vol. in-8°, gr. pap., avec 6 planches. br.............. 6 f.

CESSART (de). Description des travaux hydrauliques. 2 vol. in-4°, avec 67 planches, Paris, 1808. Prix, reliés.......... 72 f.

DELAISTRE. Science de l'Ingénieur, ou Dictionnaire des Ponts-et-Chaussées, 3 vol. in-4, Prix, br.............. 40 f.

DUBUAT. Principes d'hydraulique et de pyrodynamique, 3 vol. in-8°, avec 11 planches, 1816. (V. p. 76.) Prix br.......... 20 f.

Il a été tiré quelques exemplaires du tome III, qui complètent les anciennes éditions. Prix de ce vol. br.............. 7 f.

DUCREST. Traité d'hydrauférie, ou l'art d'élever l'eau porté à sa perfection. 1 vol. in-8°, avec une planche. br........ 4 f.

DUTENS. Mémoire sur les travaux publics de l'Angleterre. Paris, 1819. Prix. 35 f.

*****EGAULT.** Mémoire sur les Inondations de Paris. Brochure in-4° (1814). br.... 2 f.

EYTELWEIN. Observations sur les effets et l'application du Bélier hydraulique, V. p. 75. Prix br.................. 10 f.

FABRE. Essai sur la théorie des torrents et des rivières. 1 vol. in-4° gr. pap., fig: 15 f.

*****GAUTHEY.** Traité de la construction des ponts. (V. p. 76). Prix :.......... 72 f.

-Les tomes 2-3 ensemble. Prix.... 48 f.

- Le tome 3 seul. Prix.......... 24 f.

GARNIER. Traité sur les puits artésiens, ou sur les différentes espèces de terrains dans lesquels on doit rechercher les eaux souterraines. 1 vol. in-4°, 2° édit. Prix. 16 f.

GIRARD. Recherches sur les eaux publiques de Paris, les distributions successives qui en ont été faites, et les divers projets qui ont été proposés pour en augmenter le volume. In-4°. 1812. Prix.......... 15 f.

--Essai sur le mouvement des eaux courantes et sur la figure qu'il convient de donner aux canaux qui les contiennent. In-4°. Paris, 1812. Prix.................. 5 f.

*****GIRAULT.** Mémoire sur les écluses, les canaux, etc., in-4°. (V. p. 75). Prix.. 13 f.

LESAGE. Recueil de divers mémoires extraits de la bibliothèque royale des Ponts-et-Chaussées, à l'usage de MM. les ingénieurs. 2° édition, augmentée de cinq nouveaux Mémoires inédits, et de 9 planches; 2 vol. in-4°, gr. pap. br.......... 36 f.

NAVIER. Projet pour l'établissement d'une Gare à Choisy, suivi d'une notice descriptive du pont de Choisy. Paris, (1811), 1 vol. in-4 gr. pap., avec 4 belles planches. 9 f.

NAVIER. Rapport et mémoire sur les ponts suspendus; 2° édition augmentée d'une notice sur le pont des Invalides. In-4° et atlas. Prix br .... 28 f.

PERRONET. Description des projets et de la construction des ponts de Neuilly, etc., in-4°, gr. pap. relié, avec un vol. de planches, forme d'atlas, broché en carton. Prix 110 f.

Les additions qui ont été faites dans cette nouvelle édition ont été imprimées séparément pour les personnes qui voudraient compléter la 1re éd. in-f°. (V. p. 75) 36 f.

*****PRONY.** Nouvelle architecture hydraulique, contenant l'art d'élever l'eau au moyen de différentes machines, de construire dans ce fluide, de le diriger, et généralement de l'appliquer de diverses manières aux besoins de la société. 2 vol. in-4°, grand pap. avec fig. (rare.) Prix.......... 96 f.

Tome I, contenant un traité de mécanique à l'usage de ceux qui se destinent aux constructions de tous les genres, et des artistes en général; 1 vol. de 600 pages, avec 16 pl., (rare). Prix br.......... 60 f.

Tome II, contenant la description détaillée des machines à feu, avec 38 pl. br. 36 f.

-- Description hydrographique et historique des marais pontins, 1 vol. in-4° et atlas. (V. p. 74). Prix, br.......... 40 f.

SOKOLNICKI. Opuscules sur quelques parties de l'Hydrodynamique. Brochure in-4°. Prix.................. 4 f.

Architecture civile.

ANTOINE. Série des colonnes; in-8°. 3 f.

BÉRARD. Statique des Voûtes, in-4°, fig. (1810). Prix, br.............. 6 f. 50 c.

BLONDEL. Architecture française, ou Description des maisons royales et des plus beaux édifices de Paris. 4 vol. in-f°. 300 f.

-- De la distribution des maisons de plaisance et de la décoration des édifices en général, 2 vol. in-4°. Prix.......... 40 f.

BONNOT. Détail général des Fers à l'usage des bâtiments. 1 vol. in-8°. Prix br.. 6 f.

*****BRUNET.** Dimension des Fers qui doivent former la coupole de la Halle aux Grains, calculée d'après la composition de M. *Bélanger*, architecte des monuments publics. In-fol. oblong. Prix br.......... 9 f.

Cet ouvrage contient une méthode nouvelle pour rendre les caissons réguliers dans une voûte sphérique.

COLLECTION de nouveaux bâtiments pour la décoration des grands jardins et des campagnes, 1 vol. in-fol. composé de 44 planches. *Leipsick*, 1802. Prix, br. 45 f.

*****COUSSIN**, Architecte. Du Génie de l'Architecture, ouvrage ayant pour but de rendre cet art accessible au sentiment commun, en le rappelant à son origine, à ses propriétés et à son génie, 1 vol. grand in-4°, avec 60 planches. Prix cartonné.. 40 f.

DESCRIPTION pittoresque de Jardins du goût le plus moderne, 1 vol. in-4°, orné de 23 planches. *Leipsick*. br...... 10 f.

DESGODETS. Les Lois des Bâtiments, avec les notes de Goupy, 1 vol. in-8°. br. 5 f.

ERRARD et DE **CHAMBRAY.** Parallèle de

l'architecture antique avec la moderne, suivant les dix principaux auteurs qui ont écrit sur les cinq ordres. 1 vol. in-8°, gr. pap. Paris, 1766. Prix . . . .   6 f.

FOURNEAU. L'Art du Trait de Charpenterie, avec 88 planches, en 4 parties in-f°. 42 f.

Prix des parties séparées : La première et la seconde partie 10 f. 50 c. chaque.

. — La troisième et la quatrième, 13 f. 50 c. chaque.

FRESIER. Dissertation historique et critique sur les ordres d'architecture, in-4°.   4 f.

***GIRARD DE CAUDEMBERG**. Notice sur de nouveaux mortiers hydrauliques, in-8°. 2 f. (V. p. 74).

HASSENFRATZ. Traité de l'Art du Charpentier, tome Ier, in-4°, figures, br...   18 f.

LAUGIER. Essai sur l'Architecture, 1 vol. in-8°. Prix br . . . .   4 f.

MÉSANGE. Traité de Charpenterie, 2 vol. in-8°, 23 planches. Prix br. . . . .   12 f.

—Tarif des ouvrages de maçonnerie. 1 vol. 6 f.

***MORISOT**. Tableaux détaillés des prix de tous les ouvrages de bâtiments, suivant leurs genres différents, suivis d'un traité sur la manière de les toiser ou mesurer; à l'usage des architectes, ingénieurs, vérificateurs, toiseurs et entrepreneurs de bâtiments, des propriétaires de maisons, et de tous ceux qui veulent faire bâtir. Seconde édition revue avec soin et considérablement augmentée. 7 vol. in-8°. Le prix des 7 volumes est de . . . .   58 f.

Des 4 premiers volumes seuls . . . .   37 f.

Des 3 derniers volumes seuls. . . . .   21 f.

Le 1er vol. y compris le Supplément. 11 f. 50 c.

Et chacun des 6 autres volumes séparément. . . . .   8 f. 50 c.

PEYRE. Restauration du Panthéon français, compte rendu à la commission nommée pour l'examen du dôme du Panthéon. Brochure in-4°. Paris, an VII. Prix. . . . .   4 f.

***RONDELET**. Traité théorique et pratique de l'art de bâtir. (V. p. 61).

***SEGUIN**. Manuel d'Architecture. 1 vol. in-8°. Prix br. . . . .   6 f.

***TOUSSAINT**. Traité de Géométrie et d'Architecture théorique et pratique simplifiée. 4 vol. in-4°, avec 110 planches. br. 110 f.

TRAITÉ des Bâtiments propres à loger les animaux qui sont nécessaires à l'économie rurale ; contenant des règles sur les proportions, les dispositions et les emplacements qu'il convient de donner aux écuries, aux étables, aux bergeries, aux poulaillers, aux ruches, etc. 1 vol. in-fol., avec 50 belles planches. (1802). Prix br . . .   36 f.

***VICAT**. Des matériaux propres à la fabrication des mortiers et ciments calcaires. 1 vol. in-4°. (Voyez p. 74). Prix. .   12 f.

WIEBEKING. Architecture civile, accompagnée de l'histoire analytique des édifices anciens et modernes. 5 vol. in-4° avec 186 pl. Prix de chaque volume. . . . .   115 fr.

Beaux-Arts et Ouvrages de Luxe et à Gravures.

***ACHILLE DE JOUFFROY** ET **JORAND**. Siècles de la monarchie française.

L'ouvrage se composera d'un atlas de 350 planches (y compris les cartes géographiques), sur jésus vélin.

Le texte, tiré sur jésus vélin satiné, formera 1 volume in-folio de 600 pages.

L'ouvrage sera divisé en 36 livraisons, qui paraîtront successivement. Chaque livraison sera composée de huit à dix lithographies et quatre à cinq feuilles de texte. Le prix de chacune sera de. . . . .   22 f. 50 c.

Les cinq premières sont en vente.

***BIBENT**. Plan de la ville de Pompéia. (V. p. 57)

***BOISSÉRÉE**. Vues, plans, coupes et détails de la cathédrale de Cologne. (V. p. 62).

***BLANCHETON**. Vues pittoresques des principaux châteaux, etc. (V. p. 63).

BLOUET. Restauration des Thermes de Caracalla (V. p. 57).

CÉRÉMONIES des gages de bataille, etc. (V. p. 60).

***CHAMPOLLION**. Les Tournois du roi René. 1 vol. gr. in-folio. Prix : . . . . . .   300 f.

***COOKE**. Pompei by Donaldson (V. p. 57). 4 volumes in-f°. Prix . . . .   400 f.

***— VUES DE LA TAMISE**. Prix. .   200

Avant la lettre. (V. p. 57). Prix . . .   300

COLLECTION de gravures pour les Œuvres de Rousseau.   (V. p. 23.)

COLLECTION de portraits des Français célèbres (Voy. p. 58).

CONTES (les) **DU GAY SCAVOIR**, ou Recueil de Ballades, Fabliaux, etc. (V. p. 59).

COSTE. Architecture arabe. (V. p. 63).

***DUPRÉ**. Voyage pittoresque à Athènes. (V. p. 63).

GALERIE DE LESUEUR. (V. p. 61).

GALERIE FRANÇAISE, ou Collection de portraits.   (V. p. 61).

***GAU**. Antiquités de la Nubie. (V. p. 57).

GIRODET. Traduction d'Anacréon, 1 vol. in-4°, avec 54 dessins de Girodet, gravés par Chatillon : cartonné. (V. p. 61). 108 f.

***— SAPPHO, BION** et **MOSCHUS**. 1 vol. in-4°, avec planches. (V. p. 61).   80 f.

HISTOIRE du Chatelain de Coucy et de la dame de Fayel. (V. p. 60).

HISTORIAL (1er du Jongleur, chroniques et légendes françaises, etc. (V. p. 59).

HISTOIRE et plaisante chronique du petit Jehan de Saintré. (V. p. 59).

***HITTORF** ET **ZANTH**. Architecture antique de la Sicile (V. p. 63).

***—** Architecture moderne de la Sicile. (V. p. 64).

JOLIMONT. Les mausolées français. (V. p. 61).

— Monuments les plus remarquables de la ville de Caen, bâtis dans les siècles du moyen âge et de la renaissance, dessinés et décrits par F. T. de Jolimont.

Les dessins offrent un choix des monuments les plus intéressants, religieux ou civils, etc., bâtis depuis l'établissement des Normands dans cette contrée jusqu'au règne de Louis XIV exclusivement. Ces monuments sont représentés avec les détails ou développements nécessaires à l'étude de l'art.

Dans un discours préliminaire, l'auteur retrace succinctement l'histoire monumentale du département.

In-4°. Prix : .... 30 f.

*LAURENT. Le musée royal (V. p. 62).

*LOUIS XIV et ses principaux ministres. 1 vol. in-4°, papier vélin, cartonné, contenant 6 portraits, avec des notices sur chacun des personnages. Prix...... 15 f.

*LOUIS XIV et ses amours, 1 vol. in-4°, papier vélin, cartonné, contenant 6 portraits avec leurs notices. Prix......... 15 f.

*– Le même, in-8°, br. Prix....... 8

*MALPIERRE (de). La Chine, mœurs et usages, etc. (V. p. 62).

MASI. Description de l'Egypte. (V. p. 63).

MAZOIS. Les Ruines de Pompéi. Formant 34 livraisons, format atlantique. (V. p. 56).

*– Le palais de Scaurus. (V. p. 57).

*MEULEMEESTER. Les loges de Raphaël, ou Collection complète de cinquante-deux tableaux peints à fresque, qui ornent les voûtes du Vatican, et représentant divers sujets de la Bible, dessinés en aquarelle, gravés en taille-douce, et publiés.

Cette Collection, formée de 52 dessins d'après les tableaux de Raphaël, qui ornent les voûtes du Vatican, a coûté à l'auteur un travail assidu de douze années.

La dimension des gravures, imprimées dans le format grand in-f°, sur beau papier grand-aigle, est du neuvième des tableaux, c'est-à-dire à peu près de vingt pouces de France de long, sur dix de large.

L'ouvrage sera publié en 13 livraisons, de quatre gravures chacune.

La première est en vente, et les autres suivront rapidement.

Le prix de chaque livraison est, en noir avec la lettre.................. 50 f.

Avant la lettre ou avec des lettres blanches..................... 100 f.

Papier de Chine...... 200

En couleur imitant les fresques.... 400

MICHALLON. Vues d'Italie et de Sicile. (V. p. 58).

*MILLINGEN. ancient unedited monuments. (V. p. 58).

MILLIN. Description des tombeaux qui ont été découverts à Pompéi dans l'année 1812. 1 vol. in-8°. Prix br.......... 6 f.

*MONUMENTS sépulcraux de la Toscane, dessinés par Gozzini, et gravés par Scotto, nouvelle édition, augmentée de plusieurs planches avec leurs descriptions. 1 vol. gr. in-folio, rel. en maroquin, contenant 72 pl. coloriées avec le plus grand soin. 200 f.

PAS (le) d'armes de la bergère. (V. p. 60).

*PERNOT. Vues pittoresques de l'Ecosse. (V. p. 58).

PORTRAIT D'HENRI IV, d'après Gérard. (V. p. 58).

– APOTHÉOSE allégorique de l'entrée d'Henri IV. (V. p. 58).

PORTRAIT DE NAPOLÉON, gravé par Morghen. (V. p. 58).

QUATREMÈRE DE QUINCY. Monuments et ouvrages d'art antiques. (V. p. 61).

– Le Jupiter olympien. (V. p. 61).

*RAOUL-ROCHETTE. Monuments inédits d'antiquité figurée, grecque, étrusque et romaine. (V. p. 60).

*RUINES (Les) DE PALMIRE, autrement dite Tedmor au désert ; 1 vol. in-4°, avec 57 planches. Prix............. 30 f.

SALLUSTE, in-folio. (V. p. 62).

VOLTAIRE. La Henriade. 1 vol. petit. in-f°. cart. (V. p. 62).

VOYAGE en Angleterre. (V. p. 60).

Géographie.

ATLAS de géographie ancienne par Letronne, composé de 18 cartes, dont plusieurs coloriées, grand pap. cart. Prix...... 12 f. Cet atlas peut servir à toutes les éditions des œuvres de Rollin.

ATLAS pour l'histoire des empereurs, par Crévier, contenant : la Palestine, l'empire des Parthes, la Dace, la Mœsie, la Thrace, la Germanie et la Grande-Bretagne. Cinq cartes dressées d'après d'Anville, revues et corrigées. Prix...... 5 f. Cet atlas sert de complément à celui des œuvres de Rollin, ils sont indispensables pour l'étude de l'Histoire ancienne. Prix des deux réunis............ 15 f.

*BULLETIN des sciences géographiques. (V. p. 80.)

CARTE de l'Espagne, par Bory de St.-Vincent, accompagnée d'une notice géographique sur l'Espagne. Prix............ 4 f.

CARTE de la Grèce moderne, dressée sur les Mémoires de M. Pouqueville et autres voyageurs, par Barbié du Bocage. 3 f. 50 c.

CARTES MARINES des côtes de la Méditerranée, en grec moderne, par Kifalas. 3 feuilles grand-aigle. Prix......... 8 f.

GIRAULT DE SAINT-FARGEAU. Nouvel Atlas national des départements de la France. (V. p. 40).

*GOSSELIN. Recherches sur la géographie systématique et positive des Anciens, pour servir de base à l'Histoire de la Géographie. 4 vol. in-4°, an VI. Prix......... 80 f.

GRANDPRE. Géographie physique. 1 vol. in-8°. (V. p. 52). Prix............ 8 f.

*LAPIE. Atlas classique et universel de Géographie ancienne et moderne, dressé pour l'instruction de la jeunesse, et servant à l'intelligence tant de l'histoire que des voyages dans les différentes parties du monde, 3ᵉ édition, presque entièrement gravée sur de nouveaux dessins. Cet atlas est composé de 42 cartes. Pr. cart. 36 f.

OZANAM. Géographie. 1 vol. in-8°, avec fig. Prix. 5 f.

SOKOLNICKI. Coup-d'œil sur le canton d'Elberfeld, dans le grand-duché de Berg, in-8°, 1814. Prix. 2 f.

Voyages.

BARTHELEMY. Voyage du jeune Anacharsis. (V. p. 22).

BEAUJOUR (de). Voyage militaire dans l'empire ottoman. (V. p. 31).

BRONDSTED. Voyage dans la Grèce. (V. p. 37).

CAMUS. Mémoire sur la collection des grands et petits voyages, et sur la collection des voyages de Thévenot. 1 vol. in-4°. Paris, 1802. Prix. 15 f.

*FORTIS (le comte de). Voyage pittoresque et historique à Lyon et aux environs sur les rives de la Saône et du Rhône. 2 vol. in-8°. Prix br. 12 f.

LESCALLIER. Voyage en Angleterre, en Russie et en Suède, fait en 1775. Paris, 1800. Prix. 2 f. 50 c.

*MARCELLUS (le comte de). Voyage dans les Hautes-Pyrénées, 1 vol. in-18. Paris, 1826. (V. p. 49.) Prix br. 2 f. 50 c.

PACHO. Voyage dans la Marmarique et la Cyrénaïque, pendant les années 1824 et 1825. Dédié au Roi. (V. p. 36).

PALLAS. Voyages en différentes provinces de l'empire de Russie et dans l'Asie septentrionale; traduits de l'allemand. 5 vol. in-4° et atlas. Prix. 80 f.
— Voyages entrepris dans les gouvernements méridionaux de l'empire de Russie dans les années 1793-1794. Traduit de l'allemand. 2 vol. in-4° et atlas, pap. vél. Prix. 70 f.

POUQUEVILLE. Voyage de la Grèce, 2ᵉ édition, 6 forts vol. in-8°, contenant 36 vues ou cartes, plus la carte générale de la Grèce, collée sur toile. (V. p. 35). Prix br. 60 f.

RICHE. Voyage aux ruines de Babylone. (V. p. 49).

SAVARY. Lettres sur l'Égypte, contenant le parallèle des mœurs anciennes et modernes de ses habitants, etc.; 3 vol. in-8°, br. 15 f.
— Lettres sur la Grèce, faisant suite à celles sur l'Égypte. 1 vol. in-8°. Prix. 5 f.

VERDUN, BORDA et PINGRÉ. Voyage fait en 1771-1772 en diverses parties de l'Europe, de l'Afrique et de l'Amérique, 2 vol. in-4°. Paris, 1778. Prix. 27 f.

VOLNEY. Voyage en Égypte et en Syrie. 2 vol. in-8°. (V. p. 49.) Prix br. 16 f.

Histoires Diverses.

ALIX. Précis de l'Histoire de l'Empire ottoman. 3 vol. in-8° avec carte; br. (V. p. 32). 18 f.

BARANTE. Histoire des ducs de Bourgogne. 13 vol. in-8°. Prix. 84 fr.

BAUSSET (de). Mémoires anecdotiques sur l'intérieur du palais et sur quelques événements de l'empire depuis l'an 1805 jusqu'en 1816. 4 vol. in-8°. Prix. 30 f.

BIGNON. Hist. de France depuis le 18 brumaire. (V. p. 47).

BOTTA. Histoire des peuples d'Italie. 3 vol. in-12. Prix. 6 f.

*BUCHON. Collection des chroniques nationales françaises, écrite en langue vulgaire du XIIIᵉ au XVIᵉ siècle, avec des notes et éclaircissements. Cet ouvrage formera 60 vol. in-8°, dont 40 sont en vente. Prix de chaque volume. (V. p. 43). Prix. 6 f.

*BULLETIN des sciences historiques, etc. (V. p. 48).

CARION NISAS. Histoire romaine. 2 vol. in-12, rel. en un. Prix. 5 f.

CAROSSES (les) à cinq sols, ou les Omnibus du dix-septième siècle. 1 volume in-12. Prix. 1 f. 50 c.

*CORAY. Mémoire sur l'état actuel de la civilisation dans la Grèce, lu à la société des Observateurs de l'Homme, le 16 nivose an XI, in-8°. (V. p. 38.) Prix. 3 f. 50 c.

CREVIER. Histoire des empereurs (V. p. 25).

DARU. Histoire de la république de Venise. 2ᵉ édition. 8 gros vol. in-8°, avec pl. et cartes. (V. p. 42.) prix, pap. fin. 68 f.
— Le même ouvrage, gr. papier fin. 80 f.
— Le même ouvrage, gr. papier vélin. 100 f.
— 3ᵉ édition. 8 vol. in-18, grand raisin, avec cartes. (V. p. 42). Prix br. 36 f.
— Histoire de Bretagne. 3 vol. in-8°. Paris, 1827. (V. p. 47.) Prix. 18 f.

DAUNOU. Observations sur l'histoire de Bretagne de M. Daru, in-8°. (V. p. 47). 2 f.

DAUVIN. Essais topographiques, statistiques et historiques, sur la ville, le château, le port et la rade de Brest, 1 vol. in-8°. Brest, 1816. Prix br. 5 f.

DELORT. Histoire de la détention des philosophes. (V. p. 29).

DEPPING. Expéd. maritime des Normands. (V. p. 33).

DESGENETTES. Histoire médicale de l'armée d'Orient. 1 vol. in-8°. (V. p. 32.)

DOCUMENTS relatifs à l'état présent de la Grèce, d'après les communications du comité philhellénique de Paris, par cahiers de 4 à 6 feuilles. Prix de chacun. 1 f. 50 c.
Les 9 premiers numéros sont en vente.

DUBARLE. Histoire de l'Université. (V. p. 43).

*DULAURE. Histoire de Paris. 3ᵉ édition. 10 vol. in-12, avec 85 planches et atlas. 50 f.

DUMAS (Mathieu). Histoire d'Espagne, depuis sa première période jusqu'à la fin de l'année 1814; 3 vol. in-8°, avec une carte géographique. (V. p. 42). Prix. 20 f.

FOY. Histoire de la guerre de la Péninsule sous Napoléon, précédée d'un tableau poli-

tique et militaire des puissances belligerantes. Troisième édition. 4 vol. in-8°, avec un atlas de 6 cartes dessinées et gravées sous les yeux du général Foy, et un portrait d'après Horace Vernet. Prix.... 32 f. 50 c.
Le même sans atlas. Prix..... 26

GAMBA. Relation de l'expédition de lord Byron en Grèce; traduite de l'anglais. Paris, 1825, in-8°. (V. p. 38.) Prix..... 6 f.

GAILLARD. Histoire de François Ier. 5 vol. in-8° Prix ..... 25 f.

GALLI. Mémoire sur la guerre de Catalogne, etc. (V. p. 41).

*GENTIL. Mémoires sur l'Indoustan, ou Empire Mogol. 1 vol. in-8°, 1822). 7 f. 50 c.

GIRAULT DE SAINT-FARGEAU. Histoire nationale, ou Dictionnaire de toutes les communes de la France, etc. (V. p 38).

GOLDSMITH. Histoire d'Angleterre, depuis Jules-César jusqu'en 1760, et continuée jusqu'à nos jours par Coote, trad. de l'anglais par mad. Aragon ; avec une notice sur la vie et les ouvrages de Goldsmith, par M. Albert Montemont. 6 vol. in-8°, Paris, 1825. Prix br ..... 30 f.
Histoire romaine traduite par Bruyset. 1 vol in-12 Prix ..... 3 f.
Histoire de la Grèce, traduite par le même. 1 vol in-12. Prix..... 3 f.

GROSIER. Description générale de la Chine, ou Tableau de l'état actuel de cet empire, 1 vol. in-4°. Paris, 1785. br ..... 15 f.

*GUILLAUME DE JUMIÈGE. Les ducs de Normandie, suivis de la vie de Guillaume-le-Conquérant; publié par Guizot. 1 vol. in-8°, (1826) Prix br..... 6 f.

*GUIZOT. Collection des mémoires relatifs à l'histoire de France, depuis la fondation de la monarchie française jusqu'au 13e siècle; 31 vol in-8° (V.p.43.) Prix ..... 192 f.

HEEREN. Manuel de l'histoire ancienne, traduit de l'allemand par M. Alex. Thurot. 1 vol in-8 de 500 pages; seconde édit. 1826. (V p.29) Prix br. ..... 8 f.
Manuel historique. (V. p. 30)

HÉRODOTE. Nouvelle traduction, par M. le comte Miot. 3 vol. in-8°, avec carte (V. p 50) Prix br ..... 27 f.

*HISTOIRE de la peinture en Italie. Paris, 1817. 2 vol. in-8°. Prix ..... 14 f.

HISTOIRE politique, etc., de la Prusse. (V. p. 53)

HORACE, traduit par Charles Batteux, édition augmentée d'un commentaire, par A-chantre, 3 vol. in-8 ..... 18 f.

KLAPROTH. Tableau historique, etc., du Caucase (V. p. 33).
Tableaux historiques de l'Asie. (V. p.33).

LABORDE (le comte Alex. de). Itinéraire descriptif de l'Espagne, 3e édit., revue et considérablement augmentée, enrichie de vignettes représentant les principaux monuments de l'Espagne (V. p. 41)

LACRETELLE. Histoire de la révolution française, 8 vol. in-8°. (V. p. 47). Pr. 56 f.
-- Histoire de France, pendant le 18e siècle. 6 vol. in-8°. (V.p.47). Prix..... 30 f.
— Histoire de France depuis la restauration. 4 vol. in-8°. Prix ..... 28 f.
—Histoire de France pendant les guerres de religion. 4 vol. in-8°. (V.p.47). Pr. 24 f.

*LAFONTENELLE (de). Histoire d'Olivier de Clisson, connétable de France. 2 vol. in-8° Paris, 1826. (V.p.47). Prix..... 12 f.

LANZI. Histoire de la peinture en Italie, depuis la renaissance des beaux-arts jusque vers la fin du XVIIIe siècle. 5 vol. in-8°, Paris 1824. Prix br ..... 30 f.

LAS CASES. Mémorial de Sainte-Hélène, (V. p. 46).

LAUVERGNE. Souvenirs de la Grèce pendant la campagne de 1825, 1 vol. in-8°; Paris, 1826. (V. p. 38.) ..... 3 f.

LEBEAU. Histoire du Bas-Empire; nouvelle édition, revue par M. St.-Martin. 20 vol. in-8°. (V. p. 25).

LESAGE (comte de Las Cases). Atlas historique, généalogique, chronologique et géographique. 1 vol. in-folio. Prix ... 140 f.

*LETRONNE. Éclaircissements historiques, faisant suite aux œuvres de Rollin. 1 vol in-8°. (V. p. 28). Prix..... 4 f.

LETTRES sur Frédéric II, contenant un grand nombre de faits sur sa vie. 3 vol. in-8°. Prix br..... 12 f.

*LEGLAY. Recherches sur l'église métropolitaine de Cambray. 1 vol. in-4°, avec 12 planches, 1825. br..... 10 f.

LŒVE VEIMARS. Histoire des littératures anciennes. 1 vol. in-12. Prix..... 2 f.

MARLÈS (de). Histoire de la domination des Arabes et des Maures en Espagne et en Portugal, depuis l'invasion de ces peuples jusqu'à leur expulsion définitive. 3 vol. in-8° Paris, 1825. Prix..... 18 f.

MÉMOIRES INÉDITS de Louis-Henri de Loménie, comte de Brienne, secrétaire d'État sous Louis XIV; publiés sur les manuscrits autographes, avec un Essai sur les mœurs au 17e siècle, par F. Barrière. 2 vol. in-8°. Prix..... 15 f.

*MÉMOIRES sur l'état des Israélites, dédiés et présentés à leurs majestés impériales et royales réunies au congrès d'Aix-la-Chapelle. Brochure in-8°. Paris, (1819). 2 f

MERMET. Histoire de la ville de Vienne. (V. p. 48)

MICALI. L'Italie avant la domination des Romains, avec un discours préliminaire et des notes par M. Raoul-Rochette. 4 vol. in-8° avec atlas (V. p. 42.) Prix..... 75 f.

MICHAUD. Histoire des croisades. (4e édition. 6 vol. in-8°. (V.p.42). Prix ... 48 f.

MIGNET. Histoire de la Révolution française, depuis 1789 jusqu'en 1814. 2 vol. in-8° et une planche représentant la constitution de Sieyès. 4e édit. (V. p. 46). 14 f

MONTGAILLARD. Revue chronologique de l'histoire de France. (V. p. 46).

*****MORÉNAS**. Précis historique de la Traite des Noirs, etc. 1 vol. in-8°. (V. p. 50). Prix : . . . . 7 f.

NAPOLÉON. Mémoires pour servir à l'histoire de France. (V. p. 44).

NIÉBUHR. Histoire romaine, traduite par de Golbery. 2 vol. in-8°. Prix : . . 15 f.

NOUGARÈDE DE FAYET. Histoire de la révolution qui renversa la république romaine. (V. p. 43). 2 vol. in-8°. Pr. 12 f.

*****OHSSON** (D'). Histoire des Mongols. (V. p. 33).

*—Tableau historique de l'Orient, 2 vol. in-8°. (V. p. 32).

*— Histoire des peuples du Caucase. 1 v. in-8°. (V. p. 32).

*—Tableau de l'empire Ottoman. 3 vol. in-f°. (V. p. 31).

*—Id. 7 vol. in-8°. (V. p. 31).

*****ORDERIC VITAL**. Histoire de la Normandie, publiée pour la première fois en français par Guizot, 4 vol. in-8°. Prix 24 f.

ORLOFF (le comte) Mémoires sur Naples. 5 vol. in-8°. Prix . . . . 35 f.

POUQUEVILLE. Histoire de la régénération de la Grèce. Seconde édit. 4 forts vol. in-8°. (V. p. 35). Prix . . . . 35 f.

*****PÉDRONI**, ancien élève de l'École polytechnique. Carte chronologique de l'Histoire universelle, depuis les temps les plus reculés jusqu'à la fin de l'année 1811. Cet ouvrage, composé de quatre tableaux coloriés, sur papier grand-aigle, est ainsi divisé :

Le premier comprend l'Histoire des premiers temps connus jusqu'au partage de l'empire d'Alexandre.

Le deuxième, depuis le partage de l'empire d'Alexandre jusqu'à l'invasion de l'empire romain par les Barbares.

Le troisième, depuis l'invasion de l'empire romain par les Barbares, jusqu'au temps des Croisades.

Le quatrième, depuis le temps des Croisades, jusqu'à la fin de l'année 1811.

Prix de ces quatre tableaux. 30 f.

RAOUL ROCHETTE. Histoire de la révolution helvétique, de 1793 à 1801. 1 vol. in-8. Paris, 1823. Prix. . . . . 8 f.

RAYBAUD. Mémoires sur la Grèce. (V. p. 36).

REVUE de l'histoire universelle moderne. (V. p. 34).

RECUEIL de mémoires sur la Grèce. (V. p. 38.)

ROLLIN (Œuvres complètes de). Nouvelle édition, accompagnée d'observations et d'éclaircissements, par M. Letronne. 30 vol. in-8°, avec atlas. Pap. vélin. (V. p. 25). **Prix** : . . . . 192 f.

Chaque ouvrage se vend séparément, savoir :

L'histoire ancienne. 12 vol. . . . . . . 72 f.

L'histoire romaine. 13 vol. 78

Le Traité des Études. 4 vol 24

Les œuvres diverses. 1 vol 6

L'atlas séparé. 12

SCHACK. Campagne d'un jeune Français en Grèce, in-8°. (V. p. 38.) Prix . . . . . . 3 f.

SÉRAO. Vie d'André, évêque de Potenza, dans le royaume de Naples, ou Histoire de son temps. 1 vol. in-8°. Paris, 1806. Prix br. . . . . 2 f. 50 c

SIMONDE DE SISMONDI. Histoire des républiques italiennes. 16 vol. in-8°, nouv. édit. (V. p. 43). Prix . . . . 112 f.

Histoire de la littérature du midi de l'Europe. (V. p. 43).

— Histoire des Français. 12 vol. ont déjà paru ; (V. p. 43). Prix . . . . 93 f.

— Julia Sévéra, ou l'an quatre cent quatre vingt-douze, 3 vol. in-12. (V. p. 43). Prix br. . . . . 7 f. 50 c

SOUTZO. Histoire de la révolution grecque (V. p. 36).

SULLY. Mémoires. 6 vol. in-8. Paris, 1827. Prix. . . . . 36 f.

THIERRY. Lettres sur l'Histoire de France (V. p. 43).

THIERS. Histoire de la révolution française. 10 vol. in-8°. Prix. (V. p. 47.) . . . 70 f.

VALENTINI. Précis des dernières guerres des Russes contre les Turcs. (V. p. 37).

VALORI (le comte de). Journal militaire de Henri IV. 1 vol. in-8°, orné de dessins lithographiés et *fac-simile*. (V. p. 48). 6 f.

— Mémoires et négociations du marquis de Valori (V. p. 48).

VANE. Histoire de la guerre de la Péninsule (V. p. 41).

*****VOUTIER**. Lettres sur la Grèce. Notes et chants populaires. 1 vol. in-8°. Paris, 1826. Prix . . . . 4 f.

VILLEMAIN. Histoire de la vie et du pontificat de Grégoire VII, 2 vol. in-8°. (*sous presse*.) (V. p. 43.) . . . . 15 f.

VIE de Louis de Berton de Crillon des Balbes, surnommé le brave Crillon, suivie de notes historiques et critiques. 3 vol. in-8°. Paris 1826. Prix. . . . . 18 f.

Le même ouvrage, contenant la vie et un choix des notes. 1 vol. in-12. Paris, 1826. Prix br. . . . . 2 f. 50 c

Philologie, polygraphes, Bibliographes.

ADAM. Antiquités romaines, etc (V. p. 54).

*****ART** de vérifier les dates. (V. p. 49).

*****ALLOU**. Description des monuments des différents âges observés dans le département de la Haute-Vienne, avec un précis des annales de ce pays, rédigé par ordre de S. E. le ministre de l'intérieur 1 vol. in-4°. br. (1821). Prix . . . . 12 f.

BARTHÉLEMY. Œuvres diverses. (V. p. 22).

BIOT. Recherches sur l'astronomie égyptienne. (V. p. 53).

*****BOMBET**. Lettres écrites de Vienne en Autriche, sur le célèbre compositeur Haydn, suivies d'une vie de Mozart, et de considerations sur Métastase, et l'état présent de la musique en France et en Italie, 1 vol. in-8°. Paris, 1824. Prix .... 7 f.

BRUAND. Dissertation sur une mosaïque découverte à Poligny, département du Jura, in-8°. Paris, 1816. Prix .... 2 f.

CHAMPOLLION. Lettres à M. le duc de Blacas. (V. p. 34)

Panthéon égyptien. (V. p. 34)

— Charte de commune. (V. p. 38).

Annales des Lagides, ou chronologie des rois grecs d'Égypte, successeurs d'Alexandre-le-Grand. 2 vol. in-8°. Prix br. 15 f.

DARU. Notions statistiques sur la Librairie française. 1 vol. in-4°. Paris, 1827. (V. p. 38). Prix. .... 4 f. 50 c.

DÉAL. Dissertation sur les Parisii ou Parisiens et sur le culte d'Isis chez les Gaulois; in-8°. Paris, 1826. Prix. .... 3 f.

DIBDIN. Voyage bibliographique, archéologique et pittoresque en France, etc. (V. p. 60).

DU BOIS-AYMÉ. Mémoire sur les anciennes branches du Nil et ses embouchures dans la mer; in-8°. Livourne, 1812. Prix .... 2 f. 50 c.

DUREAU DE LA MALLE. La Poliorcétique des Anciens, ou de l'Attaque et de la Défense des Places avant l'invention de la Poudre. 1 volume in-8°, et Atlas.. 15 f.

ÉTUDE (De l') DES HIÉROGLYPHES. Fragment; 5 vol. in-12. (Paris, 1812.) br. 12 f.

FRÉRET. OEuvres complètes. (V. p. 50).

HISTOIRE LITTÉRAIRE de la France, in-4°. Tomes 12-13-14-15-16. (V. p. 88).

ISOGRAPHIE des hommes célèbres, ou Collection de *fac simile* de lettres autographes et de signatures, dont les originaux se trouvent à la bibliothèque du roi, aux archives du royaume, à celles des différents ministères, du département de la Seine, et dans les collections particulières de MM. Bérard, Berthevin, de Chateaugiron, Duchesne aîné, Lucas de Montigny, Marron, Monmerqué, Trémisot, Villenave, etc.

Cet ouvrage contient 30 livraisons, in-4°, composées chacune de 20 à 24 *fac simile*. Prix de chaque livraison. .... 6 f.

JOURDAIN. Recherches critiques sur l'âge et l'origine des traductions latines d'Aristote, et sur des Commentaires grecs ou arabes employés par les docteurs scolastiques. 1 vol. in-8°. Paris, 1819. Prix 6 f.

LABAUME. Recherches asiatiques, ou Mémoires de la société établie au Bengale pour faire des recherches sur l'histoire et les antiquités, les arts, les sciences et la littérature de l'Asie, revus et augmentés de notes par MM. Langlès, Cuvier, Delambre, Lamarck et Olivier. 2 vol. in-4°. Paris, 1805. Prix br .... 50 f.

LAJARD. Recherches historiques sur le culte mithriaque. V. p. 44.

—

*. Nouvelles observations sur le grand bas-relief mithriaque, etc., in-4°. (V. p. 34). 4 f.

LANGLÈS. Recherches sur la découverte de l'essence de rose. 1 vol. in-18. Paris, 1804. Prix br. .... 1 f. 50 c.

LETRONNE. Considérations générales sur l'évaluation des monnaies grecques et romaines. 1 vol. in-4°. (V. p. 53). Prix. 4 f.

MABLY (OEuvres complètes). 15 vol. in-8°. Prix .... 36 f.

MAHUL. Annuaire nécrologique, ou Complément annuel et continuation de toutes les biographies et dictionnaires historiques, contenant la vie de tous les hommes remarquables par leurs actes ou par leurs productions, morts dans le cours de chaque année, à commencer de 1820 ; rédigé et publié par A. Mahul. In-8°, orné de portraits.

Première année, pour 1820. Prix 6 f.
Deuxième année, pour 1821 ..... 7 f. 50 c.
Troisième année, pour 1822 ..... 7 f. 50 c.
Quatrième année, pour 1823... 8 f.
Cinquième année, pour 1824.... 8 f.
Sixième année, pour 1825.... 8 f.

--- Dissertation historique, littéraire et bibliographique, sur la vie et les ouvrages de Macrobe, in-8°, 1817. Prix. .... 2 f.

MÉMOIRES de l'Académie des Inscriptions. 8 vol. in-4°. (V. p. 85). Prix..... 182 f.

MÉMORIAL portatif de chronologie, d'histoire industrielle, d'économie politique, de biographie, etc. (V. p. 34).

MILLIN. Minéralogie homérique, ou Essai sur les minéraux dont il est fait mention dans les poëmes d'Homère. 1 vol. in-8°. br. 2° édit. Prix. .... 6 f.

Introduction à l'étude de l'Archéologie, des pierres gravées et des médailles, nouvelle édition, revue par M. de Roquefort, et précédée d'une notice sur la vie et les ouvrages de l'auteur, par M. Dacier. 1 vol. in-8°. Prix. .... 6 f.

— Annales encyclopédiques Journal des Sciences. Années 1817-1818. 6 vol. in-8.. 30 f.

--- Monuments antiques, inédits ou nouvellement expliqués. Collection de statues, bas-reliefs, bustes, peintures, etc.; 2 vol. in-4°, avec un grand nombre de planches. 50 f.

QUÉRARD. La France savante et littéraire, ou Dictionnaire bibliographique, etc. (V. p. 18).

ROBINSON. Antiquités grecques. (V. p. 34).

SOKOLNICKI. Recherches sur les lieux où périt Varus avec ses légions. Brochure in-8°. Prix .... 1 f. 50 c.

Grammaires et Traités de grammaire générale. Dictionnaires. Méthodes diverses pour l'éducation.

ALBERTI, élève de DAVID. Méthode sûre et facile pour apprendre l'art du dessin sans maître, ouvrage utile, surtout aux personnes privées des facilités d'avoir des professeurs. Cet ouvrage se compose de 15 cahiers gr. in-4°. Prix..... 37 f. 50 c.

ARNAO. Dictionnaire espagnol. (V. p. 12).

ALLOU. Universalité de la langue française. (V. p. 23).

BAMBAS. Grammaire de la langue grecque ancienne. (V. p. 9).

BARBIER. Principes d'expéditive française, pour écrire aussi vite que la parole, in-8°. Paris 1809. Prix............ 2 f. 50 c.

BARETTI. Dictionnaire italien-anglais et anglais-italien, 2 vol. in-4°, grand pap. Florence, 1816. Prix............ 60 f.

BIOGRAPHIE (Nouvelle) classique (V.p.20).

BIOGRAPHIE universelle. (V. p. 21).

BOCHTOR. Dictionnaire français-arabe. (V. p. 10).

BOISTE. DICTIONNAIRE UNIVERSEL DE LA LANGUE FRANÇAISE, avec le latin et les étymologies, etc. 7e édition, revue, corrigée et augmentée par l'auteur (1829). 1 vol. in-4°. Prix br..................... 27 f.

CATINEAU. Dictionnaire de la langue française. 1 vol. in-12. br.......... 7 f.

CAUSSIN DE PERCEVAL. Grammaire arabe vulgaire. (V. p. 11).

CHATAU. Prosodie italienne, 5e édit., 1 vol. in-12. Prix br............... 1 f. 50 c.

'DAVID. Méthode pour étudier la langue grecque moderne; 2e édit. Prix.... 5 f.

DICTIONNAIRE classique d'Histoire naturelle. 16 vol. in-8°. (V. p. 54).

DICTIONNAIRE de l'Académie (V.p.18).

DICTIONNAIRE UNIVERSEL, HISTORIQUE, CRITIQUE ET BIBLIOGRAPHIQUE, etc. 9e édit.; 20 vol. in-8°. Prix, br...... 140 f.

DICTIONNAIRE anglais-français et français-anglais, abrégé de Boyer, par Salmon et Fain, 2 vol. in-8°, 26e édition. Paris, 1821. Prix br................... 18 f.

DEHEQUE. Dictionnaire abrégé de la langue grecque moderne, 1 vol. in-16. (V. p. 9). Prix br.................... 10 f.

D'ORIENT DE BELLEGARDE. L'Interprète du français en Grèce. (V. p. 8).

DUPONT (de Nemours). Sur l'Éducation dans les États-Unis d'Amérique. 1 vol. in-8°. (1813). Prix br............ 3 f. 50 c.

GATTEL. Dictionnaire français-espagnol et espagnol-français, avec l'interprétation latine de chaque mot. 2 vol. in-4°. Prix 24 f.

GUIGNES (de). Dictionnaire chinois, français et latin. 1 fort vol. in-fol. (Paris 1813.) Prix..................... 90 f.

HENRI ESTIENNE. Nouvelle édition du Trésor de la langue grecque. (V. p. 1).

KLAPROTH. Vocabulaire géorgien. (V.p.11).

LIBES. Nouveau Dictionnaire de Physique. 3 vol. in-8° et atlas. Prix........ 24 f.

MALTEBRUN. Dictionnaire géographique portatif, etc. (V. p. 53).

MARCELLA. Grammaire russe, en russe et en roumain (moldave). 2 vol. in-8°. Prix 6 f.

— Recueil des mots et dialogues les plus nécessaires sur les matières les plus fréquentées dans les besoins de la vie, en russe et en roumain (moldave). 1 vol. in-8°. Prix 4 f.

— Relations historiques, politiques et familières, en forme de lettres, pour divers usages, arts, sciences, institutions et monuments publics des Russes, en russe et en roumain (moldave). 1 vol. in-8°. Prix. 6 f.

— Le même ouvrage avec planches. 13 f.

MATTHIÆ. Grammaire grecque-allemande, traduite en français. (V. p. 6).

MILLER. Dictionnaire des Jardiniers, 10 vol. in-4°. br. 90 f.

MEIDINGER. Nouvelle grammaire allemande-pratique, in-8°. Metz (1817). 4 f.

NUGENT. Dictionnaire portatif des langues française et anglaise, contenant tous les mots dont l'usage est autorisé par les auteurs. 2 vol. in-12 oblong. Prix............ 5 f.

PAIX. Première grammaire française. 1 vol. in-8°. (V. p. 52). Prix............ 4 f.

'REY. Thèmes et versions, faisant suite à la grammaire allemande élémentaire de M. Simon, in-8°. Prix.............. 3 f. 50 c.

ROLLIN. Traité des études, édition revue par M. Letronne. 4 vol. in-8°. Pap. vélin. (V. p. 17). Prix.................. 24 f.

SIMON. Grammaire allemande élémentaire pour les Français. 1 vol. in-8°. (V. p. 11). Prix..................... 4 f.

— Dictionnaire allemand-français (V.p.12.)

'— Précis de grammaire générale, servant de base à l'analyse de chaque langue particulière, et d'introduction à la grammaire allemande du même auteur.... 2 f. 50 c.

SIRET. Éléments de la langue anglaise, ou Méthode pratique pour apprendre facilement cette langue; nouv. édit. revue par Poppleton. 1 vol. in-8°. Lyon (1815). 2 f. 50 c.

'SUCKAU. Tableaux synoptiques de la langue allemande, à l'usage de Mgr. le duc de Bordeaux. 1 vol. in-8°, 1827. (V.p.11). 5 f.

'— Exercices gradués pour apprendre l'allemand d'après la méthode naturelle, par le même, broch. in-8°. (V. p. 11). 75 cent.

TABLEAUX en gros caractères grecs, grand in-fol., pour l'enseignement. (V. p. 8).

'THÉOCHAROPOULOS de Patras. Dialogues familiers, en grec, français et anglais, in-12. (V. p. 8). Prix........... 3 f. 50 c.

—ΓΡΑΜΜΑΤΙΚΗ ΓΑΛΛΙΚΗ. Grammaire française de C. Letellier. Paris, 1827. 1 vol. in-8°. (V. p.8). Prix............ 5 f.

— Grammaire française grecque. (V.p.8).

— Exposition abrégée de la prononciation grecque. (V. p. 8).

VALMONT DE BOMARE. Dictionnaire raisonné universel d'Histoire naturelle. 15 vol. in-8. Prix br................. 60 f.

Le même ouvrage. 8 vol. in-4°. même prix.

'WAILLY. Vocabulaire français. 1 vol. in-8°. rel. Prix............... 8 f. 50 c.

*VOLNEY. L'alphabet européen appliqué aux langues asiatiques. Ouvrage élémentaire, utile à tout voyageur en Asie. 1 vol. in-8°. Paris, (1819). (V. p. 49). Prix . . . . . .   6 f.

*—L'HÉBREU simplifié par la méthode alphabétique. 1 vol. in-8°. Paris, 1820; prix.   4 f.
(Pour ses autres ouvrages, V. p. 49).

Littérature.

AIGNAN. Bibliothèque étrangère d'histoire et de littérature ancienne et moderne, ou Choix d'ouvrages remarquables et curieux, traduits ou extraits de diverses langues, avec des notices et des remarques. 3 vol. in-8°. Paris, 1823. Prix . . . .   18 f.

AGNIEL. Fables nouvelles, 1 vol. in-18, gr. pap. vélin. (1829). Prix . . . .   4 f.

*ALEXANDRÉIDE (L'), ou la Grèce vengée, poème en 24 chants. 2 vol. in-8°. .   12 f.

ALFRED DE VIGNY. Cinq Mars, ou une conjuration sous Louis XIII. 2 vol. in-8°. 12 f.

ALISSAN DE CHAZET. Des Mœurs, des Lois et des abus.   (V. p. 22).
— Vie de Monthion.   (V. p. 22).

ANDRIEUX. La philosophie des Belles-Lettres. (V. p. 18).
— Épitre en vers sur la perfectibilité humaine. in-8°. (V. p. 22). Prix .   1 f. 25 c.

ARNAULT. La rançon de Duguesclin, comédie en 3 actes et en vers, in-8°, br. Paris, 1824. Prix . . . .   1 f. 50 c.

*ATHÈNES ASSIÉGÉE, poème, par l'auteur de l'Alexandréide, in-8°. Prix . . . . .   1 f.

BARRICADES (les). Scènes historiques. (V. p. 43).

BERGER DE XIVREY. Recherches sur les sources antiques de la littérature française. (V. p. 60).

BERVILLE (Saint-Alban de). Éloge de Rollin. Discours qui a remporté le prix d'éloquence le 27 août 1818. Prix . . . .   2 f.

BOILEAU. Œuvres. 2 vol. grand in-fol., jesus-vélin, ornés de 9 vignettes; édit. tirée à 125 exemplaires. Au lieu de 500 f. 350 f.

BOILEAU (Œuvres choisies de). 1 vol. in-18, rel. en bas. Prix . . . .   2 f.

*BONAPARTE (Lucien). Charlemagne, ou l'Église délivrée, poème en 24 chants, 2 vol. in-8°, grand pap. Prix br . . .   15 f.

*— Le même, pap. vélin, grand raisin superfin. Prix . . . .   30 f.
— La Cirnéide, poème épique en 12 chants, 1 vol. in-8°, gr. papier. Prix br.   7 f. 50 c.
— Idem, pap. vélin . . . .   15 f.

BONHOMME (Julien). Essai d'une imitation libre de l'Énéide en vers français, 2 vol. in-18. 1829. Prix . . . .   4 f.

*BRIFAUT. Ninus II, tragédie en 5 actes, in-8°. Prix . . . .   2 f.

*BYZANCIADE (la), poème en 14 chants, par l'auteur des Trois Ages. In-8°. br.   5 f.

CALVOS. La Lyre patriotique de la Grèce, traduit du grec par S. Julien. 1 vol. in-18.

pap. vélin satiné. (V. p. 38.) Prix .   2 f.

CAMOENS. Les Lusiades, traduites par Millie.   (V. p. 13).

CHASLES. Discours sur la vie et les œuvres de Jacques Auguste de Thou, qui a remporté le prix d'éloquence décerné par l'Académie, le 25 août 1824. Prix . . . . .   2 f.

CHASLES ET SAINT-MARC GIRARDIN. Tableau de la littérature au 16° siècle. (V. p. 20).

CHATEAUBRIANT. Atala, René, les Aventures du dernier Abencerage. 2 vol. in-18 grand papier avec figures. Prix . . .   12 f.
— Œuvres romantiques. 5 vol. in-32. (V. p. 20.)

CHAUSSARD aîné. Épitre sur quelques genres dont Boileau n'a point fait mention dans son art poétique, br. in-4°. . . . .   1 f. 50 c.

*CHÉNIER (œuvres complètes de Marie-Joseph et d'André), 10 vol. in-8°, pap. superfin, ornés d'un beau portrait de Marie-Joseph. Prix br . . . .   75 f.

*CHÉVIGNÉ (le comte de). La Chasse, poème. 1 vol. in-8°. gr. pap. vélin. (V. p. 23).   5 f.

*CLASSIQUES FRANÇAIS, ou Bibliothèque portative, composée des chefs-d'œuvre, en prose et en vers, des meilleurs auteurs, 103 vol. in-32, ornés du portrait de chaque auteur; imprimés avec soin sur pap. vélin. Cette jolie collection se compose de

— La Henriade, 1 vol. . . . .)
— Poèmes et Discours en vers, Contes en vers et Satires de Voltaire. | 7 f.
2 vol. . . . .)
— Épitres, Stances et Odes de Voltaire, 2 vol. . . . .)
| 7 f.
— Temple du Goût et Poésies mélées.)
1 vol. . . . .)
— Massillon (Petit Carême). 1 vol. . . .   3 f
— Œuvres de Boileau. 2 vol. . . . . . .   5 f
— Télémaque, 2 vol. . . . .   6 f.
— Œuvres de J. Racine, 4 vol. . . .   12 f
— Malherbes (poésies de), 1 vol. . . .   3 f
— Pensées de Pascal, 2 vol. . . . . . .   6 f
— Fables de La Fontaine, 2 vol. . . . .   6 f.
— Lettres provinciales de Pascal, 2 vol.   5 f.
— Caractères de Labruyère, 3 vol. . . . 7 f. 50 c
— Chefs-d'œuvre dramatiques de Voltaire, 6 vol. . . . .   13 f.
— Oraisons funèbres de Bossuet, 1 vol.   3 f.
— Lettres persanes de Montesquieu, 2 vol. . . . .   6 f.
— Maximes de Larochefoucault, 1 vol. . . . .   2 f. 50 c.
— Chefs-d'œuvre de P. Corneille, 4 vol.   12 f.
— Charles XII (Histoire de), 2 vol . .   5 f
— Œuvres complètes de Ducis, 7 vol.   21 f.
— Discours sur l'Histoire universelle de Bossuet. 3 vol. . . . .   7 f.
— Molière (œuvres complètes de), 8 vol. . . . .   24 f.
— La Grandeur et la Décadence des Romains, 1 vol. . . . .   3 f
— Choix d'oraisons funèbres de Fléchier,

Mascaron, Bourdaloue; etc. 1 vol.. 3 f
— OEuvres de Régnard, 4 vol..... 12 f.
— Gil Blas de Santillane, par Le Sage. 4 vol. .... 12 f.
— OEuvres choisies de J. B. Rousseau, 2 vol. .... 6 f
— Chefs-d'œuvre de Th. Corneille, 1 vol. 3 f.
— Contes de La Fontaine, 2 vol..... 6 f.
La nouvelle Héloïse de J. J. Rousseau, 6 vol. .... 15 f.
— La Religion, poème par L. Racine, 1 vol. .... 3 f.
— OEuvres de Gresset, 3 vol..... 7 f.50 c.
— OEuvres choisies d'Hamilton, 4 vol. 10 f.
— Esprit des Lois, de Montesquieu, 6 vol. .... 18 f.
— OEuvres diverses de Montesquieu, 2 vol. .... 5 f.
Les Saisons de St-Lambert, 1 vol.. 3 f.
— OEuvres choisies de Destouches, 3 vol. .... 7 f.50 c.
— OEuvres choisies de Saint-Réal, 2 vol. .... 5 f.
— OEuvres de Gilbert, 1 vol....... 3 f.
COLLECTION des classiques grecs, avec les traductions en regard. (V. p. 2).
— Id. traduction seule. (V. p. 2).
COLLECTION des classiques latins, avec la traduction en regard. (V. p 9).
*COLLECTION des meilleurs romans de la langue française, in-32. Prix 1 f. le vol. (V. p. 24).
*DANTE. La divina Commedia, traduite en français par le chev. Artaud. 9 vol. in-32. Prix.................... 30 f.
DARU. Épitre en vers sur les progrès de la civilisation, br. (V.p.19)...... 1 f.25 c.
— Discours en vers sur les facultés de l'homme, in-8°. (V. p. 19.) Prix.... 1 f.25 c.
— L'Astronomie, poème. (V. p. 19).
DELILLE. OEuvres. (V. p. 23).
DEMI (Le) JOUR, poème en deux chants, suivi de poésies diverses. 1 vol. in-8°... 3 f.
DÉBAT (Le) DE DEUX DEMOYSELLES, et Poésies du xve siècle, in-8°. (V. p. 24). Prix.................... 6 f.
Pap. vélin. Prix.................... 12 f.
DEMALPIÈRE. Fragments épiques et autres poésies 1 vol. in-8°. Paris, 1829.. 6 f.
DIDOT (Firmin). Recueil de Poésies, 2 fort vol. in-12. (V. p. 23). Prix, br..... 7 f.
Papier vélin.................... 14 f.
La traduction des Bucoliques avec le texte, se vend séparément. Prix........ 1 f.
— ANNIBAL, tragédie en 3 actes, (1820). in-8°. Prix.................... 2 f.
— LA REINE DE PORTUGAL, tragédie en 5 actes et en vers.............. 3 f.
— Les Chants de Tyrtée, traduits en vers français, 1 vol. in-12. Prix br... 1 f.50 c
DIODORE DE SICILE. Traduit par Miot. (V. p. 3).
DION CASSIUS. Traduit par Noël. V. p. 3.

*DORION. Poésies lyriques et Bucoliques, suivies d'HÉROMÈDE, tragédie. 1 vol. in-8° (2e édit.) Prix.................... 5 f.
*— La bataille d'Hastings ou l'Angleterre conquise, poème en 12 chants, avec une introduction historique, suivie du MÉFIANT, comédie en 5 actes en vers. 2 vol. in-8° Prix.................... 9 f.
pap. vélin.................... 18 f
*— Palmyre conquise, poème en 12 chants, suivi du Mage, poème. 2e édit. 1 vol. in-8°. Prix.................... 6 f.
*— Discours d'un envoyé de la Grèce au premier congrès qui jugera convenable de l'admettre, in-8°. Paris, 1826........ 1 f. 80 c.
*— Les Ottomans et les Grecs, poème lyrique. Brochure in-8°. Paris, 1826...... 1 f.
D'OUTREPONT. Dialogues des morts, suivis d'une lettre de J. J. Rousseau, écrite des Champs-Elysées, à M. Castil Blaze, 1 volume in-8°. Paris, 1825. Prix........... 6 f.
*— La mort de Charles I. Drame en 42 scènes. in-8°. Prix.................... 3 f.
*— La mort de Henri III. Drame en plusieurs scènes. Prix.................... 2 f.50 c.
*— La St-Barthélemy. Drame en plusieurs scènes. Prix.................... 3 f.
*— Promenades d'un Solitaire. 1 vol. in-8°. Paris. 1828. Prix br.......... 3 f.
*— Nouveaux dialogues des morts. 1 vol. in-8°. Paris, 1828. Prix.......... 3 f.
*— Huascar, ou les frères ennemis, drame en cinq actes. 1 vol. in-8°. 1829.... 2 f.50 c.
DUAULT. Le bon jeune homme, trad. de l'anglais d'Henri Mackensie; 1 vol. in-18. Paris, 1817.................... 1 f.50 c
DUCLOS. Morceaux choisis. 2 vol. in-8°. 10 f.
*DUHAMEL. Fables, suivies de quelques Idylles. 1 vol. in-18. Paris, 1825. 2 f.50 c.
DUVAL (Alexandre), œuvres complètes. 9 vol. in-8°. (V. p. 22). Prix..... 40 f.
ÉLIEN. Traduit du grec. (V. p. 3).
*ESSAIS DE POÉSIE, par M. B***, membre du conseil du département de la Seine, offerts au public. 1 vol. in-8°, papier vélin. Paris, 1824.............. 3 f. 50 c.
FABRE (Auguste). La Calédonie ou la guerre nationale, poème en 12 chants, 1 vol. in-8°. Prix br.................... 7 f.
FAURIEL. Chants populaires de la Grèce moderne, traduits en français. 2 vol. in-8°. (V. p. 36). Prix br.................... 14 f.
FÉNÉLON. Télémaque. 2 vol. in-18, rel. en bas. filets. Prix.................... 4 f.
FÊTES ET COURTISANES DE LA GRÈCE. Supplément aux voyages d'Anacharsis et d'Anténor. 4 vol. in-8°. Paris, 1821. 20 f
*FILLEUL DES GUERROTS. Fables et poésies diverses, 1 vol. in-8°, pap. vélin. Paris 1824. Prix.................... 3 f.
FONTENELLE (OEuvres de). 5 vol. in-8°. Paris, 1824. Prix.................... 30 f.
FRÉDÉRIC II. OEuvres posthumes. 15 vol. in-8°. Prix br.................... 60 f

GARAT. De Moreau, broch. in-8°, grand papier. Paris, 1814. Prix br .... 1 f. 50 c.

GINGUENÉ. Histoire littéraire d'Italie. (V. p. 23).

GIRARDIN (Saint-Marc). Éloge de Bossuet, discours qui a partagé le prix décerné par l'Académie, le 25 août 1827. Prix. 2 f.

GIRODET. OEuvres posthumes, avec gravures. 2 vol. in-8°. gr. pap. vélin.. 40 f.

HERMITE (L') Toulonnais, faisant suite à l'Hermite en province de M. Jouy, contenant l'Histoire de Toulon, le siège de cette ville en 1793, la description de la ville et de ses environs, la description de l'arsenal, l'histoire des bagnes et de quelques condamnés célèbres, et l'indicateur toulonnais indispensable aux voyageurs. 1 vol. in-12. Toulon. 1829. Prix .... 5 f.

HÉRODIEN. Traduit par Leon Halevy. (V. p. 3).

HISTOIRE LITTÉRAIRE des huit premiers siècles de l'ère chrétienne, depuis Auguste jusqu'à Charlemagne, trad. de l'angl. par Berington, in-8°. (V. p. 21)...... 2 f.

— *Id*. des neuvième et dixième siècles, par le même, in-8°............ 1 f. 50 c.

— *Id*. des onze et douzième siècles, par le même, in-8°............ 3 f.

— *Id*. du treizième siècle, par le même, in-8. Prix........... 2 f.

— *Id*. des quatorze et quinzième siècles, par le même, in-8°............ 2 f.

— *Id*. des Grecs pendant le moyen âge, par le même, in-8°............ 2 f.

HOMÈRE. Traduit par M. Dugas Montbel. (V. p. 2 et 21).

HORACE. Traduit par Charles Batteux; édition augmentée d'un commentaire par Achaintre. 3 vol. in-8°. Prix.... 18 f.

HYMEN ET NAISSANCE, ou Recueil de poésies, 1 vol. in-8°, relié. Prix... 5 f.

KÉRATRY. Les derniers des Beaumanoirs, ou la Tour d'Helvin. 4 vol. in-12. Paris, 1825. Prix .... 12 f.

— Frédéric Styndall, ou la fatale Année. 5 vol. in-12. 2e édition. Paris, 1827. Prix. 16 f.

KRASICKI. Fables polonaises trad. par M. de Vienne. (V. p. 22).

LA FONTAINE. Fables. 2 vol. grand in-fol., jésus vélin, ornés de 12 vignettes dessinées par Percier; édition tirée à 250 exempl. Au lieu de 384 f............. 250 f.

— Fables, 2 vol. in-18, rel. en bas. filets. Prix...................... 4 f. Fables avec notes et 75 gravures. (V p. 60).

*LAHARPE (OEuvres de), accompagnées d'une notice sur sa vie et ses ouvrages, par M. S.-Surin. 16 vol. in-8°, avec figures. (Paris, 1820.) Prix br...... 96 f.

*— Lycée, ou Cours de Littérature ancienne et moderne. 16 vol. in-8°. (Paris, 1822.) 64 f.

LANGLÈS. Instituts politiques et militaires de Tamerlan, proprement appelé Timour. 1 vol. in-8°. Prix .... 6 f.

LEMONTEY. Eloge historique de Vicq d'Azyr, prononcé dans la séance publique de l'Académie française du 25 août 1825. in-4°. Prix................. 2 f.

— De la peste de Marseille et de la Provence, pendant les années 1720-1721, chapitre extrait d'un ouvrage inédit, intitulé: *Histoire critique de la France depuis la mort de Louis XIV*. in-8°. br. Prix...... 2 f.

*LEBRUN. Ulysse, tragédie en 5 actes. In-8°. Prix.................. 2 f.

*— Le Voyage de Grèce, poeme, 1 vol. in-8°. Prix, br............... 5 f.

LECLERC. Proverbes dramatiques. 6 vol. in-8°. Prix............. 42 f.

LEMAIRE. L'affranchissement des Grecs, pièce qui a remporté le prix de poésie décerné par l'Académie, le 25 août 1828. Prix.................... 1 f. 50 c.

*LEMERCIER. Louis IX en Égypte, tragédie en 5 actes. Prix......... 2 f. 50 c.

— Richard III et Jeanne Shore, drame historique en 5 actes et en vers, br. 3 f. 50 c.

*— La Panhypocrisiade, ou le Spectacle infernal du XVIe siècle, comédie épique. 1 v. in-8°. Prix................. 6 f.

*— La Mérovéide, poeme en 14 chants. 1 v. in-18. Paris, 1818. Prix........ 3 f. 50 c.

LETTRES portugaises. (V. p. 12).

LÉONCE et CLÉMENCE. (V. p. 24).

LOMBARD DE LANGRES (OEuvres de). 1 vol. in-8°. La Haye, 1821. Prix.. 5 f.

LONGUS. Traduit par Courier. (V. p. 22).

LOUISA, ou la Chaumière. 2 vol. in-12. 3 f.

MACROBE. OEuvres trad. par Durosoy. (V. p. 21).

MALITOURNE. Eloge de Lesage. Discours qui a partagé le prix décerné par l'Académie le 25 août 1822. Prix........ 2 f.

MANZONI. Les Fiancés, traduit de l'italien. (V. p. 24.)

MARCELLUS. Odes sacrées. 1 vol. in-18. Paris, 1827. Prix........ 2 f. 25 c.

MARGUERITE DE VALOIS, reine de Navarre. Contes et nouvelles. 5 vol. in-32. (V. p. 24). Prix............... 6 f. 25 c.

*MARMONTEL. (OEuvres complètes de). 18 vol. in-8°, avec fig. br.......... 108 f.

*— OEuvres posthumes, comprenant les poemes de Polymnie et de la neuvaine de Cithère: 1 vol. in-8°, avec fig. br.. 6 f. Ce volume forme le 19e et dernier des œuvres de Marmontel.

—-OEuvres complètes. 18 vol. in-12.. 45 f.

MAURY. Essai sur l'éloquence de la chaire, 3 vol. in-8°, 1827. Prix......... 21 f.

MENNECHET. La renaissance des lettres et des arts sous François Ier, ode qui a partagé le prix décerné par l'Académie, le 25 août 1822. Prix............. 1 f. 50 c.

— Epitre à un juré sur l'institution du jury en France, pièce qui a remporté le prix de poésie décerné par l'Académie, le 24 août 1820. Prix............... 1 f. 50 c.

MILLEVOYE. Poésies diverses, 2 vol. in-18.
Prix br. . . . .   5 f.
Papier vélin. . . . .   10 f.
contenant : les Plaisirs du poète ; l'Amour
maternel ; l'Indépendance de l'homme de
lettres ; l'Invention poétique ; la bataille
d'Austerlitz ; le Voyageur ; les Jalousies littéraires ; Belzunce ou la peste de Marseille ;
les embellissements de Paris ; la mort de
Rotrou ; Goffin ou le héros liégeois ; Emma
et Eginard, Simèthe ou le Sacrifice magi-
que ; Traductions de quelques chants de
l'Iliade et poésies légères.

— Charlemagne à Pavie, poëme en 4 chants.
1 vol. in-18. Prix . . . .   2 f. 50 c.
Papier vélin. Prix. . . . .   5 f.

MONTAIGNE. Essais, publiés d'après l'édition la plus authentique, et avec des sommaires analytiques et de nouvelles notes,
par Amaury Duval, 6 vol. in-8°. Paris, 1827.
Prix.   21 f.

MONTESQUIEU. OEuvres complètes, précédées de son éloge par d'Alembert, et
terminées par une table alphabétique des
matières très-compliquée, 1 fort vol. in-8°,
sur grand papier vélin, de 920 pages à 2
colonnes, ornées d'un portrait sur papier
de Chine. Prix. . . . .   30 f.

*—Grandeur des Romains, 1 vol. in-18. br. 1 f.

MOLIÈRE, œuvres complètes, avec toutes
les variantes, 1 vol. in-8° de 800 pages,
imprimé à 2 colonnes, sur pap. vélin grand
raisin, et orné d'un très-beau portrait de
Molière tiré sur papier de Chine. On a joint
à cette édition la vie de Molière par Voltaire, et son éloge par Champfort.   30 f.

MORCEAUX choisis de littérature et de morale. 2 vol. in-12, rel. en bas. Prix   7 f.

NODIER. Mélanges tirés d'une petite bibliothèque, etc.   (V. **p.** 60).

—Questions de littérature légale, etc. (V. p. 60).

PARNASSE (le) occitanien, ou choix de poésies originales des troubadours, tirées des
manuscrits nationaux, suivies de l'essai d'un
glossaire occitanien pour servir à l'intelligence des poésies des troubadours. 2 vol.
in-8°. Toulouse 1819. Prix br. . . .   12 f.

PASCAL. OEuvres. 2 vol. in-8°. (V. p. 19).

PATIN. Éloge de Bossuet. Discours qui a
partagé le prix décerné par l'Académie,
le 25 août 1827. in-4°. Prix. . . . . .   2 f.

PERCY (Mme de). Trois nouvelles. 1 vol. in-
12 ; Paris, 1824. Prix. . . . .   3 f.
Papier vélin. Prix. . . . .   6 f.

PICARD, œuvres complètes. (V. p. 22).

PINDARE (études lyriques sur) , ou traduction en vers français de toutes les Pythy-
ques, etc. ; par Vincent. 1 vol. in-18. Paris, 1825. Prix. . . . .   3 f.

PLATON. OEuvres complètes ; traduites par
Cousin. (V. p. 22).

PLUTARQUE. Vies des hommes illustres,
trad. par Amyot. 1 fort. vol. in-8°, grand
pap. vélin de 1050 pages à 2 colonnes, im-

primé avec beaucoup de soin. . . .   50 f.

PROPERCE. Élégies, traduites en français,
1 vol. in-12. Prix br. . . . .   2 f.

*PRUCHE. Le Philhellène, ou Recueil de poé-
sies politiques et historiques. 1 vol. in-8°.
Paris, 1826. Prix. . . . .   3 f.

RACINE (J.). OEuvres. 3 vol. grand in-fol..
jésus vélin, ornés de 57 gravures ; édition
tirée à 250 ex. Au lieu de 1800 f.   1200 f.

*RAYNOUARD. Choix des poésies originales
des Troubadours. 6 vol in-8°, grand pap.
(rare). Prix. . . . .   80 f.
Papier vélin (rare). Prix. . . . . . .   120 f.
Les tomes IV, V, VI, séparément, (gr. pap.)
chaque. . . . .   9 f.
Pap. vélin. . . . .   18 f.

*— Grammaire romane, ou grammaire des
Troubadours. 1 vol. in-8°. pap. vél., dont il
n'a été tiré que 25 exemplaires. . . .   12 f.

* — Grammaire comparée des langues de
l'Europe latine, 1 vol. in-8°. . . . . .   9 f.

*— Le même, papier vélin. . . . . . .   18 f.

*—LES **TEMPLIERS**, tragédie. Nouvelle édi-
tion, suivie des MONUMENTS HISTORIQUES
RELATIFS A LA CONDAMNATION DES CHEVA-
LIERS DU TEMPLE, ET A L'ABOLITION DE
LEUR ORDRE. Prix. . . . .   3 f.

* — Les États de Blois, tragédie représentée
pour la première fois sur le théâtre de St.-
Cloud, le 22 juin 1810, et sur le théâtre
français, le 31 juin 1814 ; précédée d'une
Notice historique sur le duc de Guise, avec
son portrait. in-8°. Prix br. . . . . . .   5 f.
Pap. vélin. . . . .   10 f

*— Fragment d'un poëme en vers romans sur
Boèce, imprimé en entier pour la première
fois d'après le manuscrit du XIe siècle qui
se trouvait à l'abbaye de Fleury ou Saint-
Benoît-sur-Loire ; avec des notes, une traduction interlinéaire et un *fac simile*. 1 vol.
in-8°. Prix. . . . .   2 f. 50 c.

*— Des Troubadours et des Cours d'amour.
1 vol. gr. in-8°. Prix. . . . .   3 f. 50 c.

*— Le Dévouement de MALESHERBES, Ode
lue dans la Séance publique des quatre
Académies composant l'Institut royal de
France, le 24 avril 1822. In-8°. Prix   75 c.

RENOU. L'art de peindre, traduction libre
en vers français du poëme latin de C. A
Dufresnoy, avec des remarques. 1 vol.
in-8°. Paris 1789. Prix. . . . .   3 f.

ROQUEFORT. Poésies de Marie de France.
2 vol. in-8°. Prix. . . . .   15 f.

ROTROU. OEuvres complètes. (V. p. 23).

ROUSSEAU (J.-B.) OEuvres choisies. 1 vol.
in-18, rel. Prix. . . . .   2 f.

ROUSSEAU. OEuvres complètes. (V. p. 23).

ROUSSEAU (J.-J.). Les Confessions, 4 vol.
in-18, rel. bas. filets. Prix. . . . . . .   8 f.

— Le même, ouvrage br. . . . .   4 f.

ROGER. Kélédor. Histoire africaine. 1 vol.
in-8°. Prix. . . . .   5 f.

— Fables sénégalaises recueillies de l'Ouolof,
et mises en vers français avec des notes des-

tinées à faire connaître la Sénégambie, son climat, ses principales productions, la civilisation et les mœurs des habitants. 1 vol. in-18, grand papier. Paris, 1828...   4 f.

SALM (la princesse de). Épitre en vers sur l'esprit et l'aveuglement du siècle, in-8°. (V. p. 22.) Prix..............   1 f.

— OEuvres complètes. (V. p. 20).

SALOMOS de Zante (Dionysios). Dithyrambe sur la liberté, traduit du grec moderne par St.-Julien: in-8°, texte en regard.   2 f.

SCHLEGEL. Histoire de la littérature ancienne et moderne. (V. p. 23).

SCHLOSSER. Révolutions politiques et littéraires. (V. p. 23).

SCOPPA. Des beautés poétiques de toutes les langues. 1 vol. in-8°. Prix br.....   1 f.

SHAKSPEARE. The dramatic Works. 1 seul volume in-8°, grand papier. Prix   12 f.

'SOURDILLE DE LA VALETTE. Fables. 1 vol. in-8°, gr. pap. (V. p. 22). Prix   3 f.

SOUZA (Mad. de). Eugénie et Mathilde. 3 v. in-12, br..............   7 f. 50 c.

— Mademoiselle de Tournon. 2 vol. in-12, 6 f.

STAEL (OEuvres de Mad. de). 17 vol. in-8°, 1821. (V. p 20). Prix.........   102 f.

— Idem. 17 vol. in-12. Prix.......   51 f.

— Corinne ou l'Italie. 2 v. in-8°. Prix   12 f.

— Idem. 2 vol. in-12; prix........   6 f.

— Delphine. 3 vol. in-8°; prix.....   18 f.

— Idem. 3 vol. in-12; prix........   9 f.

— De l'Allemagne. 2 vol. in-8°. Prix..   12 f.

— Idem. in-12. Prix...............   6 f.

— Considérations sur la révolution. Pr. 18 f.

— Idem, in-12. Prix...............   9 f.

STERNE. Voyage sentimental, traduit par Paulin Crassous. 3 vol. in-18...   3 f. 50 c.

'TACITE. Vie d'Agricola, trad. par Cools-Desnoyers. 1 vol. in-8°. (1819).   2 f. 50 c.

THÉATRE DES LATINS, par J. B. Levée et feu l'abbé Lemonnier. Augmenté de dissertations, etc. Par MM. Amaury Duval et Alexandre Duval, 15 vol. in-8°. Prix br...............   97 f. 50 c.

THERY. Discours qui a remporté le prix d'éloquence en 1821, au concours proposé par l'Académie française sur cette question: Déterminer ce qui constitue le génie poétique, et indiquer comment il se fait reconnaître, indépendamment de la diversité des langues et des formes de la versification, depuis l'épopée jusqu'à l'apologie, in-4°. 2 f.

'THOMAS. Eloge de d'Aguesseau, trad. en grec, par Coray. in-8°.........   2 f. 50 c.

THUCYDIDE. Traduction nouvelle. (V p. 3).

TRENEUIL. Poèmes élégiaques. Nouvelle édition. Paris, 1825. 1 fort vol. in-8°   6 f. (V. p. 23).

'VAUBLANC. Le dernier des Césars, ou la chute de l'empire romain d'Orient, poème en 12 chants. 1 vol. in-8°. Paris, 1819. 5 f.

'VICTOR. Harald ou les Scandinaves, tragédie en 5 actes, suivie d'observations historiques, etc. 1 vol. in-8°..........   3 f.

VILLEMAIN. Discours prononcé à l'ouverture du cours d'éloquence française de l'Académie de Paris. Prix.....   1 f. 50 c.

— Eloge de Montaigne..........   1 f. 25 c.

— Eloge de Montesquieu, in-8°.   1 f. 50 c.

'VINCENT. Etudes lyriques sur Pindare. 1 vol. in-18. (Paris). Prix.....   3 f. 50 c.

'VIRGILE. Enéide, trad. en vers par Duchemin. 2 vol. in-8°. Paris, 1826.....   14 f.

VITRAC. Oraisons funèbres de Louis XVI, de Marie-Antoinette, d'Elisabeth de France, sœur de Louis XVI, et de Louis XVII. 1 vol. in-8°. Limoges, (1814). br...   5 f.

VOLTAIRE. OEuvres complètes, 75 vol. in-8°. (Édition Baudouin). Prix.....   262 f. 50 c.

— OEuvres complètes; édition Beuchot. (V. p. 19).

— OEuvres complètes. 3 très-forts vol. in-8°. (V. p. 19).

— Romans, 3 vol. in-18., rel. en bas. filets. 6 f.

— Dictionnaire philosophique. 14 vol. in-18, rel. bas. filets. Prix............   28 f.

— Le même ouvrage, broché......   14 f.

— Poèmes et Discours en vers, 1 v. in-18. 1 f.

— Théâtre, 12 vol. in-18. br......   12 f.

'VOLTAIRE. OEuvres poétiques, contenant ses chefs-d'œuvre dramatiques, la Henriade, la Pucelle, le Temple du Goût, les Poèmes, Discours en vers, Contes, Satires, Épitres et Poésies mêlées, 1 vol. in-8° de 820 pages, imprimé à deux colonnes, sur pap. vélin grand-raisin de Rives, et orné d'un beau portrait de Voltaire, imprimé sur papier de Chine. Prix, br........   36 f.

WALTER SCOTT. Romans choisis. 82 vol. in-32. (V. p. 24).

Ouvrages de Littérature.
Grec ancien.

ATHÉNÉE DE SCHWEIGHÆUSER, 14 vol. in-8°. (V. p. 6). Prix............   126 f.

COLLECTION des classiques grecs; in-18. (V. p. 6).

'CORAY. Bibliothèque grecque. (V. p. 5.)

Les ouvrages qui la composent se vendent séparément; savoir :

Aristote. Politique. 1 vol. in-8°...   13 f.

— Morale. 1 vol. in-8°.....   12 f.

Beccaria. Des délits et des peines, 1 volume in-8°..............   8 f.

Élien, 1 vol. in-8°, br...........   12 f.

— grand papier.............   28 f.

Ésope, 1 vol. in-8°.............   14 f.

Géographie de Strabon. 4 vol. in-8°.   52 f.

— Id. grand papier.............   100 f.

Héliodore. Les Ethiopiques, 2 vol. in-8. (rare).................   20 f.

Isocrate. 2 vol. in-8°............   21 f.

Onisander. Le Général d'armée. 1 vol. in-8°.................   8 f.

Opuscules d'Hippocrate; in-8°.....   6 f.

Pensées de Marc-Aurèle, in-8.....   6 f.

PLUTARQUE. 6 vol. in-8° (rare). 130 f.
PLUTARQUE. Les Politiques. 1 vol. in-8. 8 f.
POLLUS. 1 vol. in-8°. (rare)........ 12 f.
XÉNOCRATE. 1 vol. in-8°.......... 8 f.
XÉNOPHON. Les Memorabilia et le Gorgias de Platon. 1 vol. in-8°.... 12 f.
ÉPICTÈTE. Dissertations morales. 2 vol. in-8°................. 16 f.
— Manuel. 1 vol. in-8°............ 6 f.
LYCURGUE. Harangues. 1 vol. in-8°. 8 f.
THÉOPHRASTE. Les caractères avec la traduction française, in-8°. Prix.. 6 f.
ATAKTA, ou Dictionnaire de la langue grecque moderne, tomes 1-2-3, in-8°. Pr. 42 f.
DIODORE DE SICILE de Wesselinger. 11 vol. in-8°. (V. p. 5). Prix..... . 80 f.
HÉRODOTE de Schweighæuser. 7 vol. in-8°, pap. vélin. (V. p. 5). Prix..... 191 f.
*— Le même; pap. fin. (rare)..... 110 f.
*HOMÈRE. L'ILIADE, avec un choix des meilleures scholies grecques extraites des commentaires d'Eustathe, de Didyme, des scholies vénitiennes, et des meilleurs commentaires modernes, avec des gravures au trait d'après Flaxman. Les quatre premiers chants. Prix................. 13 f.
— Les 6 premiers chants de l'Iliade, texte grec in-8°. (V. p. 6). Prix....... 2 f.
— Le 6° chant de l'Iliade, en grec, brochure in-8°. (V. p. 6). Prix.......... 75 c.
LONGI Pastoralia. Édition donnée par M. de Sinner. (V. p. 4).
LUCIEN d'Hemsterhusii, 10 vol. in-8°. (V. p. 5). Prix................ 70 f.
PTOLOMÆI geographiæ enarrat. libri 8 græce et latine, edente N. D. Manos. (V. p. 5.)
QUINTI Smyrnæi de Heyne. 1 vol. in-8. (V. p. 6). Prix .... 8 f.
SCRIPTORES erotici græci. 4 vol. in-8°. (V. p. 6.) Prix............... 24 f.
THUROT. Apologie de Socrate, d'après Platon et Xénophon, avec des remarques sur le texte grec, et la traduction, in-8°, br. 4 f.
— Les Phéniciennes d'Euripide, avec un choix des scholies grecques et des notes françaises. (1813) 1 vol. in-8°. Prix, br. 5 f.
— GORGIAS. Dialogue de Platon. In-8°. Prix br.................... 2 f. 50 c.

Grec moderne.

*ALEXIS, traduit en grec moderne. 1 vol. in-12. (V. p. 9). Prix.......... 2 f.
BERNARDIN DE St-PIERRE. Paul et Virginie, traduit en grec moderne, 1 vol. in-18. (V. p. 9). Prix............. 3 f.
— LA CHAUMIÈRE INDIENNE, trad. en grec moderne. 1 vol. in-18. (V. p. 9). 3 f.
CARATHÉODORIS. Hygiène populaire en grec moderne. (V. p. 8).
CULTURE de la pomme de terre en grec moderne. (V. p. 8).
*DAUNOU. Garantie des libertés individuelles, trad. en grec moderne, 1 vol. in-8°. 6 f.

DISCOURS sur la méthode, par Descartes, trad. en grec moderne, par Piccolos, 1 vol. in-8°. Prix................. 4 f.
ÉLOGE de Marc-Botzaris, en grec moderne. in-8°. Prix.................... 2 f.
ÉTRENNES à J. G. Eynard, pièce de vers grecs, par P***, deuxième édit., avec la trad. italienne en vers. Broch. in-8°. 60 c.
*FRANCKLIN (Benj.) La Science du bonhomme Richard, trad. en grec moderne, in-18. (V. p. 9) Prix............. 1 f.
PICCOLOS. Loisirs poétiques. (V. p. 8).

Livres latins.

ACHAINTRE. Dec. Jun. JUVENALIS Satiræ, ad codices parisinos recensitæ, lectionum varietate, et commentario perpetuo illustrata a N. L. ACHAINTRE. Accedunt Hadr. et C. *Valesiorum* notæ adhuc ineditæ, 1810, 2 vol. in-8°, avec une fig. br..... 18 f.
— Le même, 2 vol. in-8°, raisin vélin. 36 f.
— Le même, 2 vol. in-8°, gr. raisin vélin superfin, tiré à 8 exemplaires..... 72 f.
— A. PERSII FLACCI Satiræ, ad codices parisinos recensitæ, lectionum varietate et commentario perpetuo illustratæ a N. L. ACHAINTRE. Accedunt C. LUCILII SUESSANI AURUNCANI *Eq. Rom.* Satirarum fragmenta, necnon SULPICIÆ CALENI uxoris satira. 1811. 1 vol. in-8°, br............ 8 f.
— Le même, in-8°, gr. raisin vélin.. 16 f.
— Le même, 1 vol. in-8°, grand raisin superfin, tiré à 8 exempl................ 32 f.
Ces deux ouvrages, avec l'Horace donné en 1806 par le même éditeur, et qui se trouve aussi chez Firmin Didot, forment la collection complète des satiriques latins, avec les notes *variorum.*
*Prix de l'Horace, in-8°, carré fin, avec 1 fig. 7 f. 50 c. — Grand raisin, 12 f. — Grand-raisin vélin, 24 f.
BIBLIOTHÈQUE classique latine, par M. Lemaire. (V. p. 9).
BONDELMONTII Florentini librum insularum, etc. (V. p. 10).
CICEROXIS Opera, in-4°. (V. p. 10).
CICÉRON. Œuvres complètes trad. en français; texte en regard. (V. p. 10).
HORACE en latin. 1 vol. grand in-fol., jésus vélin, orné de 12 vignettes dessinées par Percier; édition tirée à 250 exemplaires. Au lieu de 384 f.............. 250 f.
HORACE en latin. 1 vol. in-8°, grand pap. vélin, publié par Potier............ 7 f.
PHÆDRI fabularum, etc. Édition donnée par M. Berger de Xivrey. (V. p. 9).
TITI LIVII libri qui supersunt, etc. in-4°. (V. p. 10).
TRADUCTION des classiques latins, texte en regard. (V. p. 10).

Livres italiens.

ALFIERI. Tragdie, coll'accento di prosodia. 6 vol. in-18. Prix .... 7 f. 50 c.

ALFIERI (Vittorio). Tragédie. 4 vol. in-8". Milan, (1818).................... 27 f.

ARIOSTO. Orlando furioso. 8 vol. in-18. Avignon 1816. Prix............... 12 f.

BALDELLI. Storia delle relazioni dell'Europa e dell'Asia, etc. (V. p. 44).

BOCCACIO. Il Decamerone. 5 vol. in-8"; fig. (1757)...................... 30 f.

—Le même ouvrage. 5 vol. in-18. 1820, prix br....................... 7 f.50c.

—Le même ouvrage, 5 vol. in-32.... 15 f.

*BRICCOLANI. J. Lusiadi del Camoens. 1 vol. in-32, pap. vel., avec port. Paris 1826. 6 f. (V. p. 13).

*CIMORELLI. Saggi di Belle lettere italiane; tome I, in-4°. Naples, 1826. br.... 9 f.

DANTE. La divina commedia, 3 vol. in-18. Avignon, 1816.............. 4 f.50c.

— Trad. par Artaud. 9 vol. in-32. 30 f. (V. p. 13).

DEODATI. Lettere d'una Peruviana. 1 vol. in-18. Paris, 1824. Prix....... 1 f.50c.

FODERO (Il. O sia il jus sulle spose degli, Antichi signori. in-18. Paris, 1788. Prix....................... 1 f.50c.

FONTANI (Francesco). Viaggio pittorico della Toscana, edizione seconda; 6 vol. in-18, reliés en maroquin, dor. sur tr., avec 220 fig. coloriées. Florence. 1817. 200 f.

— Le même ouvrage, fig. noires. et br. 100 f.

GOLDONI. Raccolta di commedie scelte. 8 vol. in-12. Livourne, (1819)...... 24 f.

GOZZI. Le spose reacquistate. 1 vol. in-8. Venise, 1819................. 3 f.25c.

GUARINI. Il pastor fido. 1 vol. in-18. Avignon, 1816.................. 1 f.50c.

GUICCIARDINI (Francesco). Istoria dell'Italia. 10 vol. in-8". Pise, (1819-1820). 42 f.

LEVATI (Ambrogio). Viaggi di Francesco Petrarca in Francia, in Germania e in Italia. 5 vol. in-8°. Milan, (1820). Prix. 21 f.

MAIER. Dell Imitatione Pittorico, 1 vol. in-8". Venise, 1818............ 4 f.50c.

METASTASIO, opere, 7 vol. in-18. Avignon, 1819. Prix.............. 12 f.

MEZZANOTTE (Antonio). Le Odi di Pindaro. 4 vol. in-8". Pise, 1819-1820. 34 f.

MURATORI (Ludovico Antonio). Della perfetta poesia italiana. 4 vol. in-8". Milan (1821). Prix.................... 33 f.

— Annali d'Italia dal principio dell'era volgare sino all'anno 1749. 18 vol. in-8". Milan, (1818-1820)............. 155 f.

*PESCE, su i negri e su la natura primitiva dell'uomo, etc., tome 1, in-8". Naples, 1826. (V. p. 66). Prix......... 4 f.

PETRARCA. La rima. 2 vol. in-18. Avignon, 1812 Prix br............. 3 f.

PINDEMONTE (Ippolito). Sermoni. 1 vol. in-8", Verone, (1819)........... 3 f.

POETI del primo secolo della lingua italiana in due volumi raccolti. 2 vol. in-8". Florence, 1816. Prix............. 14 f.

RICCI (Angelo Maria). L'Italiade, poema. 1 vol. pet. in-8°. Livourne, 1819.. 6 f.

TASSO. Gerusalemme liberata. 2 vol. in-folio, pap. vélin, avec 22 belles gravures. Florence, 1820. Prix............ 150 f.

VINCENZI (Ludovico Antonio). Poesie. 2 v. in-8°. Modène, (1816) .... 7 f. 30 c.

Allemand.

COURS de littérature allemande, etc. (V. p. 12).

Anglais.

*COLLECTION des meilleurs Écrivains en prose de la Grande-Bretagne (en anglais); 36 vol. in-32, sur gr. raisin vélin sat. Les vingt premiers vol. sont en vente; ils contiennent;

GOLDSMITH'S VICAR OF WAKEFIELD. 1 volume Prix.................. 3 f.50c.

STERN'S SENTIMENTAL JOURNEY. 1 vol. 3 f.

MACKENSII'S MAN OF FEELING. 1 vol. 3 f.

BACONS ESSAYS. 1 vol.............. 3 f.

GULLIVER'S TRAVELS. 2 vol........ 6 f.

LETTERS OF LADY W. MONTAGUE. 1 vol. 3 f.

LETTERS OF JUNIUS. 2 vol......... 6 f.

SHERIDAN'S DRAMATIC WORKS. 4 vol. 12 f.

THE WANDERING HERMIT. 3 vol.... 9 f.

GEORGE COLMAN'S DRAMATIC WORKS. 4 vol...................... 12 f.

BYRON'S complete Works, ornées de son portrait; belle édition. 1 vol. in-8", Cartes. Prix...................... 25 f.

DODWELL'S. Classical and topographical tour trough Greece. (V. p. 38).

GOLDSMITH'S Roman history abridged. 2 vol. in-18. Prix br............. 3 f.

—History of Greece abridged. 2 vol. in-18. 3 f.

*WALTER SCOTT. Legend of Montrose, 2 vol. in-32, Pap. vél......... 4 f.

WALTER SCOTT'S, prose works. 6 vol. in-8". Cartes. Ornés d'un beau portrait. Belle édition. Prix............. 150 f.

— Life of Napoléon Bonaparte. 1 vol. in-8", avec 2 portraits. Prix.:........... 25 f.

Espagnols.

COURS de littérature espagnole. (V. p. 12).

DON QUIJOTE DE LA MANCHA 4 vol. in-12. Prix................. 12 f.

Portugais.

CAMOENS. Os Lusiadas, édition conforme à celle donnée par M. de Souza. 1 vol. in-8", imprimé avec soin et orné du portrait de l'auteur d'après le dessin de M. Gérard. (V. p. 13). Prix............ 10 f.

— Papier vélin................. 20 f.

— Le même ouvrage. 1 vol. in-32; édition impr. avec beaucoup de soin... (V. p. 13). 6 f.

Papeterie.

Les Papeteries que MM. Firmin Didot Frères ont établies
au Mesnil et à l'Estrées, près de Dreux, d'après les procédés les
plus récemment adoptés en Angleterre, peuvent fabriquer par jour
environ 200 rames de papier de toute qualité et de toute grandeur.
Cet établissement, par sa proximité de Paris, est en état de fournir
sur-le-champ les demandes les plus considérables.

Comme les variations dans le prix des matières premières font
changer souvent celui du papier, il serait impossible de fixer d'une
manière invariable la valeur de chacune des sortes qui s'y fabriquent, depuis les papiers moyens jusqu'aux surperfins, soit pour
l'écriture, soit pour l'impression ; mais on peut être assuré de trouver
toujours chez eux la modicité des prix unie à la qualité et surtout
à une constante uniformité dans la fabrication et dans la blancheur.

MM. Didot, consommant dans leur imprimerie une grande partie
des papiers qu'ils fabriquent, ont senti plus que personne la nécessité d'éviter les grains de sable et de gravier qui se rencontrent si
fréquemment dans les papiers, et qui endommagent les caractères
d'imprimerie bien plus que les tirages les plus nombreux. Ils ont
donc apporté tous leurs soins pour obvier à cet inconvénient, et
ils y ont heureusement réussi.

Fonderie.

Les Caractères de la Fonderie de Firmin Didot Frères sont fondus
en matière extrêmement durable ; et même, au moyen d'un alliage particulier, ils peuvent acquérir encore une solidité presque double. La division
par points typographiques, établie de père en fils dans cet établissement,
offre un avantage très-grand aux Imprimeurs, qui peuvent composer les
tableaux les plus compliqués avec une justesse mathématique, puisque le
calcul suffit pour leur indiquer les rapports de chaque caractère entre eux.
Ainsi, par exemple, la ligne de pied de Roi, qui a servi de base à ce
système, étant divisée en six points typographiques, le Six (ou Nonpareille, d'après l'ancienne dénomination) forme juste une ligne ; le Douze
(ou Saint-Augustin faible), deux lignes. Par conséquent, deux Six auront
juste la même force de corps que le Douze. Une force de vingt-quatre
points pourra se composer ou de quatre Six, ou de deux Douze, ou de trois
Huit, ou enfin d'une innombrable quantité de combinaisons, et qui formeront toujours une force de corps rigoureusement semblable à celle que
l'on veut obtenir.

Les Épreuves des Caractères grecs, allemands, russes, polonais, etc.,
qui existent dans la Fonderie de MM. Firmin Didot Frères, parai-
tront successivement.

MM. Firmin Didot peuvent fournir l'Encre de leur fabrique, entièrement semblable à celles qu'ils employent dans leur imprimerie, aux prix
suivants :

N° 1, Encre commune	1 fr. 50 c. le 1/2 kil.
N° 2, Encre ordinaire	2 »
N° 3, Encre fine	2 25
N° 4, Encre pour ouvrages soignés	3 »
N° 5, Encre extraordinaire	6
Vernis pour l'encre de couleur	1 50
Noir de fumée	2 50

Ils fournissent aussi des Presses en fonte, d'après le modèle donné par
lord Stanhope, et exécutées avec le plus grand soin, au prix de 1,450 fr.

Prix des Caractères

De la Fonderie de Firmin Didot frères.

———◦◦◦———

MM. les Imprimeurs qui désirent recevoir une Épreuve des Caractères, Fleurons, Vignettes et Armes de notre Fonderie, peuvent en faire la demande par la poste ; ils la recevront *franco*.

Il est juste de faire observer, à l'avantage des Caractères de la Fonderie de MM. Firmin Didot, que les forces de Corps mises en regard des anciennes dénominations ne leur correspondent pas exactement. Ainsi, par exemple, la force de Corps du caractère qu'ils ont désigné sous le nom de Douze ou Saint-Augustin ne correspond guère qu'à celle du Cicéro gros-œil des autres Fonderies ; généralement, les Caractères de la Fonderie de MM. Firmin Didot sont plus faibles d'un douzième et même d'un dixième que ceux du Commerce, ce qui est un avantage important pour l'Imprimeur, puisque, sur un poids donné, il gagne un douzième et même un dixième.

ROMAIN ET ITALIQUE.

	LE 1/2 KIL.	
	fr.	c.
Quatre ou Perle	25	•
Cinq ou Parisienne	18	•
Six ou Nonpareille	6	•
Sept ou Mignonne	3	80
Sept poétique	3	90
Huit ou Gaillarde	2	70
Huit petit-œil	2	30
Huit poétique	3	25
Neuf ou petit Romain	2	30
Dix ou Philosophie	2	•
Onze ou Cicéro poétique	1	95
Onze ou Cicéro	1	90
Douze ou Saint-Augustin	1	60
Quatorze ou gros Texte	1	75
Seize ou gros Romain	1	75
Vingt ou petit Parangon	1	70
Vingt-quatre ou gros Parangon	1	70
Vingt-huit ou petit Canon	1	65
Trente-six ou gros Canon	1	60
Cinquante-six ou double Canon	1	50
Russe du Neuf	4	50
Id. de Dix	4	25
Id. du Onze	4	•
Id. du Douze	3	80
Grec du Sept	[illegible]	•
Id. du Huit	5	•
Id. du Neuf	4	40
Id. du Onze	4	20
Id. du Douze	3	90
Id. du Quatorze	3	50
Id. du Dix-huit	3	25
Id. du Vingt-deux	3	•
Allemand du Sept	4	50
Idem du Neuf	3	•
Id. du Onze	2	50
Id. du Dix-huit	2	•
Hébreu sur le Onze	4	•
Copte sur le Douze	4	•
Polonais sur tous les corps.		

INITIALES ORNÉES ET OMBRÉES :

	LE 1/2 KIL.	
Du Seize	3	50
Du Vingt	3	•
Du Vingt-quatre	2	50
Du Vingt-huit	2	25
Du Trente-deux	2	25

CARACTÈRES SOMBRES, *manière anglaise.*

	LE 1/2 KIL.	
Seize romain et italique	1	70
Vingt Idem	1	60
Vingt-quatre Id.	1	50
Trente-deux Id.	1	40
Quarante Id.	1	55

	LE 1/2 KIL.	
	fr.	c.
Initiales du Sept	4	50
Id. du Huit	4	25
Id. du Neuf	3	50
Id. du Onze	3	•

CARACTÈRES D'ÉCRITURE.

	LE 1/2 KIL.	
Anglaise du Douze	8	•
Idem. du Seize	5	25
Id. du Vingt	4	75
Id. du Vingt-huit	4	50
Id. du Trente-six	4	25
Id. du Quarante-huit	4	10
Id. du Cinquante-six	4	•
Id. du Quatre-vingt-quatre	3	90
Id. du Cent-vingt	3	75
Ronde du Dix	5	50
Idem. du Quatorze	5	•
Id. du Seize	4	50
Id. du Vingt	4	25
Id. du Vingt-huit	3	75
Id. du Trente-six	3	60
Id. du Cinquante-six	3	40
Id. du Soixante-dix	3	20
Id. du Quatre-vingt-quatre	3	10
Id. du Cent-vingt	3	•
Gothique ornée du Seize	4	50
Idem. du Vingt	4	25
Id. du Trente-six	4	•
Id. du Cinquante-six	3	50
Id. du Quatre-vingt-quat.	3	10
Gothique allemande du Neuf	4	50
Idem. du Douze	4	•
Id. du Seize	3	50
Id. du Vingt-quatre	3	•
Id. du Trente-six	2	50
Id. du Quarante-huit	2	50
Accolades et filets anglais fondus sur le corps six	4	25
Filets de Deux points	2	•
Idem. de Trois points	1	75
Id. de Six points	1	60
Id. de Huit points	1	50
Id. de Neuf et de Douze points	1	40
Filets azurés sur tous les corps	2	•
Filets tremblés, corps Six	4	•
Interlignes d'un point	2	60
Un point et demi	2	•
Idem. de Deux points	1	50
Id. de Trois points et au-dessus	1	40
Initiales…		

www.ingramcontent.com/pod-product-compliance
Ingram Content Group UK Ltd.
Pitfield, Milton Keynes, MK11 3LW, UK
UKHW021232140726
13695UKWH00002B/904